2016-2020

《中华人民共和国国民经济和社会发展第十三个五年规划纲要》

解释材料

全国人大财政经济委员会
国家发展和改革委员会 编写

奔向全面小康的美好未来

创新 / 协调 / 绿色 / 开放 / 共享

图书在版编目（CIP）数据

《中华人民共和国国民经济和社会发展第十三个五年规划纲要》解释材料 / 全国人大财政经济委员会，国家发展和改革委员会编写. -- 北京 : 中国计划出版社，2016.3
ISBN 978-7-5182-0407-6

Ⅰ. ①中… Ⅱ. ①全… ②国… Ⅲ. ①国民经济计划—五年计划—中国—2016～2020—学习参考资料②社会发展—五年计划—中国—2016～2020—学习参考资料 Ⅳ. ①F123.3

中国版本图书馆CIP数据核字(2016)第063637号

《中华人民共和国国民经济和社会发展
第十三个五年规划纲要》解释材料

全国人大财政经济委员会
国家发展和改革委员会 编写

中国计划出版社出版
网址：www.jhpress.com
地址：北京市西城区木樨地北里甲11号国宏大厦C座3层
邮政编码：100038 电话：(010) 63906433（发行部）
新华书店北京发行所发行
北京汇瑞嘉合文化发展有限公司印刷

787mm×1092mm 1/16 26印张 383千字
2016年3月第1版 2016年3月第1次印刷

ISBN 978-7-5182-0407-6
定价：98.00元

目录

中华人民共和国国民经济和社会发展第十三个五年规划纲要

目 录

中华人民共和国国民经济和社会发展第十三个五年（2016—2020年）规划纲要，根据《中共中央关于制定国民经济和社会发展第十三个五年规划的建议》编制，主要阐明国家战略意图，明确经济社会发展宏伟目标、主要任务和重大举措，是市场主体的行为导向，是政府履行职责的重要依据，是全国各族人民的共同愿景。

第一篇　指导思想、主要目标和发展理念

“十三五”时期是全面建成小康社会决胜阶段。必须认真贯彻党中央战略决策和部署，准确把握国内外发展环境和条件的深刻变化，积极适应把握引领经济发展新常态，全面推进创新发展、协调发展、绿色发展、开放发展、共享发展，确保全面建成小康社会。

第一章　发展环境

“十二五”时期是我国发展很不平凡的五年。面对错综复杂的国际环境和艰巨繁重的国内改革发展稳定任务，党中央、国务院团结带领全国各族人民顽强拼搏、开拓创新，经济社会发展取得显著成就，胜利完成“十二五”规划确定的主要目标和任务。

积极应对国际金融危机持续影响等一系列重大风险挑战，适应经济发展新常态，不断创新和完善宏观调控，推动形成经济结构优化、发展动力转换、发展方式转变加快的良好态势。经济保持持续较快发展，经济总量稳居世界第二位，人均国内生产总值增至49351元（折合7924美元）。经济结构调整取得重大进展，农业稳定增长，第三产业增加值占国内生产总值比重超过第二产业，居民消费率不断提高，城乡区域差距趋于缩小，常住人口城镇化率达到56.1%，基础设施水平全面跃升，高技术产业、战略性新兴产业加快发展，一批重大科技成果达到世界先进水平。公共服务体系基本建立、覆盖面持续扩大，教育水平明显提升，

全民健康状况明显改善，新增就业持续增加，贫困人口大幅减少，人民生活水平和质量进一步提高。生态文明建设取得新进展，主体功能区制度逐步健全，主要污染物排放持续减少，节能环保水平明显提升。全面深化改革有力推进，经济体制继续完善，人民民主不断扩大，依法治国开启新征程。全方位外交取得重大进展，国际地位显著提高，对外开放不断深入，成为全球第一货物贸易大国和主要对外投资大国，人民币纳入国际货币基金组织特别提款权货币篮子。中华民族伟大复兴的中国梦和社会主义核心价值观深入人心，国家文化软实力不断增强。中国特色军事变革成就显著，强军兴军迈出新步伐。全面从严治党开创新局面，党风廉政建设成效显著。我国经济实力、科技实力、国防实力、国际影响力又上了一个大台阶。

尤为重要的是，党的十八大以来，以习近平同志为总书记的党中央毫不动摇坚持和发展中国特色社会主义，勇于实践、善于创新，深化对共产党执政规律、社会主义建设规律、人类社会发展规律的认识，形成一系列治国理政新理念新思想新战略，为在新的历史条件下深化改革开放、加快推进社会主义现代化提供了科学理论指导和行动指南。

专栏1 “十二五”规划主要指标实现情况

指标	规划目标		实现情况	
	2015年	年均增速［累计］	2015年	年均增速［累计］
• 经济发展				
（1）国内生产总值（GDP）（万亿元）	-	7%	67.7	7.8%
（2）服务业增加值比重（%）	47	-	50.5	-
（3）常住人口城镇化率（%）	51.5	-	56.1	-
• 科技教育				
（4）九年义务教育巩固率（%）	93	-	93	-
（5）高中阶段教育毛入学率（%）	87	-	87	-
（6）研究与试验发展经费支出占GDP比重（%）	2.2	-	2.1	-
（7）每万人口发明专利拥有量（件）	3.3	-	6.3	-
• 资源环境				
（8）耕地保有量（亿亩）	18.18	-	18.65	-
（9）单位工业增加值用水量降低（%）	-	[30]	-	[35]
（10）农业灌溉用水有效利用系数	0.53	-	0.532	-

续表

指标	规划目标		实现情况	
	2015 年	年均增速[累计]	2015 年	年均增速[累计]
(11)非化石能源占一次能源消费比重(%)	11.4	-	12	-
(12)单位 GDP 能源消耗降低(%)	-	[16]	-	[18.2]
(13)单位 GDP 二氧化碳排放降低(%)	-	[17]	-	[20]
(14)主要污染物排放总量减少(%) 化学需氧量 二氧化硫 氨氮 氮氧化物	-	[8] [8] [10] [10]	-	[12.9] [18.0] [13.0] [18.6]
(15)森林增长 森林覆盖率(%) 森林蓄积量(亿立方米)	21.66 143	-	21.66 151	-
• 人民生活				
(16)城镇居民人均可支配收入(元)	-	>7%	-	7.7%
(17)农村居民人均纯收入(元)	-	>7%	-	9.6%
(18)城镇登记失业率(%)	<5	-	4.05	-
(19)城镇新增就业人数(万人)	-	[4500]	-	[6431]
(20)城镇参加基本养老保险人数(亿人)	3.57	-	3.77	-
(21)城乡三项基本医疗保险参保率(%)	-	[3]	-	[>3]
(22)城镇保障性安居工程建设(万套)	-	[3600]	-	[4013]
(23)全国总人口(亿人)	<13.90	-	13.75	-
(24)人均预期寿命(岁)	74.5	-	76.34	-

注: ① GDP、居民收入增速按可比价计算, 绝对数按当年价计算。② 2015 年耕地保有量根据第二次全国土地调查数据更新。③ [ ] 内为 5 年累计数。

“十三五”时期，国内外发展环境更加错综复杂。从国际看，和平与发展的时代主题没有变，世界多极化、经济全球化、文化多样化、社会信息化深入发展。国际金融危机冲击和深层次影响在相当长时期依然存在，世界经济在深度调整中曲折复苏、增长乏力。主要经济体走势和宏观政策取向分化，金融市场动荡不稳，大宗商品价格大幅波动，全球贸易持续低迷，贸易保护主义强化，新兴经济体困难和风险明显加大。新一轮科技革命和产业变革蓄势待发，国际能源格局发生重大调整。全球治理体系深刻变革，发展中国家群体力量继续增强，国际力量对比逐步趋向平衡，国际投资贸易规则体系加快重构，多边贸易体制受到区域性高标准自由贸易体制挑战。局部地区地缘博弈更加激烈，传统安全威胁和非传统安全威胁交织，国际关系复杂程度前所未有。外部环境不稳定不确定因素明显增多，我国发展面临的风险挑战加大。

从国内看，经济长期向好的基本面没有改变，发展前景依然广阔，但提质增效、转型升级的要求更加紧迫。经济发展进入新常态，向形态更高级、分工更优化、结构更合理阶段演化的趋势更加明显。消费升级加快，市场空间广阔，物质基础雄厚，产业体系完备，资金供给充裕，人力资本丰富，创新累积效应正在显现，综合优势依然显著。新型工业化、信息化、城镇化、农业现代化深入发展，新的增长动力正在孕育形成，新的增长点、增长极、增长带不断成长壮大。全面深化改革和全面推进依法治国正释放新的动力、激发新的活力。同时，必须清醒认识到，发展方式粗放，不平衡、不协调、不可持续问题仍然突出，经济增速换挡、结构调整阵痛、动能转换困难相互交织，面临稳增长、调结构、防风险、惠民生等多重挑战。有效需求乏力和有效供给不足并存，结构性矛盾更加凸显，传统比较优势减弱，创新能力不强，经济下行压力加大，财政收支矛盾更加突出，金融风险隐患增大。农业基础依然薄弱，部分行业产能过剩严重，商品房库存过高，企业效益下滑，债务水平持续上升。城乡区域发展不平衡，空间开发粗放低效，资源约束趋紧，生态环境恶化趋势尚未得到根本扭转。基本公共服务供给仍然不足，收入差距较大，人口老龄化加快，消除贫困任务艰巨。重大安全事故频发，影响社会稳定因素增多，国民文明素质和社会文明程度有待提高，法治建设有待加强，维护社会和谐稳定难度加大。

综合判断，我国发展仍处于可以大有作为的重要战略机遇期，也面临诸多矛盾叠加、风险隐患增多的严峻挑战。必须准确把握战略机遇期内涵和条件的深刻变化，增强忧患意识、责任意识，强化底线思维，尊重规律与国情，积极适应把握引领新常态，坚持中国特色社会主义政治经济学的重要原则，坚持解放和发展社会生产力、坚持社会主义市场经济改革方向、坚持调动各方面积极性，坚定信心，迎难而上，继续集中力量办好自己的事情，着力在优化结构、增强动力、化解矛盾、补齐短板上取得突破，切实转变发展方式，提高发展质量和效益，努力跨越“中等收入陷阱”，不断开拓发展新境界。

第二章 指导思想

高举中国特色社会主义伟大旗帜，全面贯彻党的十八大和十八届三中、四中、五中全会精神，以马克思列宁主义、毛泽东思想、邓小平理论、“三个代表”重要思想、科学发展观为指导，深入贯彻习近平总书记系列重要讲话精神，坚持全面建成小康社会、全面深化改革、全面依法治国、全面从严治党的战略布局，坚持发展是第一要务，牢固树立和贯彻落实创新、协调、绿色、开放、共享的发展理念，以提高发展质量和效益为中心，以供给侧结构性改革为主线，扩大有效供给，满足有效需求，加快形成引领经济发展新常态的体制机制和发展方式，保持战略定力，坚持稳中求进，统筹推进经济建设、政治建设、文化建设、社会建设、生态文明建设和党的建设，确保如期全面建成小康社会，为实现第二个百年奋斗目标、实现中华民族伟大复兴的中国梦奠定更加坚实的基础。

必须遵循以下原则：

——坚持人民主体地位。人民是推动发展的根本力量，实现好、维护好、发展好最广大人民根本利益是发展的根本目的。必须坚持以人民为中心的发展思想，把增进人民福祉、促进人的全面发展作为发展的出发点和落脚点，发展人民民主，维护社会公平正义，保障人民平等参与、平等发展权利，充分调动人民积极性、主动性、创造性。

——坚持科学发展。发展是硬道理，发展必须是科学发展。我国仍处于并将长期处于社会主义初级阶段，基本国情和社会主要矛盾没有变，这是谋划发展的基本依据。必须坚持以经济建设为中心，从实际出发，把握发展新特征，加大结构性改革力度，加快转变经济发展方式，实现更高质量、更有效率、更加公平、更可持续的发展。

——坚持深化改革。改革是发展的强大动力。必须按照完善和发展中国特色社会主义制度、推进国家治理体系和治理能力现代化的总目标，健全使市场在资源配置中起决定性作用和更好发挥政府作用的制度体系，以经济体制改革为重点，加快完善各方面体制机制，破除一切不利于科学发展的体制机制障碍，为发展提供持续动力。

——坚持依法治国。法治是发展的可靠保障。必须坚定不移走中国特色社会主义法治道路，加快建设中国特色社会主义法治体系，建设社会主义法治国家，推进科学立法、严格执法、公正司法、全民守法，加快建设法治经济和法治社会，把经济社会发展纳入法治轨道。

——坚持统筹国内国际两个大局。全方位对外开放是发展的必然要求。必须坚持打开国门搞建设，既立足国内，充分运用我国资源、市场、制度等优势，又重视国内国际经济联动效应，积极应对外部环境变化，更好利用两个市场、两种资源，推动互利共赢、共同发展。

——坚持党的领导。党的领导是中国特色社会主义制度的最大优势，是实现经济社会持续健康发展的根本政治保证。必须贯彻全面从严治党要求，不断增强党的创造力、凝聚力、战斗力，不断提高党的执政能力和执政水平，确保我国发展航船沿着正确航道破浪前进。

第三章　主要目标

按照全面建成小康社会新的目标要求，今后五年经济社会发展的主要目标是：

——经济保持中高速增长。在提高发展平衡性、包容性、可持续性基础上，到2020年国内生产总值和城乡居民人均收入比2010年翻一番，主要经济指标平衡协调，发展质量和效益明显提高。产业迈向中高端水平，农业现代化进展明显，工业化和信息化融合发展水平进一步提高，先进制造业和战略性新兴产业加快发展，新产业新业态不断成长，服务业比重进一步提高。

——创新驱动发展成效显著。创新驱动发展战略深入实施，创业创新蓬勃发展，全要素生产率明显提高。科技与经济深度融合，创新要素配置更加高效，重点领域和关键环节核心技术取得重大突破，自主创新能力全面增强，迈进创新型国家和人才强国行列。

——发展协调性明显增强。消费对经济增长贡献继续加大，投资效率和企业效率明显上升。城镇化质量明显改善，户籍人口城镇化率加快提高。区域协调发展新格局基本形成，发展空间布局得到优化。对外开放深度广度不断提高，全球配置资源能力进一步增强，进出口结构不断优化，国际收支基本平衡。

——人民生活水平和质量普遍提高。就业、教育、文化体育、社保、医疗、住房等公共服务体系更加健全，基本公共服务均等化水平稳步提高。教育现代化取得重要进展，劳动年龄人口受教育年限明显增加。就业比较充分，收入差距缩小，中等收入人口比重上升。我国现行标准下农村贫困人口实现脱贫，贫困县全部摘帽，解决区域性整体贫困。

——国民素质和社会文明程度显著提高。中国梦和社会主义核心价值观更加深入人心，爱国主义、集体主义、社会主义思想广泛弘扬，向上向善、诚信互助的社会风尚更加浓厚，国民思想道德素质、科学文化素质、健康素质明显提高，全社会法治意识不断增强。公共文化服务体系基本建成，文化产业成为国民经济支柱性产业。中华文化影响持续扩大。

——生态环境质量总体改善。生产方式和生活方式绿色、低碳水平上升。能源资源开发利用效率大幅提高，能源和水资源消耗、建设用地、碳排放总量得到有效控制，主要污染物排放总量大幅减少。主体功能区布局和生态安全屏障基本形成。

——各方面制度更加成熟更加定型。国家治理体系和治理能力现代化取得重大进展，各领域基础性制度体系基本形成。人民民主更加健全，法治政府基本建成，司法公信力明显提高。人权得到切实保障，产权得到有效保护。开放型经济新体制基本形成。中国特色现代军事体系更加完善。党的建设制度化水平显著提高。

专栏 2 “十三五”时期经济社会发展主要指标

指标		2015 年	2020 年	年均增速[累计]	属性
• 经济发展					
(1)国内生产总值(GDP)(万亿元)		67.7	>92.7	>6.5%	预期性
(2)全员劳动生产率(万元/人)		8.7	>12	>6.6%	预期性
(3)城镇化率	常住人口城镇化率(%)	56.1	60	[3.9]	预期性
	户籍人口城镇化率(%)	39.9	45	[5.1]	
(4)服务业增加值比重(%)		50.5	56	[5.5]	预期性

续表

指标		2015 年	2020 年	年均增速[累计]	属性
• 创新驱动					
(5)研究与试验发展经费投入强度(%)		2.1	2.5	[0.4]	预期性
(6)每万人口发明专利拥有量(件)		6.3	12	[5.7]	预期性
(7)科技进步贡献率(%)		55.3	60	[4.7]	预期性
(8)互联网普及率	固定宽带家庭普及率(%)	40	70	[30]	预期性
	移动宽带用户普及率(%)	57	85	[28]	
• 民生福祉					
(9)居民人均可支配收入增长(%)		-	-	>6.5	预期性
(10)劳动年龄人口平均受教育年限(年)		10.23	10.8	[0.57]	约束性
(11)城镇新增就业人数(万人)		-	-	[>5000]	预期性
(12)农村贫困人口脱贫(万人)		-	-	[5575]	约束性
(13)基本养老保险参保率(%)		82	90	[8]	预期性
(14)城镇棚户区住房改造(万套)		-	-	[2000]	约束性
(15)人均预期寿命(岁)		-	-	[1]	预期性
• 资源环境					
(16)耕地保有量(亿亩)		18.65	18.65	[0]	约束性
(17)新增建设用地规模(万亩)		-	-	[<3256]	约束性
(18)万元 GDP 用水量下降(%)		-	-	[23]	约束性
(19)单位 GDP 能源消耗降低(%)		-	-	[15]	约束性
(20)非化石能源占一次能源消费比重(%)		12	15	[3]	约束性
(21)单位 GDP 二氧化碳排放降低(%)		-	-	[18]	约束性
(22)森林发展	森林覆盖率(%)	21.66	23.04	[1.38]	约束性
	森林蓄积量(亿立方米)	151	165	[14]	
(23)空气质量	地级及以上城市空气质量优良天数比率(%)	76.7	>80	-	约束性
	细颗粒物(PM2.5)未达标地级及以上城市浓度下降(%)	-	-	[18]	
(24)地表水质量	达到或好于 III 类水体比例(%)	66	>70	-	约束性
	劣 V 类水体比例(%)	9.7	<5	-	
(25)主要污染物排放总量减少(%)	化学需氧量	-	-	[10]	约束性
	氨氮			[10]	
	二氧化硫			[15]	
	氮氧化物			[15]	

注:① GDP、全员劳动生产率增速按可比价计算,绝对数按 2015 年不变价计算。② [ ] 内为 5 年累计数。③ PM2.5 未达标指年均值超过 35 微克 / 立方米。

第四章　发展理念

实现发展目标，破解发展难题，厚植发展优势，必须牢固树立和贯彻落实创新、协调、绿色、开放、共享的新发展理念。

创新是引领发展的第一动力。必须把创新摆在国家发展全局的核心位置，不断推进理论创新、制度创新、科技创新、文化创新等各方面创新，让创新贯穿党和国家一切工作，让创新在全社会蔚然成风。

协调是持续健康发展的内在要求。必须牢牢把握中国特色社会主义事业总体布局，正确处理发展中的重大关系，重点促进城乡区域协调发展，促进经济社会协调发展，促进新型工业化、信息化、城镇化、农业现代化同步发展，在增强国家硬实力的同时注重提升国家软实力，不断增强发展整体性。

绿色是永续发展的必要条件和人民对美好生活追求的重要体现。必须坚持节约资源和保护环境的基本国策，坚持可持续发展，坚定走生产发展、生活富裕、生态良好的文明发展道路，加快建设资源节约型、环境友好型社会，形成人与自然和谐发展现代化建设新格局，推进美丽中国建设，为全球生态安全作出新贡献。

开放是国家繁荣发展的必由之路。必须顺应我国经济深度融入世界经济的趋势，奉行互利共赢的开放战略，坚持内外需协调、进出口平衡、引进来和走出去并重、引资和引技引智并举，发展更高层次的开放型经济，积极参与全球经济治理和公共产品供给，提高我国在全球经济治理中的制度性话语权，构建广泛的利益共同体。

共享是中国特色社会主义的本质要求。必须坚持发展为了人民、发展依靠人民、发展成果由人民共享，作出更有效的制度安排，使全体人民在共建共享发展中有更多获得感，增强发展动力，增进人民团结，朝着共同富裕方向稳步前进。

坚持创新发展、协调发展、绿色发展、开放发展、共享发展，是关系我国发展全局的一场深刻变革。创新、协调、绿色、开放、共享的新发展理念是具有内在联系的集合体，是“十三五”乃至更长时期我国发展思路、发展方向、发展着力点的集中体现，必须贯穿于“十三五”经济社会发展的各领域各环节。

第五章　发展主线

贯彻落实新发展理念、适应把握引领经济发展新常态，必须在适度扩大总需求的同时，着力推进供给侧结构性改革，使供给能力满足广大人民日益增长、不断升级和个性化的物质文化和生态环境需要。必须用改革的办法推进结构调整，加大重点领域关键环节市场化改革力度，调整各类扭曲的政策和制度安排，完善公平竞争、优胜劣汰的市场环境和机制，最大限度激发微观活力，优化要素配置，推动产业结构升级，扩大有效和中高端供给，增强供给结构适应性和灵活性，提高全要素生产率。必须以提高供给体系的质量和效率为目标，实施宏观政策要稳、产业政策要准、微观政策要活、改革政策要实、社会政策要托底的政策支柱，去产能、去库存、去杠杆、降成本、补短板，加快培育新的发展动能，改造提升传统比较优势，夯实实体经济根基，推动社会生产力水平整体改善。

第二篇　实施创新驱动发展战略

把发展基点放在创新上，以科技创新为核心，以人才发展为支撑，推动科技创新与大众创业万众创新有机结合，塑造更多依靠创新驱动、更多发挥先发优势的引领型发展。

第六章　强化科技创新引领作用

发挥科技创新在全面创新中的引领作用，加强基础研究，强化原始创新、集成创新和引进消化吸收再创新，着力增强自主创新能力，为经济社会发展提供持久动力。

第一节　推动战略前沿领域创新突破

坚持战略和前沿导向，集中支持事关发展全局的基础研究和共性关键技术研究，更加重视原始创新和颠覆性技术创新。聚焦目标、突出重点，加快实施已有国家重大科技专项，部署启动一批新的重大科技项目。加快突破新一代信息通信、新能源、新材料、航空航天、生物医药、智能制造等领域核心技术。加强深海、深地、深空、深蓝等领域的战略高技术部署。围绕现代农业、城镇化、环境治理、健康养老、公共服务等领域的瓶颈制约，制定系统性技术解决方案。强化宇宙演化、物质结构、生命起源、脑与认知等基础前沿科学研究。积极提出并牵头组织国际大科学计划和大科学工程，建设若干国际创新合作平台。

第二节　优化创新组织体系

明确各类创新主体功能定位，构建政产学研用一体的创新网络。强化企业创新主体地位和主导作用，鼓励企业开展基础性前沿性创新研究，深入实施创新企业百强工程，形成一批有国际竞争力的创新型领军企业，支持科技型中小企业发展。推进科教融合发展，促进高等学校、职业院校和科研院所全面参与国家创新体系建设，支持一批高水平大学和科研院所组建跨学科、综合交叉的科研团队。在重大关键项目上发挥市场经济条件下新型举国体制优势。实施国家技术创新工程，构建产业技术创新联盟，发展市场导向的新型研发机构，推动跨领域跨行业协同创新。

第三节　提升创新基础能力

瞄准国际科技前沿，以国家目标和战略需求为导向，布局一批高水平国家实验室。加快能源、生命、地球系统与环境、材料、粒子物理和核物理、空间和天文、工程技术等科学领域和部分多学科交叉领域国家重大科技基础设施建设，依托现有先进设施组建综合性国家科学中心。依托企业、高校、科研院所建设一批国家技术创新中心，支持企业技术中心建设。推动高校、科研院所开放科研基础设施和创新资源。

第四节　打造区域创新高地

引导创新要素聚集流动，构建跨区域创新网络。充分发挥高校和科研院所密集的中心城市、国家自主创新示范区、国家高新技术产业开发区作用，形成一批带动力强的创新型省份、城市和区域创新中心。系统推进全面创新改革试验。支持北京、上海建设具有全球影响力的科技创新中心。

专栏 3　科技创新 2030——重大项目

重大科技项目：①航空发动机及燃气轮机；②深海空间站；③量子通信与量子计算机；④脑科学与类脑研究；⑤国家网络空间安全；⑥深空探测及空间飞行器在轨服务与维护系统。

重大工程：①种业自主创新；②煤炭清洁高效利用；③智能电网；④天地一体化信息网络；⑤大数据；⑥智能制造和机器人；⑦重点新材料研发及应用；⑧京津冀环境综合治理；⑨健康保障。

第七章　深入推进大众创业万众创新

把大众创业万众创新融入发展各领域各环节，鼓励各类主体开发新技术、新产品、新业态、新模式，打造发展新引擎。

第一节　建设创业创新公共服务平台

实施“双创”行动计划，鼓励发展面向大众、服务中小微企业的低成本、便利化、开放式服务平台，打造一批“双创”示范基地和城市。加强信息资源整合，向企业开放专利信息资源和科研基地。鼓励大型企业建立技术转移和服务平台，向创业者提供技术支撑服务。完善创业培育服务，打造创业服务与创业投资结合、线上与线下结合的开放式服务载体。更好发挥政府创业投资引导基金作用。

第二节　全面推进众创众包众扶众筹

依托互联网拓宽市场资源、社会需求与创业创新对接通道。推进专业空间、网络平台和企业内部众创，加强创新资源共享。推广研发创意、制造运维、知识内容和生活服务众包，推动大众参与线上生产流通分工。发展公众众扶、分享众扶和互助众扶。完善监管制度，规范发展实物众筹、股权众筹和网络借贷。

第八章　构建激励创新的体制机制

破除束缚创新和成果转化的制度障碍，优化创新政策供给，形成创新活力竞相迸发、创新成果高效转化、创新价值充分体现的体制机制。

第一节　深化科技管理体制改革

尊重科学研究规律，推动政府职能从研发管理向创新服务转变。改革科研经费管理制度，深化中央财政科技计划管理改革，完善计划项目生成机制和实施机制。建立统一的科技管理平台，健全科技报告、创新调查、资源开放共享机制。完善国家科技决策咨询制度，增强企业家在国家创新决策体系中的话语权。市场导向的科技项目主要由企业牵头。扩大高校和科研院所自主权，实行中长期目标导向的考核评价机制，更加注重研究质量、原创价值和实际贡献。赋予创新领军人才更大人财物支配权、技术路线决策权。支持自主探索，包容非共识创新。深化知识产权领域改革，强化知识产权司法保护。

第二节　完善科技成果转化和收益分配机制

实施科技成果转化行动，全面下放创新成果处置权、使用权和收益权，提高科研人员成果转化收益分享比例，支持科研人员兼职和离岗转化科技成果。建立从实验研究、中试到生产的全过程科技创新融资模式，促进科技成果资本化产业化。实行以增加知识价值为导向的分配政策，加强对创新人才的股权、期权、分红激励。

第三节　构建普惠性创新支持政策体系

营造激励创新的市场竞争环境，清理妨碍创新的制度规定和行业标准，加快创新薄弱环节和领域立法，强化产业技术政策和标准的执行监管。增加财政科技投入，重点支持基础前沿、社会公益和共性关键技术研究。落实企业研发费用加计扣除和扩大固定资产加速折旧实施范围政策，强化对创新产品的首购、订购支持，激励企业增加研发投入。强化金融支持，大力发展风险投资。更好发挥企业家作用，包容创新对传统利益格局的挑战，依法保护企业家财产权和创新收益。

第九章　实施人才优先发展战略

把人才作为支撑发展的第一资源，加快推进人才发展体制和政策创新，构建有国际竞争力的人才制度优势，提高人才质量，优化人才结构，加快建设人才强国。

第一节　建设规模宏大的人才队伍

推动人才结构战略性调整，突出“高精尖缺”导向，实施重大人才工程，着力发现、培养、集聚战略科学家、科技领军人才、社科人才、企业家人才和高技能人才队伍。培养一批讲政治、懂专业、善管理、有国际视野的党政人才。善于发现、重点支持、放手使用青年优秀人才。改革院校创新型人才培养模式，引导推动人才培养链与产业链、创新链有机衔接。

第二节　促进人才优化配置

建立健全人才流动机制，提高社会横向和纵向流动性，促进人才在不同性质单位和不同地域间有序自由流动。完善工资、医疗待遇、职称评定、养老保障等激励政策，激励人才向基层一线、中西部、艰苦边远地区流动。开展东部沿海地区与中西部地区、东北等老工业基地人才交流和对口支援，继续实施东部城市对口支持西部地区人才培训工程。

第三节　营造良好的人才发展环境

完善人才评价激励机制和服务保障体系，营造有利于人人皆可成才和青年人才脱颖而出的社会环境。发挥政府投入引导作用，鼓励人才资源开发和人才引进。完善业绩和贡献导向的人才评价标准。保障人才以知识、技能、管理等创新要素参与利益分配，以市场价值回报人才价值，强化对人才的物质和精神激励，鼓励人才弘扬奉献精神。营造崇尚专业的社会氛围，大力弘扬新时期工匠精神。实施更积极、更开放、更有效的人才引进政策，完善外国人永久居留制度，放宽技术技能型人才取得永久居留权的条件。加快完善高效便捷的海外人才来华工作、出入境、居留管理服务。扩大来华留学规模，优化留学生结构，完善培养支持机制。培养推荐优秀人才到国际组织任职，完善配套政策，畅通回国任职通道。

专栏4　重大人才工程

（一）创新人才推进计划

在优势科研领域设立一批科学家工作室，重点支持和培养一批中青年科技创新领军人才；建设一批重点领域创新团队；重点扶持一批科技创新创业人才，建设一批创新人才培养示范基地。

（二）青年英才开发计划

在重点学科领域培养扶持一批青年拔尖人才；在高水平研究型大学和科研院所优势基础学科建设一批国家青年英才培养基地，选拔一批拔尖大学生进行培养；每年从应届高中、大学毕业生中筛选优秀人才到国外一流大学深造，进行定向跟踪培养。

（三）企业经营管理人才素质提升工程

培养一批具有世界眼光、战略思维、创新精神的企业家；培养1万名精通战略规划、资本运作、质量管理、人力资源管理、财会法律等专业知识的企业经营管理人才。

续表

（四）"千人计划""万人计划"提升工程 引进能够从事原始创新、突破关键技术、发展高新产业、带动新兴学科的战略科学家和科技领军人才。引进 1 万名左右海外高层次人才回国（来华）创新创业，遴选支持 1 万名左右急需紧缺的国内高层次人才。 **（五）专业技术人才知识更新工程** 每年培训百万名高层次、急需紧缺和骨干专业技术人才。依托高等学校、科研院所和大型企业现有施教机构，建设一批国家级继续教育基地。 **（六）国家高技能人才振兴计划** 在全国建成一批技能大师工作室、1200 个高技能人才培训基地，培养 1000 万名高技能人才。

第十章　拓展发展动力新空间

坚持需求引领、供给创新，提高供给质量和效率，激活和释放有效需求，形成消费与投资良性互动、需求升级与供给升级协调共进的高效循环，增强发展新动能。

第一节　促进消费升级

适应消费加快升级，以消费环境改善释放消费潜力，以供给改善和创新更好满足、创造消费需求，不断增强消费拉动经济的基础作用。增强消费能力，改善大众消费预期，挖掘农村消费潜力，着力扩大居民消费。以扩大服务消费为重点带动消费结构升级，支持信息、绿色、时尚、品质等新型消费，稳步促进住房、汽车和健康养老等大宗消费。推动线上线下融合等消费新模式发展。实施消费品质量提升工程，强化消费者权益保护，充分发挥消费者协会作用，营造放心便利的消费环境。积极引导海外消费回流。以重要旅游目的地城市为依托，优化免税店布局，培育发展国际消费中心。

第二节　扩大有效投资

围绕有效需求扩大有效投资，优化供给结构，提高投资效率，发挥投资对稳增长、调结构的关键作用。更好发挥社会投资主力军作用，营造宽松公平的投资经营环境，鼓励民间资本和企业投资，激发民间资本活力和潜能。充分发挥政府投资的杠杆撬动作用，加大对公共产品和公共服务的投资力度，加大人力资本投资，增加有利于供给结构升级、弥补小康短板、城乡区域协调、增强发展后劲的投资，启动实施一批全局性、战略性、基础性重大投资工程。

第三节　培育出口新优势

适应国际市场需求变化，加快转变外贸发展方式，优化贸易结构，发挥出口对增长的促进作用。加快培育以技术、标准、品牌、质量、服务为核心的对外经济新优势，推动高端装备出口，提高出口产品科技含量和附加值。扩大服务出口，健全售后保养维修等服务体系，促进在岸、离岸服务外包协调发展。加大对中小微企业出口支持力度。

第三篇　构建发展新体制

发挥经济体制改革牵引作用，正确处理政府和市场关系，在重点领域和关键环节改革上取得突破性进展，形成有利于引领经济发展新常态的体制机制。

第十一章　坚持和完善基本经济制度

坚持公有制为主体、多种所有制经济共同发展。毫不动摇巩固和发展公有制经济，毫不动摇鼓励、支持、引导非公有制经济发展。依法监管各种所有制经济。

第一节　大力推进国有企业改革

坚定不移把国有企业做强做优做大，培育一批具有自主创新能力和国际竞争力的国有骨干企业，增强国有经济活力、控制力、影响力、抗风险能力，更好服务于国家战略目标。商业类国有企业以增强国有经济活力、放大国有资本功能、实现国有资产保值增值为主要目标，依法独立自主开展生产经营活动，实现优胜劣汰、有序进退。公益类国有企业以保障民生、服务社会、提供公共产品和服务为主要目标，引入市场机制，加强成本控制、产品服务质量、运营效率和保障能力考核。加快国有企业公司制股份制改革，完善现代企业制度、公司法人治理结构。建立国有企业职业经理人制度，完善差异化薪酬制度和创新激励。加快剥离企业办社会职能和解决历史遗留问题。着力推进农垦改革发展。

第二节　完善各类国有资产管理体制

以管资本为主加强国有资产监管，提高资本回报，防止国有资产流失。改组组建国有资本投资、运营公司，提高国有资本配置和运行效率，形成国有资本流动重组、布局调整的有效平台。健全国有资本合理流动机制，推进国有资本布局战略性调整，引导国有资本更多投向关系国家安全、国民经济命脉的重要行业和关键领域。建立国有资产出资人监管权力清单和责任清单，稳步推进经营性国有资产集中统一监管，建立覆盖全部国有企业、分级管理的国有资本经营预算管理制度。对国有企业国有资本和企业领导人员履行经济责任情况实行审计全覆盖。

第三节　积极稳妥发展混合所有制经济

支持国有资本、集体资本、非公有资本等交叉持股、相互融合。推进公有制经济之间股权多元化改革。稳妥推动国有企业发展混合所有制经济，开展混合所有制改革试点示范。引入非国有资本参与国有企业改革，鼓励发展非公有资本控股的混合所有制企业。鼓励国有资本以多种方式入股非国有企业。

第四节　支持非公有制经济发展

坚持权利平等、机会平等、规则平等，更好激发非公有制经济活力和创造力。废除对非公有制经济各种形式的不合理规定，消除各种隐性壁垒，保证依法平等使用生产要素、公平参与市场竞争、同等受到法律保护、共同履行社会责任。鼓励民营企业依法进入更多领域。

第十二章　建立现代产权制度

健全归属清晰、权责明确、保护严格、流转顺畅的现代产权制度。推进产权保护法治化，依法保护各种所有制经济权益。依法合规界定企业财产权归属，保障国有资本收益权和企业自主经营权，健全规则、过程、结果公开的国有资产产权交易制度。完善农村集体产权权能，全面完成农村承包经营地、宅基地、农房、集体建设用地确权登记颁证。完善集体经济组织成员认定办法和集体经济资产所有权实现形式，将经营性资产折股量化到本集体经济组织成员。规范农村产权流转交易，完善农村集体资产处置决策程序。全面落实不动产统一登记制度。加快构建自然资源资产产权制度，确定产权主体，创新产权实现形式。保护自然资源资产所有者权益，公平分享自然资源资产收益。深化矿业权制度改革。建立健全生态环境性权益交易制度和平台。实施严格的知识产权保护制度，完善有利于激励创新的知识产权归属制度，建设知识产权运营交易和服务平台，建设知识产权强国。

第十三章　健全现代市场体系

加快形成统一开放、竞争有序的市场体系，建立公平竞争保障机制，打破地域分割和行业垄断，着力清除市场壁垒，促进商品和要素自由有序流动、平等交换。

第一节　健全要素市场体系

加快建立城乡统一的建设用地市场，在符合规划、用途管制和依法取得前提下，推进农村集体经营性建设用地与国有建设用地同等入市、同权同价。健全集体土地征收制度，缩小征地范围，规范征收程序，完善被征地农民权益保障机制。开展宅基地融资抵押、适度流转、自愿有偿退出试点。完善工业用地市场化配置制度。统筹人力资源市场，实行平等就业制度。加强各类技术交易平台建设，健全技术市场交易规则，鼓励技术中介服务机构发展。

第二节　推进价格形成机制改革

减少政府对价格形成的干预，全面放开竞争性领域商品和服务价格，放开电力、石油、天然气、交通运输、电信等领域竞争性环节价格。理顺医疗服务价格。完善水价形成机制。完善居民阶梯电价，全面推行居民阶梯水价、气价。健全物价补贴联动机制。建立健全公用事业和公益性服务政府投入与价格调整相协调机制。规范定价程序，加强成本监审，推进成本公开。

第三节　维护公平竞争

清理废除妨碍统一市场和公平竞争的各种规定和做法。健全竞争政策，完善市场竞争规则，实施公平竞争审查制度。放宽市场准入，健全市场退出机制。健全统一规范、权责明确、公正高效、法治保障的市场监管和反垄断执法体系。严格产品质量、安全生产、能源消耗、环境损害的强制性标准，建立健全市场主体行为规则和监管办法。健全社会化监管机制，畅通投诉举报渠道。强化互联网交易监管。严厉打击制假售假行为。

第十四章　深化行政管理体制改革

加快政府职能转变，持续推进简政放权、放管结合、优化服务，提高行政效能，激发市场活力和社会创造力。

第一节　深入推进简政放权

建立健全权力清单、责任清单、负面清单管理模式，划定政府与市场、社会的权责边界。深化行政审批制度改革，最大限度减少政府对企业经营的干预，最大限度缩减政府审批范围。增强简政放权的针对性、协同性。深化商事制度改革，提供便捷便利服务。深化承担行政职能事业单位改革，大力推进政事分开。

第二节　提高政府监管效能

转变监管理念，加强事中事后监管。制定科学有效的市场监管规则、流程和标准，健全监管责任制，推进监管现代化。创新监管机制和监管方式，推进综合执法和大数据监管，运用市场、信用、法治等手段协同监管。全面实行随机抽取检查对象、随机抽取执法人员、检查结果公开。强化社会监督。

第三节　优化政府服务

创新政府服务方式，提供公开透明、高效便捷、公平可及的政务服务和公共服务。加快推进行政审批标准化建设，优化直接面向企业和群众服务项目的办事流程和服务标准。加强部门间业务协同。推广“互联网+政务服务”，全面推进政务公开。

第十五章　加快财税体制改革

围绕解决中央地方事权和支出责任划分、完善地方税体系、增强地方发展能力、减轻企业负担等关键性问题，深化财税体制改革，建立健全现代财税制度。

第一节　确立合理有序的财力格局

建立事权和支出责任相适应的制度，适度加强中央事权和支出责任。结合税制改革，考虑税种属性，进一步理顺中央和地方收入划分，完善增值税划分办法。完善中央对地方转移支付制度，规范一般性转移支付制度，完善资金分配办法，提高财政转移支付透明度。健全省以下财力分配机制。

第二节　建立全面规范公开透明的预算制度

建立健全预算编制、执行、监督相互制约、相互协调机制。完善政府预算体系，加大政府性基金预算、国有资本经营预算与一般公共预算的统筹力度，完善社会保险基金预算编制制度。实施跨年度预算平衡机制和中期财政规划管理，加强与经济社会发展规划计划的衔接。全面推进预算绩效管理。建立政府资产报告制度，深化政府债务管理制度改革，建立规范的政府债务管理及风险预警机制。建立权责发生制政府综合财务报告制度和财政库底目标余额管理制度。扩大预算公开范围，细化公开内容。

第三节　改革和完善税费制度

按照优化税制结构、稳定宏观税负、推进依法治税的要求全面落实税收法定原则，建立税种科学、结构优化、法律健全、规范公平、征管高效的现代税收制度，逐步提高直接税比重。全面完成营业税改增值税改革，建立规范的消费型增值税制度。完善消费税制度。实施资源税从价计征改革，逐步扩大征税范围。清理规范相关行政事业性收费和政府性基金。开征环境保护税。完善地方税体系，推进房地产税立法。完善关税制度。加快推进非税收入管理改革，建立科学规范、依法有据、公开透明的非税收入管理制度。深化国税、地税征管体制改革，完善税收征管方式，提高税收征管效能。推行电子发票。

第四节　完善财政可持续发展机制

优化财政支出结构，修正不可持续的支出政策，调整无效和低效支出，腾退重复和错位支出。建立库款管理与转移支付资金调度挂钩机制。创新财政支出方式，引导社会资本参与公共产品提供，使财政支出保持在合理水平，将财政赤字和政府债务控制在可承受范围内，确保财政的可持续性。

第十六章　加快金融体制改革

完善金融机构和市场体系，促进资本市场健康发展，健全货币政策机制，深化金融监管体制改革，健全现代金融体系，提高金融服务实体经济效率和支持经济转型的能力，有效防范和化解金融风险。

第一节　丰富金融机构体系

健全商业性金融、开发性金融、政策性金融、合作性金融分工合理、相互补充的金融机构体系。构建多层次、广覆盖、有差异的银行机构体系，扩大民间资本进入银行业，发展普惠金融和多业态中小微金融组织。规范发展互联网金融。稳妥推进金融机构开展综合经营。推动民间融资阳光化，规范小额贷款、融资担保机构等发展。提高金融机构管理水平和服务质量。

第二节　健全金融市场体系

积极培育公开透明、健康发展的资本市场，提高直接融资比重，降低杠杆率。创造条件实施股票发行注册制，发展多层次股权融资市场，深化创业板、新三板改革，规范发展区域性股权市场，建立健全转板机制和退出机制。完善债券发行注册制和债券市场基础设施，加快债券市场互联互通。开发符合创新需求的金融服务，稳妥推进债券产品创新，推进高收益债券及股债相结合的融资方式，大力发展融资租赁服务。健全利率、汇率市场决定机制，更好发挥国债收益率曲线定价基准作用。推动同业拆借、回购、票据、外汇、黄金等市场发展。积极稳妥推进期货等衍生品市场创新。加快发展保险再保险市场，探索建立保险资产交易机制。建立安全高效的金融基础设施，实施国家金库工程。

第三节　改革金融监管框架

加强金融宏观审慎管理制度建设，加强统筹协调，改革并完善适应现代金融市场发展的金融监管框架，明确监管职责和风险防范处置责任，构建货币政策与审慎管理相协调的金融管理体制。统筹监管系统重要性金融机构、金融控股公司和重要金融基础设施，统筹金融业综合统计，强化综合监管和功能监管。完善中央与地方金融管理体制。健全符合我国国情和国际标准的监管规则，建立针对各类投融资行为的功能监管和切实保护金融消费者合法权益的行为监管框架，实现金融风险监管全覆盖。完善国有金融资本管理制度。加强外汇储备经营管理，优化外汇储备运用。有效运用和发展金融风险管理工具，健全监测预警、压力测试、评估处置和市场稳定机制，防止发生系统性、区域性金融风险。

专栏 5　现代金融体系建设

（一）金融要素供给侧结构性改革

建设满足实体经济投融资需要的多层次、多元化、互补型金融市场。促进金融机构混合所有制改革，完善法人治理。支持科技金融、绿色金融、地区性中小金融、普惠型农村金融和特惠型扶贫金融发展。

（二）完善金融调控机制

完善利率市场化，创新货币政策调控工具。强化信贷政策定向结构性调整功能。增强人民币汇率弹性，完善参考一篮子货币的人民币指数。建立中央银行前瞻性指引机制。疏通本外币政策传导渠道。

续表

（三）实施金融稳健对外开放 构建政策性金融、开发性金融跨境交易平台。建立国家金融安全审查和反金融制裁机制，完善反洗钱、反恐怖融资系统。 **（四）建立金融宏观审慎管理框架** 创设防范系统性金融风险的逆周期政策工具。建立覆盖所有金融机构、金融控股公司、金融基础设施、各类投融资行为、互联网金融和跨境金融交易的综合统计、风险监测与管理体系、应急响应与危机救助机制。构建大数据征信体系和多层次支付体系。 **（五）加强金融法治建设** 健全金融消费者权益保护制度。打破隐性担保和刚性兑付，依法处置信用违约。发挥存款保险制度作用，完善问题金融机构市场化处置和退出机制。探索建立集体诉讼制度，强化金融犯罪处罚，严厉打击非法集资。

第十七章　创新和完善宏观调控

健全宏观调控体系，创新宏观调控方式，增强宏观政策协同性，更加注重扩大就业、稳定物价、调整结构、提高效益、防控风险、保护环境，更加注重引导市场行为和社会预期，为结构性改革营造稳定的宏观经济环境。

第一节　强化规划战略导向作用

依据国家中长期发展规划目标和总供求格局实施宏观调控。发挥国家发展战略和规划的引导约束作用，各类宏观调控政策要服从服务于发展全局需要。完善以财政政策、货币政策为主，产业政策、区域政策、投资政策、消费政策、价格政策协调配合的政策体系，增强财政货币政策协调性。

第二节　改进调控方式和丰富政策工具

坚持总量平衡、优化结构，把保持经济运行在合理区间、提高质量效益作为宏观调控的基本要求和政策取向，在区间调控的基础上加强定向调控、相机调控，采取精准调控措施，适时预调微调。稳定政策基调，改善与市场的沟通，增强可预期性和透明度。更好发挥财政政策对定向调控的支持作用。完善货币政策操作目标、调控框架和传导机制，构建目标利率和利率走廊机制，推动货币政策由数量型为主向价格型为主转变。

第三节　完善政策制定和决策机制

加强经济监测预测预警，提高国际国内形势分析研判水平。强化重大问题研究和政策储备，完善政策分析评估及调整机制。建立健全重大调控政策统筹协调机制，有效形成调控合力。建立现代统计调查体系，推进统计调查制度、机制、方法创新，注重运用互联网、统计云、大数据技术，提高经济运行信息及时性、全面性和准确性。加快推进宏观调控立法工作。

第四节　深化投融资体制改革

建立企业投资项目管理权力清单、责任清单制度，更好落实企业投资自主权。进一步精简投资审批，减少、整合和规范报建审批事项，完善在线审批监管平台，建立企业投资项目并联核准制度。进一步放宽基础设施、公用事业等领域的市场准入限制，采取特许经营、政府购买服务等政府和社会合作模式，鼓励社会资本参与投资建设运营。完善财政资金投资模式，更好发挥产业投资引导基金撬动作用。

第四篇　推进农业现代化

农业是全面建成小康社会和实现现代化的基础，必须加快转变农业发展方式，着力构建现代农业产业体系、生产体系、经营体系，提高农业质量效益和竞争力，走产出高效、产品安全、资源节约、环境友好的农业现代化道路。

第十八章　增强农产品安全保障能力

确保谷物基本自给、口粮绝对安全，调整优化农业结构，提高农产品综合生产能力和质量安全水平，形成结构更加合理、保障更加有力的农产品有效供给。

第一节　提高粮食生产能力保障水平

坚持最严格的耕地保护制度，全面划定永久基本农田。实施藏粮于地、藏粮于技战略，以粮食等大宗农产品主产区为重点，大规模推进农田水利、土地整治、中低产田改造和高标准农田建设。完善耕地占补平衡制度，研究探索重大建设项目国家统筹补充耕地办法，全面推进建设占用耕地耕作层剥离再利用。建立粮食生产功能区和重要农产品生产保护区，确保稻谷、小麦等口粮种植面积基本稳定。健全粮食主产区利益补偿机制。深入推进粮食绿色高产高效创建。

第二节　加快推进农业结构调整

推动粮经饲统筹、农林牧渔结合、种养加一体发展。积极引导调整农业种植结构，支持优势产区加强棉花、油料、糖料、大豆、林果等生产基地建设。统筹考虑种养规模和资源环境承载力，推广粮改饲和种养结合模式，发展农区畜牧业。分区域推进现代草业和草食畜牧业发展。

提高畜禽、水产标准化规模化养殖水平。促进奶业优质安全发展。实施园艺产品提质增效工程。发展特色经济林和林下经济。优化特色农产品生产布局。加快现代农业示范区建设。

第三节　推进农村一二三产业融合发展

推进农业产业链和价值链建设，建立多形式利益联结机制，培育融合主体、创新融合方式，拓宽农民增收渠道，更多分享增值收益。积极发展农产品加工业和农业生产性服务业。拓展农业多种功能，推进农业与旅游休闲、教育文化、健康养生等深度融合，发展观光农业、体验农业、创意农业等新业态。加快发展都市现代农业。激活农村要素资源，增加农民财产性收入。

第四节　确保农产品质量安全

加快完善农业标准，全面推行农业标准化生产。加强农产品质量安全和农业投入品监管，强化产地安全管理，实行产地准出和市场准入制度，建立全程可追溯、互联共享的农产品质量安全信息平台，健全从农田到餐桌的农产品质量安全全过程监管体系。强化农药和兽药残留超标治理。严格食用农产品添加剂控制标准。开展国家农产品质量安全县创建行动。加强动植物疫病防控能力建设，强化进口农产品质量安全监管。创建优质农产品品牌，支持品牌化营销。

第五节　促进农业可持续发展

大力发展生态友好型农业。实施化肥农药使用量零增长行动，全面推广测土配方施肥、农药精准高效施用。实施种养结合循环农业示范工程，推动种养业废弃物资源化利用、无害化处理。开展农业面源污染综合防治。开展耕地质量保护与提升行动，推进农产品主产区深耕深松整地，加强东北黑土地保护。重点在地下水漏斗区、重金属污染区、生态严重退化地区，探索实行耕地轮作休耕制度试点。在重点灌区全面开展规模化高效节水灌溉行动。推广旱作农业。在南疆叶尔羌河、和田河等流域，以及甘肃河西走廊、吉林白城等严重缺水区域，实施专项节水行动计划。加强气象为农服务体系建设。创建农业可持续发展试验示范区。

第六节　开展农业国际合作

健全农产品贸易调控机制，优化进口来源地布局，在确保供给安全条件下，扩大优势农产品出口，适度增加国内紧缺农产品进口。积极开展境外农业合作开发，建立规模化海外生产加工储运基地，培育有国际竞争力的农业跨国公司。拓展农业国际合作领域，支持开展多双边农业技术合作。

第十九章　构建现代农业经营体系

以发展多种形式适度规模经营为引领，创新农业经营组织方式，构建以农户家庭经营为基础、合作与联合为纽带、社会化服务为支撑的现代农业经营体系，提高农业综合效益。

第一节　发展适度规模经营

稳定农村土地承包关系，完善土地所有权、承包权、经营权分置办法，依法推进土地经营权有序流转，通过代耕代种、联耕联种、土地托管、股份合作等方式，推动实现多种形式的农业适度规模经营。

第二节　培育新型农业经营主体

健全有利于新型农业经营主体成长的政策体系，扶持发展种养大户和家庭农场，引导和促进农民合作社规范发展，培育壮大农业产业化龙头企业，大力培养新型职业农民，打造高素质现代农业生产经营者队伍。鼓励和支持工商资本投资现代农业，促进农商联盟等新型经营模式发展。

第三节　健全农业社会化服务体系

实施农业社会化服务支撑工程，培育壮大经营性服务组织。支持科研机构、行业协会、龙头企业和具有资质的经营性服务组织从事农业公益性服务，支持多种类型的新型农业服务主体开展专业化、规模化服务。推进农业生产全程社会化服务创新试点，积极推广合作式、托管式、订单式等服务形式。加强农产品流通设施和市场建设，完善农村配送和综合服务网络，鼓励发展农村电商，实施特色农产品产区预冷工程和“快递下乡”工程。深化供销合作社综合改革。创新农业社会化服务机制。

第二十章　提高农业技术装备和信息化水平

健全现代农业科技创新推广体系，加快推进农业机械化，加强农业与信息技术融合，发展智慧农业，提高农业生产力水平。

第一节　提升农业技术装备水平

加强农业科技自主创新，加快生物育种、农机装备、绿色增产等技术攻关，推广高产优质适宜机械化品种和区域性标准化高产高效栽培模式，改善农业重点实验室创新条件。发展现代种业，开展良种重大科技攻关，实施新一轮品种更新换代行动计划，建设国家级育制种基地，培育壮大育繁推一体化的种业龙头企业。推进主要作物生产全程机械化，促进农机农艺融合。健全和激活基层农业技术推广网络。

第二节　推进农业信息化建设

推动信息技术与农业生产管理、经营管理、市场流通、资源环境等融合。实施农业物联网区域试验工程，推进农业物联网应用，提高农业智能化和精准化水平。推进农业大数据应用，增强农业综合信息服务能力。鼓励互联网企业建立产销衔接的农业服务平台，加快发展涉农电子商务。

第二十一章　完善农业支持保护制度

以保障主要农产品供给、促进农民增收、实现农业可持续发展为重点，完善强农惠农富农政策，提高农业支持保护效能。

第一节　持续增加农业投入

建立农业农村投入稳定增长机制。优化财政支农支出结构，创新涉农资金投入方式和运行机制，推进整合统筹，提高农业补贴政策效能。逐步扩大“绿箱”补贴规模和范围，调整改进“黄箱”政策。将农业“三项补贴”合并为农业支持保护补贴，完善农机具购置补贴政策，向种粮农民、新型经营主体、主产区倾斜。建立耕地保护补偿制度。

第二节　完善农产品价格和收储制度

坚持市场化改革取向和保护农民利益并重，完善农产品市场调控制度和市场体系。继续实施并完善稻谷、小麦最低收购价政策。深化棉花、大豆目标价格改革。探索开展农产品目标价格保险试点。积极稳妥推进玉米价格形成机制和收储制度改革，建立玉米生产者补贴制度。实施粮食收储供应安全保障工程，科学确定粮食等重要农产品储备规模，改革完善粮食储备管理体制和吞吐调节机制，引导流通、加工企业等多元化市场主体参与农产品收储。推进智慧粮库建设和节粮减损。

第三节　创新农村金融服务

发挥各类金融机构支农作用，发展农村普惠金融。完善开发性金融、政策性金融支持农业发展和农村基础设施建设的制度。推进农村信用社改革，增强省级联社服务功能。积极发展村镇银行等多形式农村金融机构。稳妥开展农民合作社内部资金互助试点。建立健全农业政策性信贷担保体系。完善农业保险制度，稳步扩大“保险＋期货”试点，扩大保险覆盖面，提高保障水平，完善农业保险大灾风险分散机制。

专栏 6　农业现代化重大工程

（一）高标准农田建设

以粮食主产区为重点，优先建设确保口粮安全的高标准农田，开展农田灌排设施、机耕道路、农田林网、输配电设施和土壤改良等田间工程建设，确保建成高标准农田 8 亿亩、力争 10 亿亩。实施耕地质量等级评定与监测工程。

续表

（二）现代种业 建设国家种质资源收集保存和研究体系。重点加强杂种优势利用、分子设计育种、细胞工程与染色体工程、高效制繁种、种子精深加工等关键技术研发。加强种子质量检测等能力建设。建设海南、甘肃、四川等国家级育制种基地和 100 个区域性良种繁育基地。 **（三）节水农业** 推广节水灌溉技术，推进工程节水、品种节水、农艺节水、管理节水。加快实施东北节水增粮、西北节水增效、华北节水压采、南方节水减排等区域规模化高效节水灌溉工程。新增高效节水灌溉面积 1 亿亩，农田灌溉水有效利用系数提高到 0.55 以上。 **（四）农业机械化** 突破水稻机插、油菜机播机收、棉花及甘蔗机收等瓶颈，推广大马力、高性能农机和轻便、耐用、低耗中小型耕种收及植保机械，建设 500 个全程机械化示范县，主要农作物耕种收综合机械化率达到 70% 左右。 **（五）智慧农业** 实施“互联网 +”现代农业，对大田种植、畜禽养殖、渔业生产等进行物联网改造，支持电商、物流、商贸、金融等企业参与涉农电子商务平台建设。建立农业信息监测分析预警体系。 **（六）农产品质量安全** 大力推进农产品生产农药化肥使用减量化。发展无公害农产品、绿色食品、有机农产品和地理标志农产品。加强疫病虫害监测预警和绿色防控，建立农产品质量安全监管追溯信息系统，实现各类追溯平台互联互通和监管信息共享。实施兽用抗菌药治理行动，农兽药残留量指标基本与国际食品法典标准接轨。 **（七）新型农业经营主体培育** 创建示范家庭农场、农业合作社示范社、产业化示范基地、示范服务组织。实施现代农业人才支撑计划。开展新型农业经营主体带头人培育行动，实施现代青年农场经营者、农村实用人才和新型职业农民培训工程。 **（八）农村一二三产业融合发展** 实施“百县千乡万村”农村一二三产业融合发展试点示范工程，形成一批可复制推广的融合发展模式和业态，打造一批农村产业融合领军型企业，培育一批产业融合先导区。

第五篇　优化现代产业体系

围绕结构深度调整、振兴实体经济，推进供给侧结构性改革，培育壮大新兴产业，改造提升传统产业，加快构建创新能力强、品质服务优、协作紧密、环境友好的现代产业新体系。

第二十二章　实施制造强国战略

深入实施《中国制造 2025》，以提高制造业创新能力和基础能力为重点，推进信息技术与制造技术深度融合，促进制造业朝高端、智能、绿色、服务方向发展，培育制造业竞争新优势。

第一节　全面提升工业基础能力

实施工业强基工程，重点突破关键基础材料、核心基础零部件（元器件）、先进基础工艺、产业技术基础等“四基”瓶颈。引导整机企业与“四基”企业、高校、科研院所产需对接。支持全产业链协同创新和联合攻关，系统解决“四基”工程化和产业化关键问题。强化基础领域标准、计量、认证认可、检验检测体系建设。实施制造业创新中心建设工程，支持工业设计中心建设。设立国家工业设计研究院。

第二节　加快发展新型制造业

实施高端装备创新发展工程，明显提升自主设计水平和系统集成能力。实施智能制造工程，加快发展智能制造关键技术装备，强化智能制造标准、工业电子设备、核心支撑软件等基础。加强工业互联网设施建设、技术验证和示范推广，推动“中国制造＋互联网”取得实质性突破。培育推广新型智能制造模式，推动生产方式向柔性、智能、精细化转变。鼓励建立智能制造产业联盟。实施绿色制造工程，推进产品全生命周期绿色管理，构建绿色制造体系。推动制造业由生产型向生产服务型转变，引导制造企业延伸服务链条、促进服务增值。推进制造业集聚区改造提升，建设一批新型工业化产业示范基地，培育若干先进制造业中心。

第三节　推动传统产业改造升级

实施制造业重大技术改造升级工程，完善政策体系，支持企业瞄准国际同行业标杆全面提高产品技术、工艺装备、能效环保等水平，实现重点领域向中高端的群体性突破。开展改善消费品供给专项行动。鼓励企业并购，形成以大企业集团为核心，集中度高、分工细化、协作高效的产业组织形态。支持专业化中小企业发展。

第四节　加强质量品牌建设

实施质量强国战略，全面强化企业质量管理，开展质量品牌提升行动，解决一批影响产品质量提升的关键共性技术问题，加强商标品牌法律保护，打造一批有竞争力的知名品牌。建立企业产品和服务标准自我声明公开和监督制度，支持企业提高质量在线检测控制和产品全生命周期质量追溯能力。完善质量监管体系，加强国家级检测与评定中心、检验检测认证公共服务平台建设。建立商品质量惩罚性赔偿制度。

第五节　积极稳妥化解产能过剩

综合运用市场机制、经济手段、法治办法和必要的行政手段，加大政策引导力度，实现市场出清。建立以工艺、技术、能耗、环保、质量、安全等为约束条件的推进机制，强化行业规范和准入管理，坚决淘汰落后产能。设立工业企业结构调整专项奖补资金，通过兼并重组、债务重组、破产清算、盘活资产，加快钢铁、煤炭等行业过剩产能退出，分类有序、积极稳妥处置退出企业，妥善做好人员安置等工作。

第六节　降低实体经济企业成本

开展降低实体经济企业成本行动。进一步简政放权，精简规范行政审批前置中介服务，清理规范中介服务收费，降低制度性交易成本。合理确定最低工资标准，精简归并“五险一金”，适当降低缴费比例，降低企业人工成本。降低增值税税负和流转税比重，清理规范涉企基金，清理不合理涉企收费，降低企业税费负担。保持合理流动性和利率水平，创新符合企业需要的直接融资产品，设立国家融资担保基金，降低企业财务成本。完善国际国内能源价格联动和煤电价格联动机制，降低企业能源成本。提高物流组织管理水平，规范公路收费行为，降低企业物流成本。鼓励和引导企业创新管理、改进工艺、节能节材。

专栏 7　高端装备创新发展工程

（一）航空航天装备

突破航空发动机和燃气轮机核心技术，加快大型飞机研制，推进干支线飞机、直升机、通用飞机和无人机产业化。开发先进机载设备及系统，提高民用飞机配套能力。发展新一代和重型运载火箭、新型卫星等空间平台与有效载荷，实现宇航关键元器件核心技术突破应用。

（二）海洋工程装备及高技术船舶

发展深海探测、大洋钻探、海底资源开发利用、海上作业保障等装备和系统。推动深海空间站、大型浮式结构物开发和工程化。重点突破邮轮等高技术船舶及重点配套设备集成化、智能化、模块化设计制造核心技术。

（三）先进轨道交通装备

研制先进可靠的轨道交通产品和轻量化、模块化、谱系化产品。研发新一代高速、重载轨道交通装备系统，增强向用户提供系统全寿命周期整体解决方案的能力。建设高速列车国家技术创新中心。

（四）高档数控机床

研制精密、高速、柔性数控机床与基础制造装备及集成制造系统。以提升可靠性、精度保持性为重点，开发高档数控系统、轴承、光栅、传感器等主要功能部件及关键应用软件。

（五）机器人装备

大力发展工业机器人、服务机器人、手术机器人和军用机器人，推动高精密减速器、高速高性能控制器、高性能伺服电机及驱动器等关键零部件自主化，推动人工智能技术在各领域商用。

（六）现代农机装备

开发适应各种耕作条件的先进农机产品，重点发展大马力拖拉机及复式作业机具、大型高效谷物联合收获机、精密播种机等粮食作物装备，棉花、甘蔗等经济作物播种、田间管理和收获机械。

（七）高性能医疗器械

重点研制核医学影像设备、超导磁共振成像系统、无创呼吸机等诊疗设备及全自动生化分析仪、高通量基因测序仪等体外诊断设备。开发应用医用加速器等治疗设备及心脏瓣膜和起搏器、介入支架、人工关节等植介入产品。开发应用具有中医药特色优势的医疗器械。

（八）先进化工成套装备

依托现代煤化工升级示范工程，聚焦煤炭分级、煤炭气化、净化合成、能量利用和废水处理等关键领域，推动成套技术装备自主化。加快研制炼油化工一体化及下游石化产品深加工关键设备，提高装置配套能力。

第二十三章　支持战略性新兴产业发展

瞄准技术前沿，把握产业变革方向，围绕重点领域，优化政策组合，拓展新兴产业增长空间，抢占未来竞争制高点，使战略性新兴产业增加值占国内生产总值比重达到15%。

第一节　提升新兴产业支撑作用

支持新一代信息技术、新能源汽车、生物技术、绿色低碳、高端装备与材料、数字创意等领域的产业发展壮大。大力推进先进半导体、机器人、增材制造、智能系统、新一代航空装备、空间技术综合服务系统、智能交通、精准医疗、高效储能与分布式能源系统、智能材料、高效节能环保、虚拟现实与互动影视等新兴前沿领域创新和产业化，形成一批新增长点。

第二节　培育发展战略性产业

加强前瞻布局，在空天海洋、信息网络、生命科学、核技术等领域，培育一批战略性产业。大力发展新型飞行器及航行器、新一代作业平台和空天一体化观测系统，着力构建量子通信和泛在安全物联网，加快发展合成生物和再生医学技术，加速开发新一代核电装备和小型核动力系统、民用核分析与成像，打造未来发展新优势。

第三节　构建新兴产业发展新格局

支持产业创新中心、新技术推广应用中心建设，支持创新资源密集度高的城市发展成为新兴产业创新发展策源地。推动新兴产业链创新链快速发展，加速形成特色新兴产业集群。实施新兴产业全球创新发展网络计划，鼓励企业全球配置创新资源，支持建立一批海外研发中心。

第四节　完善新兴产业发展环境

发挥产业政策导向和促进竞争功能，构建有利于新技术、新产品、新业态、新模式发展的准入条件、监管规则和标准体系。鼓励民生和基础设施重大工程采用创新产品和服务。设立国家战略性产业发展基金，充分发挥新兴产业创业投资引导基金作用，重点支持新兴产业领域初创期创新型企业。

专栏 8　战略性新兴产业发展行动

（一）新一代信息技术产业创新

培育集成电路产业体系，培育人工智能、智能硬件、新型显示、移动智能终端、第五代移动通信（5G）、先进传感器和可穿戴设备等成为新增长点。

（二）生物产业倍增

加速推动基因组学等生物技术大规模应用，建设网络化应用示范体系，推进个性化医疗、新型药物、生物育种等新一代生物技术产品和服务的规模化发展。推进基因库、细胞库等基础平台建设。

（三）空间信息智能感知

加快构建以多模遥感、宽带移动通信、全球北斗导航卫星为核心的国家民用空间基础设施，形成服务于全球通信、减灾防灾、资源调查监管、城市管理、气象与环境监测、位置服务等领域系统性技术支撑和产业化应用能力。加速北斗、遥感卫星商业化应用。

（四）储能与分布式能源

实现新一代光伏、大功率高效风电、生物质能、氢能与燃料电池、智能电网、新型储能装置等核心关键技术突破和产业化，发展分布式新能源技术综合应用体，促进相关技术装备规模化发展。

（五）高端材料

大力发展形状记忆合金、自修复材料等智能材料，石墨烯、超材料等纳米功能材料，磷化铟、碳化硅等下一代半导体材料，高性能碳纤维、钒钛、高温合金等新型结构材料，可降解材料和生物合成新材料等。

（六）新能源汽车

实施新能源汽车推广计划，鼓励城市公交和出租汽车使用新能源汽车。大力发展纯电动汽车和插电式混合动力汽车，重点突破动力电池能量密度、高低温适应性等关键技术，建设标准统一、兼容互通的充电基础设施服务网络，完善持续支持的政策体系，全国新能源汽车累计产销量达到 500 万辆。加强新能源汽车废旧电池回收处理。

第二十四章　加快推动服务业优质高效发展

开展加快发展现代服务业行动，扩大服务业对外开放，优化服务业发展环境，推动生产性服务业向专业化和价值链高端延伸、生活性服务业向精细和高品质转变。

第一节　促进生产性服务业专业化

以产业升级和提高效率为导向，发展工业设计和创意、工程咨询、商务咨询、法律会计、现代保险、信用评级、售后服务、检验检测认证、人力资源服务等产业。深化流通体制改革，促进流通信息化、标准化、集约化，推动传统商业加速向现代流通转型升级。加强物流基础设施建设，大力发展第三方物流和绿色物流、冷链物流、城乡配送。实施高技术服务业创新工程。引导生产企业加快服务环节专业化分离和外包。建立与国际接轨的生产性服务业标准体系，提高国际化水平。

第二节　提高生活性服务业品质

加快教育培训、健康养老、文化娱乐、体育健身等领域发展。大力发展旅游业，深入实施旅游业提质增效工程，加快海南国际旅游岛建设，支持发展生态旅游、文化旅游、休闲旅游、山地旅游等。积极发展家庭服务业，促进专业化、规模化和网络化发展。推动生活性服务业融合发展，鼓励发展针对个性化需求的定制服务。支持从业人员参加职业培训和技能鉴定考核，推进从业者职业化、专业化。实施生活性服务业放心行动计划，推广优质服务承诺标识与管理制度，培育知名服务品牌。

第三节　完善服务业发展体制和政策

面向社会资本扩大市场准入，加快开放电力、民航、铁路、石油、天然气、邮政、市政公用等行业的竞争性业务，扩大金融、教育、医疗、文化、互联网、商贸物流等领域开放，开展服务业扩大开放综合试点。清理各类歧视性规定，完善各类社会资本公平参与医疗、教育、托幼、养老、体育等领域发展的政策。扩大政府购买服务范围，推动竞争性购买第三方服务。

第六篇　拓展网络经济空间

牢牢把握信息技术变革趋势，实施网络强国战略，加快建设数字中国，推动信息技术与经济社会发展深度融合，加快推动信息经济发展壮大。

第二十五章　构建泛在高效的信息网络

加快构建高速、移动、安全、泛在的新一代信息基础设施，推进信息网络技术广泛运用，形成万物互联、人机交互、天地一体的网络空间。

第一节　完善新一代高速光纤网络

构建现代化通信骨干网络，提升高速传送、灵活调度和智能适配能力。推进宽带接入光纤化进程，城镇地区实现光网覆盖，提供1000兆比特每秒以上接入服务能力，大中城市家庭用户带宽实现100兆比特以上灵活选择；98%的行政村实现光纤通达，有条件地区提供100兆比特每秒以上接入服务能力，半数以上农村家庭用户带宽实现50兆比特以上灵活选择。建立畅通的国际通信设施，优化国际通信网络布局，完善跨境陆海缆基础设施。建设中国—阿拉伯国家等网上丝绸之路，加快建设中国—东盟信息港。

第二节　构建先进泛在的无线宽带网

深入普及高速无线宽带。加快第四代移动通信（4G）网络建设，实现乡镇及人口密集的行政村全面深度覆盖，在城镇热点公共区域推广免费高速无线局域网（WLAN）接入。加快边远山区、牧区及岛礁等网络覆盖。优化国家频谱资源配置，加强无线电频谱管理，维护安全有序的电波秩序。合理规划利用卫星频率和轨道资源。加快空间互联网部署，实现空间与地面设施互联互通。

第三节　加快信息网络新技术开发应用

积极推进第五代移动通信（5G）和超宽带关键技术研究，启动5G商用。超前布局下一代互联网，全面向互联网协议第6版（IPv6）演进升级。布局未来网络架构、技术体系和安全保障体系。重点突破大数据和云计算关键技术、自主可控操作系统、高端工业和大型管理软件、新兴领域人工智能技术。

第四节　推进宽带网络提速降费

开放民间资本进入基础电信领域竞争性业务，形成基础设施共建共享、业务服务相互竞争的市场格局。深入推进“三网融合”。强化普遍服务责任，完善普遍服务机制。开展网络提速降费行动，简化电信资费结构，提高电信业务性价比。完善优化互联网架构及接入技术、计费标准。加强网络资费行为监管。

第二十六章　发展现代互联网产业体系

实施“互联网＋”行动计划，促进互联网深度广泛应用，带动生产模式和组织方式变革，形成网络化、智能化、服务化、协同化的产业发展新形态。

第一节　夯实互联网应用基础

积极推进云计算和物联网发展。鼓励互联网骨干企业开放平台资源，加强行业云服务平台建设，支持行业信息系统向云平台迁移。推进物联网感知设施规划布局，发展物联网开环应用。推进信息物理系统关键技术研发和应用。建立“互联网＋”标准体系，加快互联网及其融合应用的基础共性标准和关键技术标准研制推广，增强国际标准制定中的话语权。

第二节　加快多领域互联网融合发展

组织实施“互联网＋”重大工程，加快推进基于互联网的商业模式、服务模式、管理模式及供应链、物流链等各类创新，培育“互联网+”生态体系，形成网络化协同分工新格局。引导大型互联网企业向小微企业和创业团队开放创新资源，鼓励建立基于互联网的开放式创新联盟。促进“互联网+”新业态创新，鼓励搭建资源开放共享平台，探索建立国家信息经济试点示范区，积极发展分享经济。推动互联网医疗、互联网教育、线上线下结合等新兴业态快速发展。放宽融合性产品和服务的市场准入限制。

第二十七章　实施国家大数据战略

把大数据作为基础性战略资源，全面实施促进大数据发展行动，加快推动数据资源共享开放和开发应用，助力产业转型升级和社会治理创新。

第一节　加快政府数据开放共享

全面推进重点领域大数据高效采集、有效整合，深化政府数据和社会数据关联分析、融合利用，提高宏观调控、市场监管、社会治理和公共服务精准性和有效性。依托政府数据统一共享交换平台，加快推进跨部门数据资源共享共用。加快建设国家政府数据统一开放平台，推动政府信息系统和公共数据互联开放共享。制定政府数据共享开放目录，依法推进数据资源向社会开放。统筹布局建设国家大数据平台、数据中心等基础设施。研究制定数据开放、保护等法律法规，制定政府信息资源管理办法。

第二节　促进大数据产业健康发展

深化大数据在各行业的创新应用，探索与传统产业协同发展新业态新模式，加快完善大数据产业链。加快海量数据采集、存储、清洗、分析发掘、可视化、安全与隐私保护等领域关键技术攻关。促进大数据软硬件产品发展。完善大数据产业公共服务支撑体系和生态体系，加强标准体系和质量技术基础建设。

第二十八章　强化信息安全保障

统筹网络安全和信息化发展，完善国家网络安全保障体系，强化重要信息系统和数据资源保护，提高网络治理能力，保障国家信息安全。

第一节　加强数据资源安全保护

建立大数据安全管理制度，实行数据资源分类分级管理，保障安全高效可信应用。实施大数据安全保障工程，加强数据资源在采集、存储、应用和开放等环节的安全保护，加强各类公共数据资源在公开共享等环节的安全评估与保护，建立互联网企业数据资源资产化和利用授信机制。加强个人数据保护，严厉打击非法泄露和出卖个人数据行为。

第二节　科学实施网络空间治理

完善网络空间治理，营造安全文明的网络环境。建立网络空间治理基础保障体系，完善网络安全法律法规，完善网络信息有效登记和网络实名认证。建立网络安全审查制度和标准体系，加强精细化网络空间管理，清理违法和不良信息，依法惩治网络违法犯罪行为。健全网络与信息突发安全事件应急机制。推动建立多边、民主、透明的国际互联网治理体系，积极参与国际网络空间安全规则制定、打击网络犯罪、网络安全技术和标准等领域的国际合作。

第三节　全面保障重要信息系统安全

建立关键信息基础设施保护制度，完善涉及国家安全重要信息系统的设计、建设和运行监督机制。集中力量突破信息管理、信息保护、安全审查和基础支撑关键技术，提高自主保障能力。加强关键信息基础设施核心技术装备威胁感知和持续防御能力建设。完善重要信息系统等级保护制度。健全重点行业、重点地区、重要信息系统条块融合的联动安全保障机制。积极发展信息安全产业。

专栏 9　信息化重大工程

（一）宽带中国

建设高速大容量光通信传输系统，实施宽带乡村和中西部地区中小城市基础网络完善工程，扩容互联网国际出入口带宽。部署第四代移动通信（4G）及后续演进技术，在有需求的区域实现全面深度覆盖。

（二）物联网应用推广

建设物联网应用基础设施和服务平台，推进物联网重大应用示范工程建设。广泛开展物联网技术集成应用和模式创新，丰富物联网应用服务。

（三）云计算创新发展

支持公共云服务平台建设，布局云计算和大数据中心，提升云计算解决方案提供能力。推动制造、金融、民生、物流、医疗等重点行业云应用服务，不断完善云计算生态体系。

（四）“互联网 +”行动

推动“互联网 +”创业创新、协同制造、智慧能源、普惠金融、益民服务、高效物流、电子商务、便捷交通、绿色生态、人工智能以及电子税务、便民司法、教育培训、科普、地理信息、信用、文化旅游等行动，不断拓展融合领域。

（五）大数据应用

建设统一开放平台，逐步实现公共数据集开放，鼓励企业和公众发掘利用。推动政府治理、公共服务、产业发展、技术研发等领域大数据创新应用。推进贵州等大数据综合试验区建设。

（六）国家政务信息化

加快国家统一电子政务网络建设应用，完善审批监管、信用信息、公共资源交易、价格举报信息等平台。加快国家基础信息资源库建设应用。

（七）电子商务

支持电子商务基础设施建设，促进重点领域电子商务创新和融合应用。推动杭州等跨境电子商务综合试验区建设，打造电子商务国际大通道。

（八）网络安全保障

实施国家信息安全专项，提高关键信息基础设施、重要信息系统和涉密信息系统安全保障能力及产业化支撑水平。实施国家网络空间安全重大科技项目，突破核心芯片、基础软件、关键元器件及重点整机系统等关键技术，构建国家网络空间安全和保密技术保障体系。

第七篇　构筑现代基础设施网络

拓展基础设施建设空间，加快完善安全高效、智能绿色、互联互通的现代基础设施网络，更好发挥对经济社会发展的支撑引领作用。

第二十九章　完善现代综合交通运输体系

坚持网络化布局、智能化管理、一体化服务、绿色化发展，建设国内国际通道联通、区域城乡覆盖广泛、枢纽节点功能完善、运输服务一体高效的综合交通运输体系。

第一节　构建内通外联的运输通道网络

构建横贯东西、纵贯南北、内畅外通的综合运输大通道，加强进出疆、出入藏通道建设，构建西北、西南、东北对外交通走廊和海上丝绸之路走廊。打造高品质的快速网络，加快推进高速铁路成网，完善国家高速公路网络，适度建设地方高速公路，增强枢纽机场和干支线机场功能。完善广覆盖的基础网络，加快中西部铁路建设，推进普通国省道提质改造和瓶颈路段建设，提升沿海和内河水运设施专业化水平，加强农村公路、通用机场建设，推进油气管道区域互联。提升邮政网络服务水平，加强快递基础设施建设。

第二节　建设现代高效的城际城市交通

在城镇化地区大力发展城际铁路、市域（郊）铁路，鼓励利用既有铁路开行城际列车，形成多层次轨道交通骨干网络，高效衔接大中小城市和城镇。实行公共交通优先，加快发展城市轨道交通、快速公交等大容量公共交通，鼓励绿色出行。促进网络预约等定制交通发展。强化中心城区与对外干线公路快速联系，畅通城市内外交通。加强城市停车设施建设。加强邮政、快递网络终端建设。

第三节　打造一体衔接的综合交通枢纽

优化枢纽空间布局，建设北京、上海、广州等国际性综合交通枢纽，提升全国性、区域性和地区性综合交通枢纽水平，加强中西部重要枢纽建设，推进沿边重要口岸枢纽建设，提升枢纽内外辐射能力。完善枢纽综合服务功能，优化中转设施和集疏运网络，强化客运零距离换乘和货运无缝化衔接，实现不同运输方式协调高效，发挥综合优势，提升交通物流整体效率。

第四节　推动运输服务低碳智能安全发展

推进交通运输低碳发展，集约节约利用资源，加强标准化、现代化运输装备和节能环保运输工具推广应用。加快智能交通发展，推广先进信息技术和智能技术装备应用，加强联程联运系统、智能管理系统、公共信息系统建设，加快发展多式联运，提高交通运输服务质量和效益。强化交通运输、邮政安全管理，提升安全保障、应急处置和救援能力。推进出租汽车行业改革、铁路市场化改革，加快推进空域管理体制改革。

专栏 10　交通建设重点工程

（一）高速铁路

加快完善高速铁路网，贯通哈尔滨至北京至香港（澳门）、连云港至乌鲁木齐、上海至昆明、广州至昆明高速铁路通道，建设北京至香港（台北）、呼和浩特至南宁、北京至昆明、包头银川至海口、青岛至银川、兰州（西宁）至广州、北京至兰州、重庆至厦门等高速铁路通道，拓展区域连接线。高速铁路营业里程达到 3 万公里，覆盖 80% 以上的大城市。

（二）高速公路

加快推进由 7 条首都放射线、11 条北南纵线、18 条东西横线，以及地区环线、并行线、联络线等组成的国家高速公路网建设。提高长江经济带、京津冀地区高速公路网络密度和服务水平，推进高速公路繁忙拥堵路段扩容改造。新建改建高速公路通车里程约 3 万公里。

（三）“四沿”通道

基本贯通沿海高速铁路、沿海高速公路和沿江高速铁路，加快建设沿边公路，建设和田至若羌铁路、东北沿边铁路和川藏铁路等沿边铁路。推进与周边国家跨境通道和“一带一路”沿线通道建设，建设乌鲁木齐、兰州重要节点城市铁路国际班列物流平台。建设深中通道。

续表

（四）民用机场 打造国际枢纽机场，建成北京新机场，建设京津冀、长三角、珠三角世界级机场群，加快建设哈尔滨、深圳、昆明、成都、重庆、西安、乌鲁木齐等国际航空枢纽，强化区域性枢纽机场功能。实施部分繁忙干线机场新建、迁建和扩能改造工程，建设支线机场和通用机场。建设郑州等以货运功能为主的机场。新增民用运输机场 50 个以上。 **（五）港航设施** 优化提升环渤海、长三角、珠三角港口群，加快长江、珠江—西江、淮河、闽江等内河高等级航道建设，大力推进上海、天津、大连、厦门等国际航运中心建设，有序推进沿海港口集装箱、原油、液化天然气等专业化泊位建设，稳步推进海南凤凰岛等国际邮轮码头建设，提高港口智能化水平。 **（六）城市群交通** 建设城市群中心城市间、中心城市与周边节点城市间 1—2 小时交通圈，打造城市群中心城市与周边重要城镇间 1 小时通勤都市圈。基本建成京津冀、长三角、珠三角、长江中游、中原、成渝、山东半岛城市群城际铁路网，建设其他城市群城际铁路网主骨架。实施市域（郊）铁路示范工程。 **（七）城市交通** 完善优化超大、特大城市轨道交通网络，加快 300 万以上人口城市轨道交通成网，优化城市公共交通系统，建设集约化停车设施。新增城市轨道交通运营里程约 3000 公里。畅通城市道路与对外公路繁忙出入口，具备条件的城市规划建设绕城公路。 **（八）农村交通** 继续加强农村公路建设，有条件的地区推进联网，加强县乡道提级改造、农村公路安全防护设施建设和危桥改造，加大农村公路养护力度，实现具备条件的建制村通硬化路和班车。完善农村和西部地区邮政、快递基础设施，实现村村直接通邮。 **（九）交通枢纽** 以高速铁路、城际铁路和机场等为重点，打造一批开放式、立体化综合客运枢纽，推进同台换乘、立体换乘，加强城市内重要客运枢纽间的快速通道建设，减少换乘距离和时间。建设一批多式联运货运枢纽，提升换装效率。鼓励依托交通枢纽建设城市综合体，推进整体开发。 **（十）智能交通** 推进交通基础设施、运输工具、运行信息等互联网化，加快构建车联网、船联网，完善故障预警、运行维护和智能调度系统，推动驾驶自动化、设施数字化和运行智慧化。推动铁路、民航、道路客运“一站式”票务服务系统建设，建设综合运输公共信息服务平台和交通大数据中心。

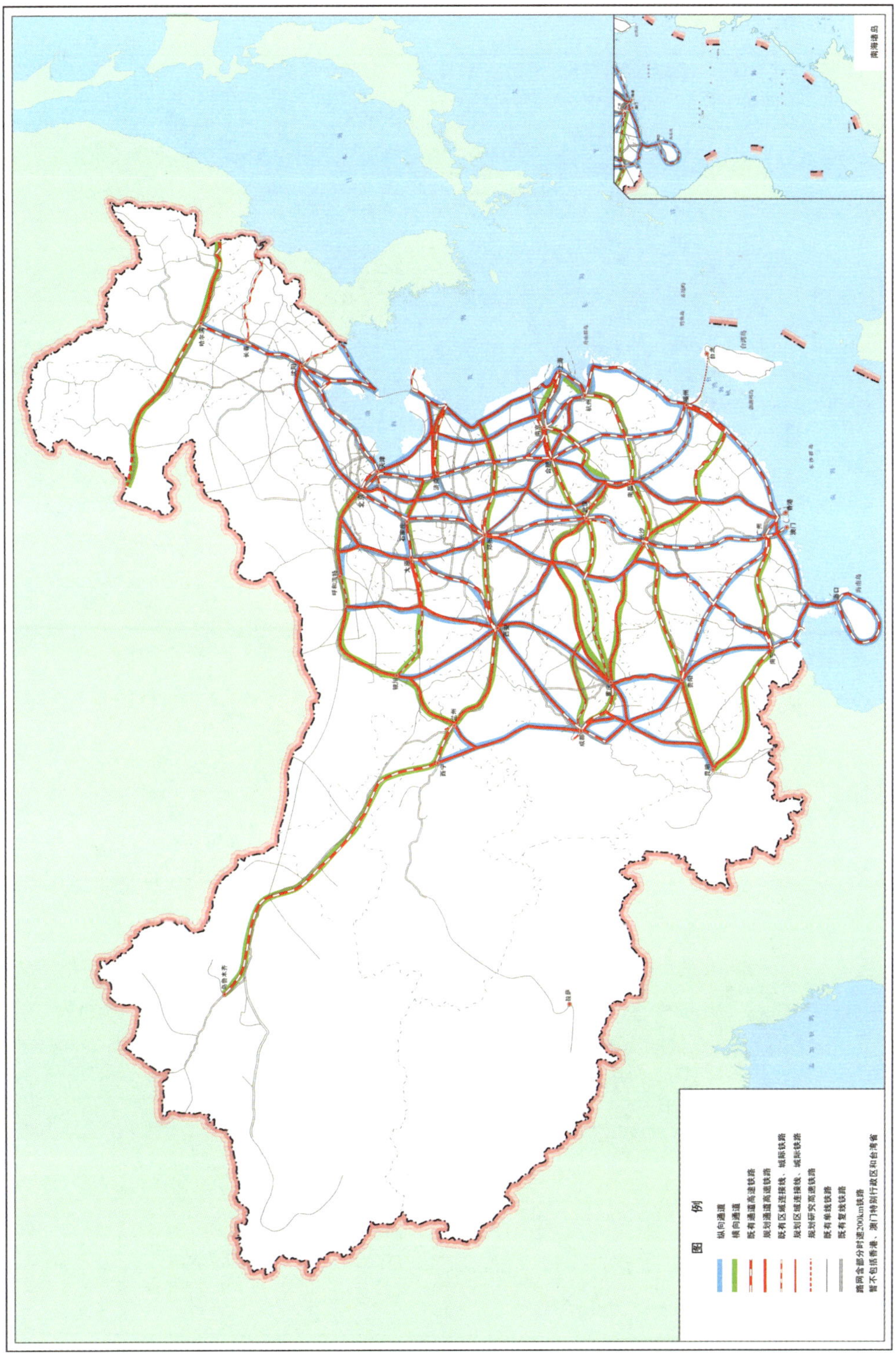

图 1　中长期高速铁路网规划示意图（2030 年）

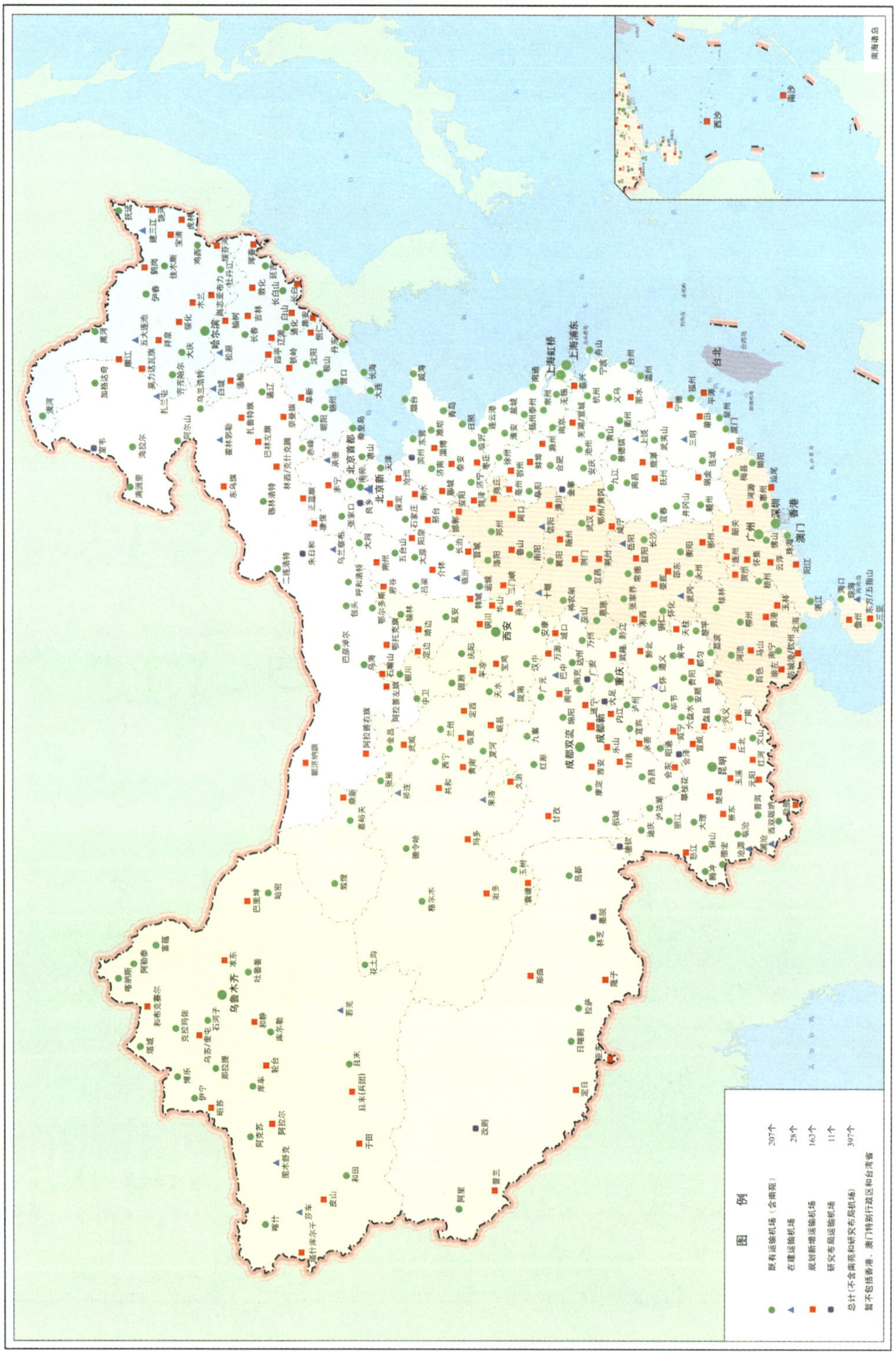

图 2 民用运输机场规划布局示意图（2030 年）

第三十章　建设现代能源体系

深入推进能源革命，着力推动能源生产利用方式变革，优化能源供给结构，提高能源利用效率，建设清洁低碳、安全高效的现代能源体系，维护国家能源安全。

第一节　推动能源结构优化升级

统筹水电开发与生态保护，坚持生态优先，以重要流域龙头水电站建设为重点，科学开发西南水电资源。继续推进风电、光伏发电发展，积极支持光热发电。以沿海核电带为重点，安全建设自主核电示范工程和项目。加快发展生物质能、地热能，积极开发沿海潮汐能资源。完善风能、太阳能、生物质能发电扶持政策。优化建设国家综合能源基地，大力推进煤炭清洁高效利用。限制东部、控制中部和东北、优化西部地区煤炭资源开发，推进大型煤炭基地绿色化开采和改造，鼓励采用新技术发展煤电。加强陆上和海上油气勘探开发，有序开放矿业权，积极开发天然气、煤层气、页岩油（气）。推进炼油产业转型升级，开展成品油质量升级行动计划，拓展生物燃料等新的清洁油品来源。

第二节　构建现代能源储运网络

统筹推进煤电油气多种能源输送方式发展，加强能源储备和调峰设施建设，加快构建多能互补、外通内畅、安全可靠的现代能源储运网络。加强跨区域骨干能源输送网络建设，建成蒙西—华中北煤南运战略通道，优化建设电网主网架和跨区域输电通道。加快建设陆路进口油气战略通道。推进油气储备设施建设，提高油气储备和调峰能力。

第三节　积极构建智慧能源系统

加快推进能源全领域、全环节智慧化发展，提高可持续自适应能力。适应分布式能源发展、用户多元化需求，优化电力需求侧管理，加快智能电网建设，提高电网与发电侧、需求侧交互响应能力。推进能源与信息等领域新技术深度融合，统筹能源与通信、交通等基础设施网络建设，建设“源—网—荷—储”协调发展、集成互补的能源互联网。

专栏 11　能源发展重大工程

（一）高效智能电力系统

加快建设抽水蓄能电站、龙头水电站、天然气调峰电站等优质调峰电源，推动储能电站、能效电厂示范工程建设，加强多种电源和储能设施集成互补，提高电力系统的调节能力及运行效率。

（二）煤炭清洁高效利用

实施煤电节能减排升级与改造行动计划，对燃煤机组全面实施超低排放和节能改造，使所有现役电厂每千瓦时平均煤耗低于 310 克、新建电厂平均煤耗低于 300 克。鼓励用背压式热电机组解决供暖，发展热电冷多联供。提高煤炭用于发电消费比重。

（三）可再生能源

以西南水电开发为重点，开工建设常规水电 6000 万千瓦。统筹受端市场和输电通道，有序优化建设“三北”、沿海风电和光伏项目。加快发展中东部及南方地区分散式风电、分布式光伏发电。实施光热发电示范工程。建设宁夏国家新能源综合示范区，积极推进青海、张家口等可再生能源示范区建设。

（四）核电

建成三门、海阳 AP1000 项目。建设福建福清、广西防城港“华龙一号”示范工程。开工建设山东荣成 CAP1400 示范工程。开工建设一批沿海新的核电项目，加快建设田湾核电三期工程。积极开展内陆核电项目前期工作。加快论证并推动大型商用后处理厂建设。核电运行装机容量达到 5800 万千瓦，在建达到 3000 万千瓦以上。加强核燃料保障体系建设。

（五）非常规油气

建设沁水盆地、鄂尔多斯盆地东缘和贵州毕水兴等煤层气产业化基地。加快四川长宁—威远、重庆涪陵、云南昭通、陕西延安、贵州遵义—铜仁等页岩气勘查开发。推动致密油、油砂、深海石油勘探开发和油页岩综合开发利用。推进天然气水合物资源勘查与商业化试采。

（六）能源输送通道

建设水电基地和大型煤电基地外送电通道，在大气污染防治行动 12 条输电通道基础上，重点新建西南、西北、华北、东北等电力外送通道。加强西北、东北和西南陆路进口油气战略通道和配套干线管网建设。完善以西气东输、陕京线和川气东送为主的天然气骨干管网。

（七）能源储备设施

建成国家石油储备二期工程，启动后续项目前期工作。加强成品油储备库建设。建设天然气储气库，提高储气规模和调峰应急能力。在缺煤地区和煤炭集散地建设中转储运设施，完善煤炭应急储备体系。扩大天然铀储备规模。

（八）能源关键技术装备

加快推进煤炭无人开采、深井灾害防治、非常规油气勘探开发、深海和深层常规油气开发、低阶煤中低温热解分质转化、700℃超超临界燃煤发电、第四代核电、海上风电、光热发电、大规模储能、地热能利用、智能电网等技术研发应用。提升第三代核电、百万千瓦级水电机组、高效锅炉和高效电机等装备制造能力。突破大功率电力电子器材、高温超导材料等关键元器件和材料的制造及应用技术。

第三十一章　强化水安全保障

加快完善水利基础设施网络，推进水资源科学开发、合理调配、节约使用、高效利用，全面提升水安全保障能力。

第一节　优化水资源配置格局

科学论证、稳步推进一批重大引调水工程、河湖水系连通骨干工程和重点水源等工程建设，统筹加强中小型水利设施建设，加快构筑多水源互联互调、安全可靠的城乡区域用水保障网。因地制宜实施抗旱水源工程，加强城市应急和备用水源建设。科学开发利用地表水及各类非常规水源，严格控制地下水开采。推进江河流域系统整治，维持基本生态用水需求，增强保水储水能力。科学实施跨界河流开发治理，深化与周边国家跨界水合作。科学开展人工影响天气活动。

第二节　完善综合防洪减灾体系

加强江河湖泊治理骨干工程建设，继续推进大江大河大湖堤防加固、河道治理、控制性枢纽和蓄滞洪区建设。加快中小河流治理、山洪灾害防治、病险水库水闸除险加固，推进重点海堤达标建设。加强气象水文监测和雨情水情预报，强化洪水风险管理，提高防洪减灾水平。

专栏 12　水安全保障工程

（一）大型灌区

完成 434 处大型灌区续建配套和节水改造任务。建设嫩江尼尔基、吉林松原、四川向家坝、湖南涔天河、江西廖坊、海南红岭、河南小浪底南北岸等大型灌区工程。农田有效灌溉面积达到 10 亿亩以上。

（二）引调水

建设吉林中部引松供水和西部河湖联通、引黄入冀补淀、引江济淮、陕西引汉济渭、贵州夹岩、甘肃引洮二期、云南滇中引水、青海引大济湟、内蒙古引绰济辽、福建平潭及闽江口水资源配置、湖北鄂北水资源配置等重大引调水工程。推进南水北调东中线后续工程建设。

续表

（三）重点水源 建设西藏拉洛、浙江朱溪、福建霍口、黑龙江奋斗、湖南莽山、云南阿岗等大型水库。推进安徽江巷、四川李家岩、贵州黄家湾等一批重点水源工程开工建设。实施抗旱应急水源工程。加强中型水库等区域骨干水源建设。 **（四）江河湖泊治理** 建设西江大藤峡、淮河出山店、新疆阿尔塔什等流域控制性枢纽工程。加强黑龙江、松花江、嫩江干流防洪，长江中下游河势控制，黄河下游堤防建设和上中游河道治理，新一轮治淮和治太骨干水利工程，蓄滞洪区安全建设等，加快叶尔羌河等中小河流治理，基本完成流域面积3000平方公里及以上的244条重要河流治理。做好黄河古贤水利枢纽、鄱阳湖水利枢纽、黄河黑山峡河段开发工程前期工作。

第八篇　推进新型城镇化

坚持以人的城镇化为核心、以城市群为主体形态、以城市综合承载能力为支撑、以体制机制创新为保障，加快新型城镇化步伐，提高社会主义新农村建设水平，努力缩小城乡发展差距，推进城乡发展一体化。

第三十二章　加快农业转移人口市民化

统筹推进户籍制度改革和基本公共服务均等化，健全常住人口市民化激励机制，推动更多人口融入城镇。

第一节　深化户籍制度改革

推进有能力在城镇稳定就业和生活的农业转移人口举家进城落户，并与城镇居民享有同等权利和义务。优先解决农村学生升学和参军进入城镇的人口、在城镇就业居住5年以上、举家迁徙的农业转移人口、新生代农民工落户问题。省会及以下城市要全面放开对高校毕业生、技术工人、职业院校毕业生、留学归国人员的落户限制。推广专业技术职称、技能等级等同大城市落户挂钩做法。大中城市不得采取购买房屋、投资纳税、积分制等方式设置落户限制。超大城市和特大城市要以具有合法稳定就业和合法稳定住所（含租赁）、参加城镇社会保险年限、连续居住年限等为主要条件，实行差异化的落户政策。强化地方政府推动农业转移人口市民化主体责任。

第二节　实施居住证制度

全面实施居住证暂行条例，推进居住证制度覆盖全部未落户城镇常住人口。保障居住证持有人在居住地享有义务教育、公共就业服务、公共卫生服务等国家规定的基本公共服务。鼓励各级政府不断扩大对居住证持有人的公共服务范围并提高服务标准，缩小与户籍人口的差距。

第三节　健全促进农业转移人口市民化的机制

健全财政转移支付同农业转移人口市民化挂钩机制，建立城镇建设用地增加规模同吸纳农业转移人口落户数量挂钩机制，建立财政性建设资金对城市基础设施补贴数额与城市吸纳农业转移人口落户数量挂钩机制。维护进城落户农民土地承包权、宅基地使用权、集体收益分配权，并支持引导依法自愿有偿转让。深入推进新型城镇化综合试点。

第三十三章　优化城镇化布局和形态

加快构建以陆桥通道、沿长江通道为横轴，以沿海、京哈京广、包昆通道为纵轴，大中小城市和小城镇合理分布、协调发展的“两横三纵”城市化战略格局。

第一节　加快城市群建设发展

优化提升东部地区城市群，建设京津冀、长三角、珠三角世界级城市群，提升山东半岛、海峡西岸城市群开放竞争水平。培育中西部地区城市群，发展壮大东北地区、中原地区、长江中游、成渝地区、关中平原城市群，规划引导北部湾、山西中部、呼包鄂榆、黔中、滇中、兰州—西宁、宁夏沿黄、天山北坡城市群发展，形成更多支撑区域发展的增长极。促进以拉萨为中心、以喀什为中心的城市圈发展。建立健全城市群发展协调机制，推动跨区域城市间产业分工、基础设施、生态保护、环境治理等协调联动，实现城市群一体化高效发展。

第二节　增强中心城市辐射带动功能

发展一批中心城市，强化区域服务功能。超大城市和特大城市要加快提高国际化水平，适当疏解中心城区非核心功能，强化与周边城镇高效通勤和一体发展，促进形成都市圈。大中城市要加快产业转型升级，延伸面向腹地的产业和服务链，形成带动区域发展的增长节点。科学划定中心城区开发边界，推动城市发展由外延扩张式向内涵提升式转变。

第三节　加快发展中小城市和特色镇

以提升质量、增加数量为方向，加快发展中小城市。引导产业项目在中小城市和县城布局，完善市政基础设施和公共服务设施，推动优质教育、医疗等公共服务资源向中小城市和小城镇配置。加快拓展特大镇功能，赋予镇区人口10万以上的特大镇部分县级管理权限，完善设市设区标准，符合条件的县和特大镇可有序改市。因地制宜发展特色鲜明、产城融合、充满魅力的小城镇。提升边境口岸城镇功能。

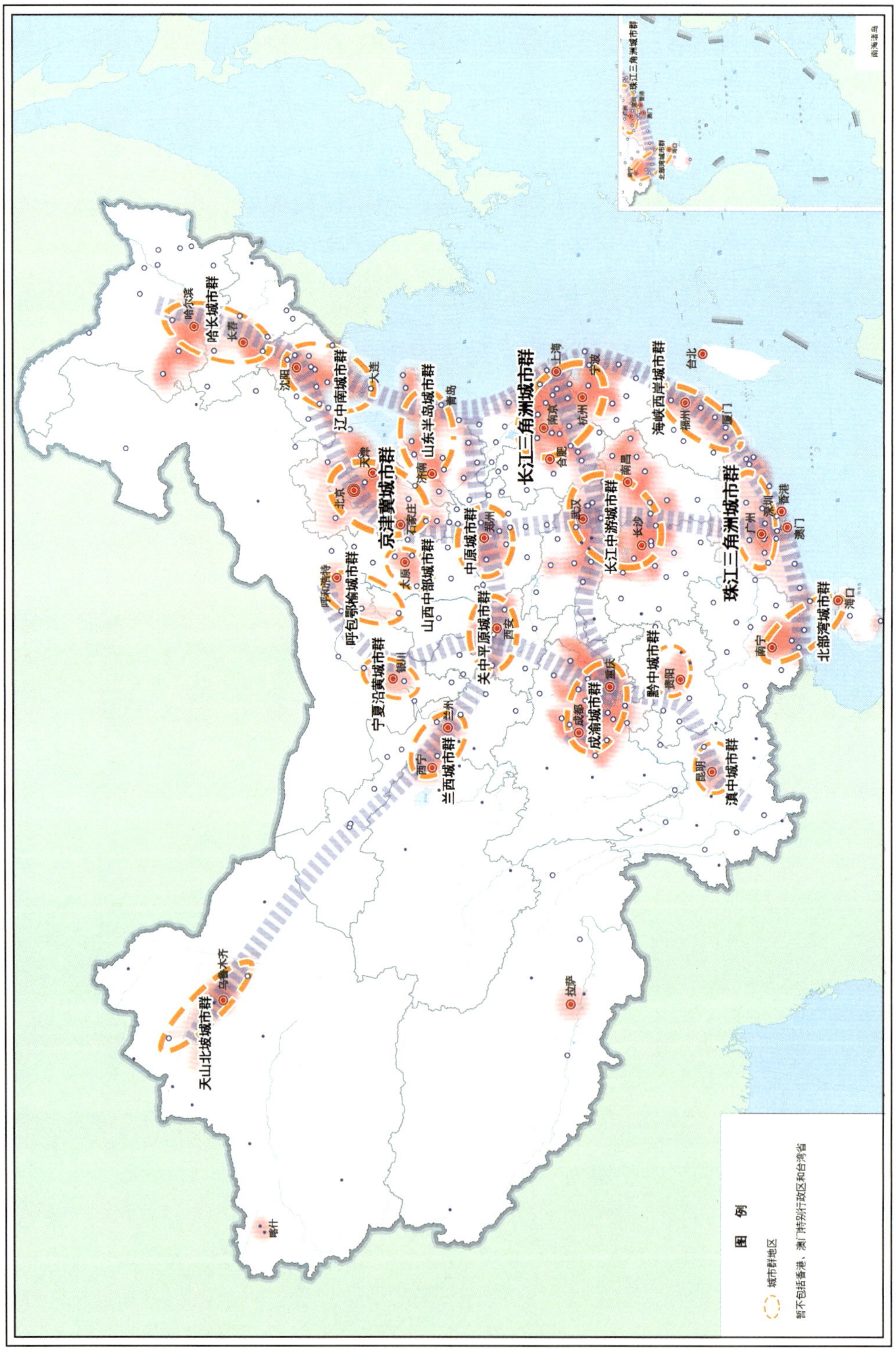

图3 城市群空间分布示意图

第三十四章　建设和谐宜居城市

转变城市发展方式，提高城市治理能力，加大“城市病”防治力度，不断提升城市环境质量、居民生活质量和城市竞争力，努力打造和谐宜居、富有活力、各具特色的城市。

第一节　加快新型城市建设

根据资源环境承载力调节城市规模，实行绿色规划、设计、施工标准，实施生态廊道建设和生态系统修复工程，建设绿色城市。加强现代信息基础设施建设，推进大数据和物联网发展，建设智慧城市。发挥城市创新资源密集优势，打造创业乐园和创新摇篮，建设创新城市。提高城市开放度和包容性，加强文化和自然遗产保护，延续历史文脉，建设人文城市。加强城市空间开发利用管制，建设密度较高、功能融合、公交导向的紧凑城市。

第二节　加强城市基础设施建设

构建布局合理、设施配套、功能完备、安全高效的现代城市基础设施体系。加快城市供水设施改造与建设。加强市政管网等地下基础设施改造与建设。加强城市道路、停车场、交通安全等设施建设，加强城市步行和自行车交通设施建设。全面推进无障碍设施建设。严格执行城市新建居民区配套建设幼儿园、学校的规定。严格执行新建小区停车位、充电桩等配建标准。加强城市防洪防涝与调蓄、公园绿地等生态设施建设，支持海绵城市发展，完善城市公共服务设施。提高城市建筑和基础设施抗灾能力。

第三节　加快城镇棚户区和危房改造

基本完成城镇棚户区和危房改造任务。将棚户区改造与城市更新、产业转型升级更好结合起来，加快推进集中成片棚户区和城中村改造，有序推进旧住宅小区综合整治、危旧住房和非成套住房改造，棚户区改造政策覆盖全国重点镇。完善配套基础设施，加强工程质量监管。

第四节　提升城市治理水平

创新城市治理方式，改革城市管理和执法体制，推进城市精细化、全周期、合作性管理。创新城市规划理念和方法，合理确定城市规模、开发边界、开发强度和保护性空间，加强对城市空间立体性、平面协调性、风貌整体性、文脉延续性的规划管控。全面推行城市科学设计，推进城市有机更新，提倡城市修补改造。发展适用、经济、绿色、美观建筑，提高建筑技术水平、安全标准和工程质量，推广装配式建筑和钢结构建筑。

第三十五章　健全住房供应体系

构建以政府为主提供基本保障、以市场为主满足多层次需求的住房供应体系，优化住房供需结构，稳步提高居民住房水平，更好保障住有所居。

第一节　完善购租并举的住房制度

以解决城镇新居民住房需求为主要出发点，以建立购租并举的住房制度为主要方向，深化住房制度改革。对无力购买住房的居民特别是非户籍人口，支持其租房居住，对其中符合条件的困难家庭给予货币化租金补助。把公租房扩大到非户籍人口，实现公租房货币化。研究完善公务人员住房政策。

第二节　促进房地产市场健康发展

优化住房供给结构，促进市场供需平衡，保持房地产市场平稳运行。在住房供求关系紧张地区适度增加用地规模。在商品房库存较大地区，稳步化解房地产库存，扩大住房有效需求，提高棚户区改造货币化安置比例。积极发展住房租赁市场，鼓励自然人和各类机构投资者购买库存商品房，扩大租赁市场房源，鼓励发展以住房租赁为主营业务的专业化企业。促进房地产业兼并重组，提高产业集中度，开展房地产投资信托基金试点。发展旅游地产、养老地产、文化地产等新业态。加快推进住宅产业现代化，提升住宅综合品质。

第三节　提高住房保障水平

将居住证持有人纳入城镇住房保障范围。统筹规划保障性住房、棚户区改造和配套设施建设，确保建筑质量，方便住户日常生活和出行。完善投资、信贷、土地、税费等支持政策。多渠道筹集公共租赁房房源。实行实物保障与货币补贴并举，逐步加大租赁补贴发放力度。健全保障性住房投资运营和准入退出管理机制。

第三十六章　推动城乡协调发展

推动新型城镇化和新农村建设协调发展，提升县域经济支撑辐射能力，促进公共资源在城乡间均衡配置，拓展农村广阔发展空间，形成城乡共同发展新格局。

第一节　发展特色县域经济

培育发展充满活力、特色化、专业化的县域经济，提升承接城市功能转移和辐射带动乡村发展能力。依托优势资源，促进农产品精深加工、农村服务业及劳动密集型产业发展，积极探索承接产业转移新模式，融入区域性产业链和生产网络。引导农村二三产业向县城、重点乡镇及产业园区集中。扩大县域发展自主权，提高县级基本财力保障水平。

第二节　加快建设美丽宜居乡村

推进农村改革和制度创新，增强集体经济组织服务功能，激发农村发展活力。全面改善农村生产生活条件。科学规划村镇建设、农田保护、村落分布、生态涵养等空间布局。加快农村宽带、公路、危房、饮水、照明、环卫、消防等设施改造。开展新一轮农网改造升级，农网供电可靠率达到99.8%。实施农村饮水安全巩固提升工程。改善农村办学条件和教师工作生活条件，加强基层医疗卫生机构和乡村医生队伍建设。建立健全农村留守儿童和妇女、老人关爱服务体系。加强和改善农村社会治理，完善农村治安防控体系，深入推进平安乡村建设。加强农村文化建设，深入开展“星级文明户”、“五好文明家庭”等创建活动，培育文明乡风、优良家风、新乡贤文化。开展农村不良风气专项治理，整治农村非法宗教活动等突出问题。开展生态文明示范村镇建设行动和农村人居环境综合整治行动，加大传统村落和民居、民族特色村镇保护力度，传承乡村文明，建设田园牧歌、秀山丽水、和谐幸福的美丽宜居乡村。

第三节　促进城乡公共资源均衡配置

统筹规划城乡基础设施网络，健全农村基础设施投入长效机制，促进水电路气信等基础设施城乡联网、生态环保设施城乡统一布局建设。把社会事业发展重点放在农村和接纳农业转移人口较多的城镇，推动城镇公共服务向农村延伸，逐步实现城乡基本公共服务制度并轨、标准统一。

专栏13　新型城镇化建设重大工程

（一）“三个1亿人”城镇化

推进1亿左右农业转移人口和其他常住人口在城镇落户。加快推进约1亿人居住的棚户区和城中村改造。依托中西部地区城市群，以中小城市为重点，以县城和重点镇为支撑，引导约1亿人在中西部地区就近城镇化。

（二）新生中小城市

以镇区常住人口规模、人口密度和经济规模等为基准，加快一批符合条件的县城和特大镇综合功能提升，培育形成一批功能完善、特色鲜明的新生中小城市。

（三）特色小城镇

发展具有特色资源、区位优势和文化底蕴的小城镇，通过扩权增能、加大投入和扶持力度，培育成为休闲旅游、商贸物流、信息产业、智能制造、科技教育、民俗文化传承等专业特色镇。

（四）智慧城市

以基础设施智能化、公共服务便利化、社会治理精细化为重点，充分运用现代信息技术和大数据，建设一批新型示范性智慧城市。

（五）绿色、森林城市

推广绿色建筑，普及绿色交通，推广分布式能源、浅层地热能等新型能源供应体系，加快推进公共交通电动化，开展绿色新生活行动，实施城市园林绿化工程，提高城市绿地和森林面积，建成一批示范性绿色城市、生态园林城市、森林城市。

续表

（六）海绵城市 采取渗、滞、蓄、净、用、排等措施，完善城市排水防涝与调蓄设施，支持海绵型建筑与小区、道路与广场、公园和绿地等建设。 **（七）地下管廊（网）** 以城市新区、各类园区、成片开发区域为重点，结合旧城更新和地下空间开发等，推进干线、支线综合管廊建设。实施城市供水、污水、雨水、燃气、供热等地下管网建设改造和城市电网、通信网络等架空线入地工程。 **（八）美丽乡村** 推进新型农村社区集中供水，农村自来水普及率达到 80%。因地制宜发展可再生能源，建设清洁能源示范村镇。推进农村危房改造，统筹开展农房抗震改造，基本完成存量危房改造任务。因地制宜开展农村厕所革命。实施农村生活垃圾治理专项行动，推进 13 万个行政村环境综合整治，实施农业废弃物资源化利用示范工程，建设污水垃圾收集处理设施，梯次推进农村生活污水治理，实现 90% 的行政村生活垃圾得到治理。推进农村河塘整治。

第九篇　推动区域协调发展

以区域发展总体战略为基础，以“一带一路”建设、京津冀协同发展、长江经济带发展为引领，形成沿海沿江沿线经济带为主的纵向横向经济轴带，塑造要素有序自由流动、主体功能约束有效、基本公共服务均等、资源环境可承载的区域协调发展新格局。

第三十七章　深入实施区域发展总体战略

深入实施西部开发、东北振兴、中部崛起和东部率先的区域发展总体战略，创新区域发展政策，完善区域发展机制，促进区域协调、协同、共同发展，努力缩小区域发展差距。

第一节　深入推进西部大开发

把深入实施西部大开发战略放在优先位置，更好发挥“一带一路”建设对西部大开发的带动作用。加快内外联通通道和区域性枢纽建设，进一步提高基础设施水平，明显改善落后边远地区对外通行条件。大力发展绿色农产品加工、文化旅游等特色优势产业。设立一批国家级产业转移示范区，发展产业集群。依托资源环境承载力较强地区，提高资源就地加工转化比重。加强水资源科学开发和高效利用。强化生态环境保护，提升生态安全屏障功能。健全长期稳定资金渠道，继续加大转移支付和政府投资力度。加快基本公共服务均等化。加大门户城市开放力度，提升开放型经济水平。

第二节　大力推动东北地区等老工业基地振兴

加快市场取向的体制机制改革，积极推动结构调整，加大支持力度，提升东北地区等老工业基地发展活力、内生动力和整体竞争力。加快服务型政府建设，改善营商环境，加快发展民营经济。大力开展和积极鼓励创业创新，支持建设技术和产业创新中心，吸引人才等各类创新要素集聚，使创新真正成为东北地区发展的强大动力。加快发展现代化大农业，促进传统优势产业提质增效，建设产业转型升级示范区，推进先进装备制造业基地和重大技术装备战略基地建设。支持资源型城市转型发展，组织实施好老旧城区改造、沉陷区治理等重大民生工程。加快建设快速铁路网和电力外送通道。深入推进国资国企改革，加快解决厂办大集体等问题。支持建设面向俄日韩等国家的合作平台。

第三节　促进中部地区崛起

制定实施新时期促进中部地区崛起规划，完善支持政策体系，推动城镇化与产业支撑、人口集聚有机结合，形成重要战略支撑区。支持中部地区加快建设贯通南北、连接东西的现代立体交通体系和现代物流体系，培育壮大沿江沿线城市群和都市圈增长极。有序承接产业转移，加快发展现代农业和先进制造业，支持能源产业转型发展，建设一批战略性新兴产业和高技术产业基地，培育一批产业集群。加强水环境保护和治理，推进鄱阳湖、洞庭湖生态经济区和汉江、淮河生态经济带建设。加快郑州航空港经济综合实验区建设。支持发展内陆开放型经济。

第四节　支持东部地区率先发展

支持东部地区更好发挥对全国发展的支撑引领作用，增强辐射带动能力。加快实现创新驱动发展转型，打造具有国际影响力的创新高地。加快推动产业升级，引领新兴产业和现代服务业发展，打造全球先进制造业基地。加快建立全方位开放型经济体系，更高层次参与国际合作与竞争。在公共服务均等化、社会文明程度提高、生态环境质量改善等方面走在前列。推进环渤海地区合作协调发展。支持珠三角地区建设开放创新转型升级新高地，加快深圳科技、产业创新中心建设。深化泛珠三角区域合作，促进珠江—西江经济带加快发展。

第五节　健全区域协调发展机制

创新区域合作机制，加强区域间、全流域的协调协作。完善对口支援制度和措施，通过发展“飞地经济”、共建园区等合作平台，建立互利共赢、共同发展的互助机制。建立健全生态保护补偿、资源开发补偿等区际利益平衡机制。鼓励国家级新区、国家级综合配套改革试验区、重点开发开放试验区等平台体制机制和运营模式创新。

第三十八章　推动京津冀协同发展

坚持优势互补、互利共赢、区域一体，调整优化经济结构和空间结构，探索人口经济密集地区优化开发新模式，建设以首都为核心的世界级城市群，辐射带动环渤海地区和北方腹地发展。

第一节　有序疏解北京非首都功能

积极稳妥推进北京非首都功能疏解，降低主城区人口密度。重点疏解高耗能高耗水企业、区域性物流基地和专业市场、部分教育医疗和培训机构、部分行政事业性服务机构和企业总部等。高水平建设北京市行政副中心。规划建设集中承载地和“微中心”。

第二节　优化空间格局和功能定位

构建“一核双城三轴四区多节点”的空间格局。优化产业布局，推进建设京津冀协同创新共同体。北京重点发展知识经济、服务经济、绿色经济，加快构建高精尖产业结构。天津优化发展先进制造业、战略性新兴产业和现代服务业，建设全国先进制造研发基地和金融创新运营示范区。河北积极承接北京非首都功能转移和京津科技成果转化，重点建设全国现代商贸物流重要基地、新型工业化基地和产业转型升级试验区。

第三节　构建一体化现代交通网络

建设高效密集轨道交通网，强化干线铁路建设，加快建设城际铁路、市域（郊）铁路并逐步成网，充分利用现有能力开行城际、市域（郊）列车，客运专线覆盖所有地级及以上城市。完善高速公路网络，提升国省干线技术等级。构建分工协作的港口群，完善港口集疏运体系，建立海事统筹监管新模式。打造国际一流航空枢纽，构建航空运输协作机制。

第四节　扩大环境容量和生态空间

构建区域生态环境监测网络、预警体系和协调联动机制，削减区域污染物排放总量。加强大气污染联防联控，实施大气污染防治重点地区气化工程，细颗粒物浓度下降25%以上。加强饮用水源地保护，联合开展河流、湖泊、海域污染治理。划定生态保护红线，实施分区管理，建设永定河等生态廊道。加大京津保地区营造林和白洋淀、衡水湖等湖泊湿地恢复力度，共建坝上高原生态防护区、燕山—太行山生态涵养区。

第五节　推动公共服务共建共享

建设区域人力资源信息共享与服务平台，衔接区域间劳动用工和人才政策。优化教育资源布局，鼓励高等学校学科共建、资源共享，推动职业教育统筹发展。建立健全区域内双向转诊和检查结果互认制度，支持开展合作办医试点。实现养老保险关系在三省市间的顺利衔接，推动社会保险协同发展。

第三十九章　推进长江经济带发展

坚持生态优先、绿色发展的战略定位，把修复长江生态环境放在首要位置，推动长江上中下游协同发展、东中西部互动合作，建设成为我国生态文明建设的先行示范带、创新驱动带、协调发展带。

第一节 建设沿江绿色生态廊道

推进全流域水资源保护和水污染治理，长江干流水质达到或好于Ⅲ类水平。基本实现干支流沿线城镇污水垃圾全收集全处理。妥善处理好江河湖泊关系，提升调蓄能力，加强生态保护。统筹规划沿江工业与港口岸线、过江通道岸线、取排水口岸线。推进长江上中游水库群联合调度。加强流域磷矿及磷化工污染治理。实施长江防护林体系建设等重大生态修复工程，增强水源涵养、水土保持等生态功能。加强长江流域地质灾害预防和治理。加强流域重点生态功能区保护和修复。设立长江湿地保护基金。创新跨区域生态保护与环境治理联动机制，建立生态保护和补偿机制。建设三峡生态经济合作区。

第二节 构建高质量综合立体交通走廊

依托长江黄金水道，统筹发展多种交通方式。建设南京以下12.5米深水航道，开展宜昌至安庆航道整治，推进三峡枢纽水运新通道建设，完善三峡综合交通运输体系。优化港口布局，加快建设武汉、重庆长江中上游航运中心和南京区域性航运物流中心，加强集疏运体系建设，大力发展江海联运、水铁联运，建设舟山江海联运服务中心。推进长江船型标准化，健全智能安全保障系统。加快高速铁路和高等级公路建设。强化航空枢纽功能，完善支线机场布局。建设沿江油气主干管道，推动管道互联互通。

第三节 优化沿江城镇和产业布局

提升长三角、长江中游、成渝三大城市群功能，发挥上海“四个中心”引领作用，发挥重庆战略支点和联接点的重要作用，构建中心城市带动、中小城市支撑的网络化、组团式格局。根据资源环境承载力，引导产业合理布局和有序转移，打造特色优势产业集群，培育壮大战略性新兴产业，建设集聚度高、竞争力强、绿色低碳的现代产业走廊。加快建设国际黄金旅游带。培育特色农业区。

第四十章　扶持特殊类型地区发展

加大对革命老区、民族地区、边疆地区和困难地区的支持力度，实施边远贫困地区、边疆民族地区和革命老区人才支持计划，推动经济加快发展、人民生活明显改善。

第一节　支持革命老区开发建设

完善革命老区振兴发展支持政策，大力推动赣闽粤原中央苏区、陕甘宁、大别山、左右江、川陕等重点贫困革命老区振兴发展，积极支持沂蒙、湘鄂赣、太行、海陆丰等欠发达革命老区加快发展。加快交通、水利、能源、通信等基础设施建设，大幅提升基本公共服务水平，加大生态建设和保护力度。着力培育特色农林业等对群众增收带动性强的优势产业，大力发展红色旅游，积极有序推进能源资源开发。加快推进革命老区劳动力转移就业。

第二节　推动民族地区健康发展

把加快少数民族和民族地区发展摆到更加突出的战略位置，加大财政投入和金融支持，改善基础设施条件，提高基本公共服务能力。支持民族地区发展优势产业和特色经济。加强跨省区对口支援和对口帮扶工作。加大对西藏和四省藏区支持力度。支持新疆南疆四地州加快发展。促进少数民族事业发展，大力扶持人口较少民族发展，支持民族特需商品生产发展，保护和传承少数民族传统文化。深入开展民族团结进步示范区创建活动，促进各民族交往交流交融。

第三节　推进边疆地区开发开放

推进边境城市和重点开发开放试验区等建设。加强基础设施互联互通，加快建设对外骨干通道。推进新疆建成向西开放的重要窗口、西藏建成面向南亚开放的重要通道、云南建成面向南亚东南亚的辐射中心、广西建成面向东盟的国际大通道。支持黑龙江、吉林、辽宁、内蒙古建成向北开放的重要窗口和东北亚区域合作的中心枢纽。加快建设面向东北亚的长吉图开发开放先导区。大力推进兴边富民行动，加大边民扶持力度。

第四节　促进困难地区转型发展

加强政策支持，促进资源枯竭、产业衰退、生态严重退化等困难地区发展接续替代产业，促进资源型地区转型创新，形成多点支撑、多业并举、多元发展新格局。全面推进老工业区、独立工矿区、采煤沉陷区改造转型。支持产业衰退的老工业城市加快转型，健全过剩产能行业集中地区过剩产能退出机制。加大生态严重退化地区修复治理力度，有序推进生态移民。加快国有林场和林区改革，基本完成重点国有林区深山远山林业职工搬迁和国有林场撤并整合任务。

专栏 14　特殊类型地区发展重大工程

（一）革命老区振兴发展行动

规划建设一批铁路、高速公路、支线机场、水利枢纽、能源、信息基础设施工程，大力实施天然林保护、石漠化综合治理、退耕还林还草等生态工程，支持风电、水电等清洁能源开发，建设一批红色旅游精品线路。

（二）民族地区奔小康行动

推进人口较少民族整族整村精准脱贫。对陆地边境抵边一线乡镇因守土戍边不宜易地扶贫搬迁的边民，采取就近就地脱贫措施。实施少数民族特色村镇保护与发展工程，重点建设一批少数民族特色村寨和民族风情小镇。支持少数民族传统手工艺品保护与发展。

（三）沿边地区开发开放行动

实施沿边地区交通基础设施改造提升工程；实施产业兴边工程，建设跨境旅游合作区和边境旅游试验区；实施民生安边工程，实行动态边民补助机制。

（四）资源枯竭地区转型

支持资源枯竭城市重点发展一批接续替代产业，吸纳失业矿工、棚户区改造回迁居民再就业。加大力度实施独立工矿区改造搬迁工程，支持矿区基础设施、公共服务设施和接续替代产业平台改造和建设，对地处偏远、资源枯竭、不适人居的部分独立工矿区实施搬迁安置，基本完成100个左右独立工矿区改造搬迁任务。

（五）产业衰退地区振兴发展

在具备条件的老工业城市建设一批产业转型升级示范区和示范园区。全面开展城区老工业区搬迁改造工程，统筹推进企业搬迁改造和新兴产业培育，支持工业污染土地和废弃地治理，加强工业遗产保护再利用，基本完成100个以上城区老工业区搬迁改造任务。

续表

（六）生态严重退化地区转型发展
加快解决历史遗留的重点矿山地质环境治理问题，完成750万亩历史遗留矿山地质环境恢复治理任务。支持重点采煤沉陷区综合治理，有序实施居民避险安置，推进土地复垦、环境整治和生态修复，完成450万亩采煤沉陷区综合治理任务。

第四十一章　拓展蓝色经济空间

坚持陆海统筹，发展海洋经济，科学开发海洋资源，保护海洋生态环境，维护海洋权益，建设海洋强国。

第一节　壮大海洋经济

优化海洋产业结构，发展远洋渔业，推动海水淡化规模化应用，扶持海洋生物医药、海洋装备制造等产业发展，加快发展海洋服务业。发展海洋科学技术，重点在深水、绿色、安全的海洋高技术领域取得突破。推进智慧海洋工程建设。创新海域海岛资源市场化配置方式。深入推进山东、浙江、广东、福建、天津等全国海洋经济发展试点区建设，支持海南利用南海资源优势发展特色海洋经济，建设青岛蓝谷等海洋经济发展示范区。

第二节　加强海洋资源环境保护

深入实施以海洋生态系统为基础的综合管理，推进海洋主体功能区建设，优化近岸海域空间布局，科学控制开发强度。严格控制围填海规模，加强海岸带保护与修复，自然岸线保有率不低于35%。严格控制捕捞强度，实施休渔制度。加强海洋资源勘探与开发，深入开展极地大洋科学考察。实施陆源污染物达标排海和排污总量控制制度，建立海洋资源环境承载力预警机制。建立海洋生态红线制度，实施“南红北柳”湿地修复工程和“生态岛礁”工程，加强海洋珍稀物种保护。加强海洋气候变化研究，提高海洋灾害监测、风险评估和防灾减灾能力，加强海上救灾战略预置，提升海上突发环境事故应急能力。实施海洋督察制度，开展常态化海洋督察。

第三节　维护海洋权益

有效维护领土主权和海洋权益。加强海上执法机构能力建设，深化涉海问题历史和法理研究，统筹运用各种手段维护和拓展国家海洋权益，妥善应对海上侵权行为，维护好我管辖海域的海上航行自由和海洋通道安全。积极参与国际和地区海洋秩序的建立和维护，完善与周边国家涉海对话合作机制，推进海上务实合作。进一步完善涉海事务协调机制，加强海洋战略顶层设计，制定海洋基本法。

专栏 15　海洋重大工程

（一）蓝色海湾整治

在胶州湾、辽东湾、渤海湾、杭州湾、厦门湾、北部湾等开展水质污染治理和环境综合整治，增加人造沙质岸线，恢复自然岸线、海岸原生风貌景观，在辽东湾、渤海湾等围填海区域开展补偿性环境整治和人工湿地建设。

（二）蛟龙探海

突破“龙宫一号”深海实验平台建造关键技术，建造深海移动式和坐底式实验平台。研发集深海环境监测和活动探测于一体的深海探测系统。推进深海装备应用共享平台建设。

（三）雪龙探极

在北极合作新建岸基观测站，在南极新建科考站，新建先进破冰船，提升南极航空能力，初步构建极地区域的陆—海—空观测平台。研发适用于极地环境的探测技术及装备，建立极地环境与资源潜力信息和业务化应用服务平台。

（四）全球海洋立体观测网

统筹规划国家海洋观（监）测网布局，推进国家海洋环境实时在线监控系统和海外观（监）测站点建设，逐步形成全球海洋立体观（监）测系统，加强对海洋生态、洋流、海洋气象等观测研究。

第十篇　加快改善生态环境

以提高环境质量为核心，以解决生态环境领域突出问题为重点，加大生态环境保护力度，提高资源利用效率，为人民提供更多优质生态产品，协同推进人民富裕、国家富强、中国美丽。

第四十二章　加快建设主体功能区

强化主体功能区作为国土空间开发保护基础制度的作用，加快完善主体功能区政策体系，推动各地区依据主体功能定位发展。

第一节　推动主体功能区布局基本形成

有度有序利用自然，调整优化空间结构，推动形成以“两横三纵”为主体的城市化战略格局、以“七区二十三带”为主体的农业战略格局、以“两屏三带”为主体的生态安全战略格局，以及可持续的海洋空间开发格局。合理控制国土空间开发强度，增加生态空间。推动优化开发区域产业结构向高端高效发展，优化空间开发结构，逐年减少建设用地增量，提高土地利用效率。推动重点开发区域集聚产业和人口，培育若干带动区域协同发展的增长极。划定农业空间和生态空间保护红线，拓展重点生态功能区覆盖范围，加大禁止开发区域保护力度。

第二节　健全主体功能区配套政策体系

根据不同主体功能区定位要求，健全差别化的财政、产业、投资、人口流动、土地、资源开发、环境保护等政策，实行分类考核的绩效评价办法。重点生态功能区实行产业准入负面清单。加大对农产品主产区和重点生态功能区的转移支付力度，建立健全区域流域横向生态补偿机制。设立统一规范的国家生态文明试验区。建立国家公园体制，整合设立一批国家公园。

第三节　建立空间治理体系

以市县级行政区为单元，建立由空间规划、用途管制、差异化绩效考核等构成的空间治理体系。建立国家空间规划体系，以主体功能区规划为基础统筹各类空间性规划，推进“多规合一”。完善国土空间开发许可制度。建立资源环境承载能力监测预警机制，对接近或达到警戒线的地区实行限制性措施。实施土地、矿产等国土资源调查评价和监测工程。提升测绘地理信息服务保障能力，开展地理国情常态化监测，推进全球地理信息资源开发。

图4　全国主体功能区示意图

注：禁止开发区域以自然或法定边界为基本单元，分布在其他类型主体功能区区域之中。

第四十三章　推进资源节约集约利用

树立节约集约循环利用的资源观，推动资源利用方式根本转变，加强全过程节约管理，大幅提高资源利用综合效益。

第一节　全面推动能源节约

推进能源消费革命。实施全民节能行动计划，全面推进工业、建筑、交通运输、公共机构等领域节能，实施锅炉（窑炉）、照明、电机系统升级改造及余热暖民等重点工程。大力开发、推广节能技术和产品，开展重大技术示范。实施重点用能单位“百千万”行动和节能自愿活动，推动能源管理体系、计量体系和能耗在线监测系统建设，开展能源评审和绩效评价。实施建筑能效提升和绿色建筑全产业链发展计划。推行节能低碳电力调度。推进能源综合梯级利用。能源消费总量控制在 50 亿吨标准煤以内。

第二节　全面推进节水型社会建设

落实最严格的水资源管理制度，实施全民节水行动计划。坚持以水定产、以水定城，对水资源短缺地区实行更严格的产业准入、取用水定额控制。加快农业、工业、城镇节水改造，扎实推进农业综合水价改革，开展节水综合改造示范。加强重点用水单位监管，鼓励一水多用、优水优用、分质利用。建立水效标识制度，推广节水技术和产品。加快非常规水资源利用，实施雨洪资源利用、再生水利用等工程。用水总量控制在 6700 亿立方米以内。

第三节　强化土地节约集约利用

严控新增建设用地，有效管控新城新区和开发区无序扩张。有序推进城镇低效用地再开发和低丘缓坡土地开发利用，推进建设用地多功能开发、地上地下立体综合开发利用，促进空置楼宇、厂房等存量资源再利用。严控农村集体建设用地规模，探索建立收储制度，盘活农村闲置建设用地。开展建设用地节约集约利用调查评价。单位国内生产总值建设用地使用面积下降20%。

第四节　加强矿产资源节约和管理

强化矿产资源规划管控，严格分区管理、总量控制和开采准入制度，加强复合矿区开发的统筹协调。支持矿山企业技术和工艺改造，引导小型矿山兼并重组，关闭技术落后、破坏环境的矿山。大力推进绿色矿山和绿色矿业发展示范区建设，实施矿产资源节约与综合利用示范工程、矿产资源保护和储备工程，提高矿产资源开采率、选矿回收率和综合利用率。完善优势矿产限产保值机制。建立矿产资源国家权益金制度，健全矿产资源税费制度。开展找矿突破行动。

第五节　大力发展循环经济

实施循环发展引领计划，推进生产和生活系统循环链接，加快废弃物资源化利用。按照物质流和关联度统筹产业布局，推进园区循环化改造，建设工农复合型循环经济示范区，促进企业间、园区内、产业间耦合共生。推进城市矿山开发利用，做好工业固废等大宗废弃物资源化利用，加快建设城市餐厨废弃物、建筑垃圾和废旧纺织品等资源化利用和无害化处理系统，规范发展再制造。实行生产者责任延伸制度。健全再生资源回收利用网络，加强生活垃圾分类回收与再生资源回收的衔接。

第六节　倡导勤俭节约的生活方式

倡导合理消费，力戒奢侈消费，制止奢靡之风。在生产、流通、仓储、消费各环节落实全面节约要求。管住公款消费，深入开展反过度包装、反食品浪费、反过度消费行动，推动形成勤俭节约的社会风尚。推广城市自行车和公共交通等绿色出行服务系统。限制一次性用品使用。

第七节　建立健全资源高效利用机制

实施能源和水资源消耗、建设用地等总量和强度双控行动，强化目标责任，完善市场调节、标准控制和考核监管。建立健全用能权、用水权、碳排放权初始分配制度，创新有偿使用、预算管理、投融资机制，培育和发展交易市场。健全节能、节水、节地、节材、节矿标准体系，提高建筑节能标准，实现重点行业、设备节能标准全覆盖。强化节能评估审查和节能监察。建立健全中央对地方节能环保考核和奖励机制，进一步扩大节能减排财政政策综合示范。建立统一规范的国有自然资源资产出让平台。组织实施能效、水效领跑者引领行动。

专栏 16　资源节约集约循环利用重大工程

（一）全民节能行动

推进节能产品和服务进企业、进家庭。以六大高耗能行业为重点实施工业能效赶超计划，支持 500 家重点用能单位开展能效综合提升示范。组织能量系统优化、电机系统节能改造、节能技术产业化示范、煤炭消费减量替代、绿色照明等重点工程。

（二）全民节水行动

开展节水型社会综合示范。在 100 个城市开展分区计量、漏损节水改造。鼓励中水替代、废水深度处理和回用，推进五大高耗水行业和园区节水改造。实施 100 个合同节水管理示范试点。推广节水器具，鼓励居民更换不符合节水标准用水器具。实施海岛海水淡化示范工程。实施重点用水单位监控工程。

（三）建设用地节约集约利用

健全调查评价技术体系，建立涵盖城市、开发区、高校、村镇的建设用地节约集约利用评价国家级数据库，推广应用节地技术和节地模式。

（四）绿色矿山与绿色矿业发展示范区建设

加快推进绿色矿山建设，着力推进技术、产业和管理模式创新，引领传统矿业转型升级。在资源富集、管理创新能力强的地区，选择 50 个重点地区开展绿色矿业发展示范区建设。

（五）循环发展引领

推动 75% 的国家级园区和 50% 的省级园区开展循环化改造。建设 50 个工业废弃物综合利用产业基地。在 100 个地级及以上城市布局资源循环利用示范基地。建设城市废弃物在线回收、园区资源管理、废弃物交易等平台。

第四十四章　加大环境综合治理力度

创新环境治理理念和方式，实行最严格的环境保护制度，强化排污者主体责任，形成政府、企业、公众共治的环境治理体系，实现环境质量总体改善。

第一节　深入实施污染防治行动计划

制定城市空气质量达标计划，严格落实约束性指标，地级及以上城市重污染天数减少25%，加大重点地区细颗粒物污染治理力度。构建机动车船和燃料油环保达标监管体系。提高城市燃气化率。强化道路、施工等扬尘监管，禁止秸秆露天焚烧。加强重点流域、海域综合治理，严格保护良好水体和饮用水水源，加强水质较差湖泊综合治理与改善。推进水功能区分区管理，主要江河湖泊水功能区水质达标率达到80%以上。开展地下水污染调查和综合防治。实施土壤污染分类分级防治，优先保护农用地土壤环境质量安全，切实加强建设用地土壤环境监管。

第二节　大力推进污染物达标排放和总量减排

实施工业污染源全面达标排放计划。完善污染物排放标准体系，加强工业污染源监督性监测，公布未达标企业名单，实施限期整改。城市建成区内污染严重企业实施有序搬迁改造或依法关闭。开展全国第二次污染源普查。改革主要污染物总量控制制度，扩大污染物总量控制范围。在重点区域、重点行业推进挥发性有机物排放总量控制，全国排放总量下降10%以上。对中小型燃煤设施、城中村和城乡结合区域等实施清洁能源替代工程。沿海和汇入富营养化湖库的河流沿线所有地级及以上城市实施总氮排放总量控制。实施重点行业清洁生产改造。

第三节　严密防控环境风险

实施环境风险全过程管理。加强危险废物污染防治，开展危险废物专项整治。加大重点区域、有色等重点行业重金属污染防治力度。加强有毒有害化学物质环境和健康风险评估能力建设。推进核设施安全改进和放射性污染防治，强化核与辐射安全监管体系和能力建设。

第四节　加强环境基础设施建设

加快城镇垃圾处理设施建设，完善收运系统，提高垃圾焚烧处理率，做好垃圾渗滤液处理处置；加快城镇污水处理设施和管网建设改造，推进污泥无害化处理和资源化利用，实现城镇生活污水、垃圾处理设施全覆盖和稳定达标运行，城市、县城污水集中处理率分别达到95%和85%。建立全国统一、全面覆盖的实时在线环境监测监控系统，推进环境保护大数据建设。

第五节　改革环境治理基础制度

切实落实地方政府环境责任，开展环保督察巡视，建立环境质量目标责任制和评价考核机制。实行省以下环保机构监测监察执法垂直管理制度，探索建立跨地区环保机构，推行全流域、跨区域联防联控和城乡协同治理模式。推进多污染物综合防治和统一监管，建立覆盖所有固定污染源的企业排放许可制，实行排污许可“一证式”管理。建立健全排污权有偿使用和交易制度。严格环保执法，开展跨区域联合执法，强化执法监督和责任追究。建立企业环境信用记录和违法排污黑名单制度，强化企业污染物排放自行监测和环境信息公开，畅通公众参与渠道，完善环境公益诉讼制度。实行领导干部环境保护责任离任审计。

专栏17　环境治理保护重点工程

（一）工业污染源全面达标排放

对钢铁、水泥、平板玻璃、造纸、印染、氮肥、制糖等行业不能稳定达标的企业进行改造。取缔不符合国家产业政策污染严重的项目。限期改造工业园区污水处理设施。全国地级及以上城市建成区基本淘汰10蒸吨以下燃煤锅炉，完成35蒸吨及以上燃煤锅炉脱硫脱硝除尘改造、钢铁行业烧结机脱硫改造、水泥行业脱硝改造。淘汰高汞催化剂乙炔法生产聚氯乙烯工艺。

（二）大气环境治理

以京津冀及周边地区、长三角、珠三角、东北地区为重点，控制区域煤炭消费总量，推进重点城市“煤改气”工程，新增用气450亿立方米，替代燃煤锅炉18.9万蒸吨。开展石化及化工企业、加油站挥发性有机物综合整治，加快淘汰黄标车和老旧车辆，实施国Ⅵ排放标准和相应油品标准。推进油罐车、储油库油气回收治理。

（三）水环境治理

对江河源头及378个水质达到或优于Ⅲ类的江河湖库实施严格保护。实施重要江河湖库入河排污口整治工程，完成重要饮用水源地达标建设。实施太湖、洞庭湖、滇池、巢湖、鄱阳湖、白洋淀、乌梁素海、呼伦湖、艾比湖等重点湖泊水污染综合治理和长江中下游、珠三角等河湖内源治理，推进长江、黄河、珠江、松花江、淮河、海河、辽河等七大重点流域综合治理，基本消除劣Ⅴ类水体。加大黑臭水体整治力度，地级及以上城市建成区黑臭水体控制在10%以内。开展京津冀晋等区域地下水修复试点。整治主要河口海湾污染。

续表

（四）土壤环境治理
开展土壤污染加密调查。完成 100 个农用地和 100 个建设用地污染治理试点。建设 6 个土壤污染防治先行示范区。做好化工企业安全环保搬迁后的土壤污染治理工作。开展 1000 万亩受污染耕地治理修复和 4000 万亩受污染耕地风险管控。深入推进以湘江流域为重点的重金属污染综合治理。
（五）危险废物污染防治
开展全国危险废物普查，加强含铬、铅、汞、镉、砷等重金属废物以及生活垃圾焚烧飞灰、抗生素菌渣、高毒持久性废物等的综合整治。建设危险废物处置设施。
（六）核与辐射安全保障能力提升
建成核与辐射安全监管技术研发基地，加快建设早期核设施退役及历史遗留放射性废物处理处置工程，建设 5 座中低放射性废物处置场和 1 个高放射性废物处理地下实验室，建设高风险放射源实时监控系统，废旧放射源 100% 安全收贮。加强国家核事故应急救援队伍建设。

第四十五章　加强生态保护修复

坚持保护优先、自然恢复为主，推进自然生态系统保护与修复，构建生态廊道和生物多样性保护网络，全面提升各类自然生态系统稳定性和生态服务功能，筑牢生态安全屏障。

第一节　全面提升生态系统功能

开展大规模国土绿化行动，加强林业重点工程建设，完善天然林保护制度，全面停止天然林商业性采伐，保护培育森林生态系统。发挥国有林区林场在绿化国土中的带动作用。创新产权模式，引导社会资金投入植树造林。严禁移植天然大树进城。扩大退耕还林还草，保护治理草原生态系统，推进禁牧休牧轮牧和天然草原退牧还草，加强“三化”草原治理，草原植被综合盖度达到 56%。保护修复荒漠生态系统，加快风沙源区治理，遏制沙化扩展。保障重要河湖湿地及河口生态水位，保护修复湿地与河湖生态系统，建立湿地保护制度。

第二节　推进重点区域生态修复

坚持源头保护、系统恢复、综合施策，推进荒漠化、石漠化、水土流失综合治理。继续实施京津风沙源治理二期工程。强化三江源等江河源头和水源涵养区生态保护。加大南水北调水源地及沿线生态走廊、三峡库区等区域生态保护力度，推进沿黄生态经济带建设。支持甘肃生态安全屏障综合示范区建设。开展典型受损生态系统恢复和修复示范。完善国家地下水监测系统，开展地下水超采区综合治理。建立沙化土地封禁保护制度。有步骤对居住在自然保护区核心区与缓冲区的居民实施生态移民。

第三节 扩大生态产品供给

丰富生态产品，优化生态服务空间配置，提升生态公共服务供给能力。加大风景名胜区、森林公园、湿地公园、沙漠公园等保护力度，加强林区道路等基础设施建设，适度开发公众休闲、旅游观光、生态康养服务和产品。加快城乡绿道、郊野公园等城乡生态基础设施建设，发展森林城市，建设森林小镇。打造生态体验精品线路，拓展绿色宜人的生态空间。

第四节 维护生物多样性

实施生物多样性保护重大工程。强化自然保护区建设和管理，加大典型生态系统、物种、基因和景观多样性保护力度。开展生物多样性本底调查与评估，完善观测体系。科学规划和建设生物资源保护库圃，建设野生动植物人工种群保育基地和基因库。严防并治理外来物种入侵和遗传资源丧失。强化野生动植物进出口管理，严厉打击象牙等野生动植物制品非法交易。

专栏18 山水林田湖生态工程

（一）国家生态安全屏障保护修复

推进青藏高原、黄土高原、云贵高原、秦巴山脉、祁连山脉、大小兴安岭和长白山、南岭山地地区、京津冀水源涵养区、内蒙古高原、河西走廊、塔里木河流域、滇桂黔喀斯特地区等关系国家生态安全核心地区生态修复治理。

（二）国土绿化行动

开展大规模植树增绿活动，集中连片建设森林，加强“三北”、沿海、长江和珠江流域等防护林体系建设，加快国家储备林及用材林基地建设，推进退化防护林修复，建设大尺度绿色生态保护空间和连接各生态空间的绿色廊道，形成国土绿化网络。

续表

（三）国土综合整治
开展重点流域、海岸带和海岛综合整治，加强矿产资源开发集中地区地质环境治理和生态修复。推进损毁土地、工矿废弃地复垦，修复受自然灾害、大型建设项目破坏的山体、矿山废弃地。加大京杭大运河、黄河明清故道沿线综合治理。推进边疆地区国土综合开发、防护和整治。
（四）天然林资源保护
将天然林和可以培育成为天然林的未成林封育地、疏林地、灌木林地等全部划入天然林保护范围，对难以自然更新的林地通过人工造林恢复森林植被。
（五）新一轮退耕退牧还林还草
实施具备条件的25度以上坡耕地、严重沙化耕地和重要水源地15—25度坡耕地退耕还林还草。稳定扩大退牧还草范围，合理布局草原围栏和退化草原补播改良，恢复天然草原生态和生物多样性。开展毒害草、黑土滩和农牧交错带已垦草原治理。
（六）防沙治沙和水土流失综合治理
实施北方防沙带、黄土高原区、东北黑土区、西南岩溶区等重点区域水土流失综合防治，加强坡耕地综合治理、侵蚀沟整治和生态清洁小流域建设。新增水土流失治理面积27万平方公里。
（七）湿地保护与恢复
加强长江中上游、黄河沿线及贵州草海等自然湿地保护，对功能降低、生物多样性减少的湿地进行综合治理，开展湿地可持续利用示范。全国湿地面积不低于8亿亩。
（八）濒危野生动植物抢救性保护
保护改善大熊猫、朱鹮、虎、豹、亚洲象等珍稀濒危野生动物栖息地，建设救护繁育中心和基因库，开展拯救繁育和野化放归。加强兰科植物等珍稀濒危植物及极小种群野生植物生境恢复和人工拯救。

第四十六章　积极应对全球气候变化

坚持减缓与适应并重，主动控制碳排放，落实减排承诺，增强适应气候变化能力，深度参与全球气候治理，为应对全球气候变化作出贡献。

第一节　有效控制温室气体排放

有效控制电力、钢铁、建材、化工等重点行业碳排放，推进工业、能源、建筑、交通等重点领域低碳发展。支持优化开发区域率先实现碳排放达到峰值。深化各类低碳试点，实施近零碳排放区示范工程。控制非二氧化碳温室气体排放。推动建设全国统一的碳排放交易市场，实行重点单位碳排放报告、核查、核证和配额管理制度。健全统计核算、评价考核和责任追究制度，完善碳排放标准体系。加大低碳技术和产品推广应用力度。

第二节　主动适应气候变化

在城乡规划、基础设施建设、生产力布局等经济社会活动中充分考虑气候变化因素，适时制定和调整相关技术规范标准，实施适应气候变化行动计划。加强气候变化系统观测和科学研究，健全预测预警体系，提高应对极端天气和气候事件能力。

第三节　广泛开展国际合作

坚持共同但有区别的责任原则、公平原则、各自能力原则，积极承担与我国基本国情、发展阶段和实际能力相符的国际义务，落实强化应对气候变化行动的国家自主贡献。积极参与应对全球气候变化谈判，推动建立公平合理、合作共赢的全球气候治理体系。深化气候变化多双边对话交流与务实合作。充分发挥气候变化南南合作基金作用，支持其他发展中国家加强应对气候变化能力。

第四十七章　健全生态安全保障机制

加强生态文明制度建设，建立健全生态风险防控体系，提升突发生态环境事件应对能力，保障国家生态安全。

第一节　完善生态环境保护制度

落实生态空间用途管制，划定并严守生态保护红线，确保生态功能不降低、面积不减少、性质不改变。建立森林、草原、湿地总量管理制度。加快建立多元化生态补偿机制，完善财政支持与生态保护成效挂钩机制。建立覆盖资源开采、消耗、污染排放及资源性产品进出口等环节的绿色税收体系。研究建立生态价值评估制度，探索编制自然资源资产负债表，建立实物量核算账户。实行领导干部自然资源资产离任审计。建立健全生态环境损害评估和赔偿制度，落实损害责任终身追究制度。

第二节　加强生态环境风险监测预警和应急响应

建立健全国家生态安全动态监测预警体系，定期对生态风险开展全面调查评估。健全国家、省、市、县四级联动的生态环境事件应急网络，完善突发生态环境事件信息报告和公开机制。严格环境损害赔偿，在高风险行业推行环境污染强制责任保险。

第四十八章　发展绿色环保产业

培育服务主体，推广节能环保产品，支持技术装备和服务模式创新，完善政策机制，促进节能环保产业发展壮大。

第一节　扩大环保产品和服务供给

完善企业资质管理制度，鼓励发展节能环保技术咨询、系统设计、设备制造、工程施工、运营管理等专业化服务。推行合同能源管理、合同节水管理和环境污染第三方治理。鼓励社会资本进入环境基础设施领域，开展小城镇、园区环境综合治理托管服务试点。发展一批具有国际竞争力的大型节能环保企业，推动先进适用节能环保技术产品走出去。统筹推行绿色标识、认证和政府绿色采购制度。建立绿色金融体系，发展绿色信贷、绿色债券，设立绿色发展基金。完善煤矸石、余热余压、垃圾和沼气等发电上网政策。加快构建绿色供应链产业体系。

第二节　发展环保技术装备

增强节能环保工程技术和设备制造能力，研发、示范、推广一批节能环保先进技术装备。加快低品位余热发电、小型燃气轮机、细颗粒物治理、汽车尾气净化、垃圾渗滤液处理、污泥资源化、多污染协同处理、土壤修复治理等新型技术装备研发和产业化。推广高效烟气除尘和余热回收一体化、高效热泵、半导体照明、废弃物循环利用等成熟适用技术。

第十一篇　构建全方位开放新格局

以“一带一路”建设为统领，丰富对外开放内涵，提高对外开放水平，协同推进战略互信、投资经贸合作、人文交流，努力形成深度融合的互利合作格局，开创对外开放新局面。

第四十九章　完善对外开放战略布局

全面推进双向开放，促进国内国际要素有序流动、资源高效配置、市场深度融合，加快培育国际竞争新优势。

第一节　完善对外开放区域布局

加强内陆沿边地区口岸和基础设施建设，开辟跨境多式联运交通走廊。发展外向型产业集群，形成各有侧重的对外开放基地。加快海关特殊监管区域整合优化升级，提高边境经济合作区、跨境经济合作区发展水平。提升经济技术开发区的对外合作水平。以内陆中心城市和城市群为依托，建设内陆开放战略支撑带。支持沿海地区全面参与全球经济合作和竞争，发挥环渤海、长三角、珠三角地区的对外开放门户作用，率先对接国际高标准投资和贸易规则体系，培育具有全球竞争力的经济区。支持宁夏等内陆开放型经济试验区建设。支持中新（重庆）战略性互联互通示范项目。推进双边国际合作产业园建设。探索建立舟山自由贸易港区。

第二节　深入推进国际产能和装备制造合作

以钢铁、有色、建材、铁路、电力、化工、轻纺、汽车、通信、工程机械、航空航天、船舶和海洋工程等行业为重点，采用境外投资、工程承包、技术合作、装备出口等方式，开展国际产能和装备制造合作，推动装备、技术、标准、服务走出去。建立产能合作项目库，推动重大示范项目建设。引导企业集群式走出去，因地制宜建设境外产业集聚区。加快拓展多双边产能合作机制，积极与发达国家合作共同开拓第三方市场。建立企业、金融机构、地方政府、商协会等共同参与的统筹协调和对接机制。完善财税、金融、保险、投融资平台、风险评估等服务支撑体系。

第三节　加快对外贸易优化升级

实施优进优出战略，推动外贸向优质优价、优进优出转变，加快建设贸易强国。促进货物贸易和服务贸易融合发展，大力发展生产性服务贸易，服务贸易占对外贸易比重达到16%以上。巩固提升传统出口优势，促进加工贸易创新发展。优化对外贸易布局，推动出口市场多元化，提高新兴市场比重，巩固传统市场份额。鼓励发展新型贸易方式。发展出口信用保险。积极扩大进口，优化进口结构，更多进口先进技术装备和优质消费品。积极应对国外技术性贸易措施，强化贸易摩擦预警，化解贸易摩擦和争端。

第四节　提升利用外资和对外投资水平

扩大开放领域，放宽准入限制，积极有效引进境外资金和先进技术，提升利用外资综合质量。放开育幼、建筑设计、会计审计等服务领域外资准入限制，扩大银行、保险、证券、养老等市场准入。鼓励外资更多投向先进制造、高新技术、节能环保、现代服务业等领域和中西部及东北地区，支持设立研发中心。鼓励金融机构和企业在境外融资。支持企业扩大对外投资，深度融入全球产业链、价值链、物流链。建设一批大宗商品境外生产基地及合作园区。积极搭建对外投资金融和信息服务平台。

第五十章　健全对外开放新体制

完善法治化、国际化、便利化的营商环境，健全有利于合作共赢、同国际投资贸易规则相适应的体制机制。

第一节　营造优良营商环境

营造公平竞争的市场环境、高效廉洁的政务环境、公正透明的法律政策环境和开放包容的人文环境。统一内外资法律法规，制定外资基础性法律，保护外资企业合法权益。提高自由贸易试验区建设质量，深化在服务业开放、金融开放和创新、投资贸易便利化、事中事后监管等方面的先行先试，在更大范围推广复制成功经验。对外资全面实行准入前国民待遇加负面清单管理制度。完善外商投资国家安全审查制度。创新外资监管服务方式。建立便利跨境电子商务等新型贸易方式的体制，全面推进国际贸易单一窗口、一站式作业、一体化通关和政府信息共享共用、口岸风险联防联控。健全服务贸易促进体系，发挥贸易投资促进机构、行业协会商会等的作用。加强知识产权保护和反垄断执法，深化执法国际合作。

第二节　完善境外投资管理体制

完善境外投资发展规划和重点领域、区域、国别规划体系。健全备案为主、核准为辅的对外投资管理体制，健全对外投资促进政策和服务体系，提高便利化水平。推动个人境外投资，健全合格境内个人投资者制度。建立国有资本、国有企业境外投资审计制度，健全境外经营业绩考核和责任追究制度。

第三节　扩大金融业双向开放

有序实现人民币资本项目可兑换，提高可兑换、可自由使用程度，稳步推进人民币国际化，推进人民币资本走出去。逐步建立外汇管理负面清单制度。放宽境外投资汇兑限制，改进企业和个人外汇管理。放宽跨国公司资金境外运作限制，逐步提高境外放款比例。支持保险业走出去，拓展保险资金境外投资范围。统一内外资企业及金融机构外债管理，稳步推进企业外债登记制管理改革，健全本外币全口径外债和资本流动审慎管理框架体系。加强国际收支监测。推进资本市场双向开放，提高股票、债券市场对外开放程度，放宽境内机构境外发行债券，以及境外机构境内发行、投资和交易人民币债券。提高金融机构国际化水平，加强海外网点布局，完善全球服务网络，提高国内金融市场对境外机构开放水平。

第四节　强化对外开放服务保障

推动同更多国家签署高标准双边投资协定、司法协助协定、税收协定，争取同更多国家互免或简化签证手续。构建高效有力的海外利益保护体系，维护我国公民和法人海外合法权益。健全反走私综合治理机制，完善反洗钱、反恐怖融资、反逃税监管措施，完善风险防范体制机制。提高海外安全保障能力和水平，完善领事保护制度，提供风险预警、投资促进、权益保障等便利服务。强化涉外法律服务，建立知识产权跨境维权援助机制。

第五十一章　推进“一带一路”建设

秉持亲诚惠容，坚持共商共建共享原则，开展与有关国家和地区多领域互利共赢的务实合作，打造陆海内外联动、东西双向开放的全面开放新格局。

第一节　健全“一带一路”合作机制

围绕政策沟通、设施联通、贸易畅通、资金融通、民心相通，健全“一带一路”双边和多边合作机制。推动与沿线国家发展规划、技术标准体系对接，推进沿线国家间的运输便利化安排，开展沿线大通关合作。建立以企业为主体、以项目为基础、各类基金引导、企业和机构参与的多元化融资模式。加强同国际组织和金融组织机构合作，积极推进亚洲基础设施投资银行、金砖国家新开发银行建设，发挥丝路基金作用，吸引国际资金共建开放多元共赢的金融合作平台。充分发挥广大海外侨胞和归侨侨眷的桥梁纽带作用。

第二节 畅通“一带一路”经济走廊

推动中蒙俄、中国—中亚—西亚、中国—中南半岛、新亚欧大陆桥、中巴、孟中印缅等国际经济合作走廊建设，推进与周边国家基础设施互联互通，共同构建连接亚洲各次区域以及亚欧非之间的基础设施网络。加强能源资源和产业链合作，提高就地加工转化率。支持中欧等国际集装箱运输和邮政班列发展。建设上合组织国际物流园和中哈物流合作基地。积极推进“21 世纪海上丝绸之路”战略支点建设，参与沿线重要港口建设与经营，推动共建临港产业集聚区，畅通海上贸易通道。推进公铁水及航空多式联运，构建国际物流大通道，加强重要通道、口岸基础设施建设。建设新疆丝绸之路经济带核心区、福建“21 世纪海上丝绸之路”核心区。打造具有国际航运影响力的海上丝绸之路指数。

第三节 共创开放包容的人文交流新局面

办好“一带一路”国际高峰论坛，发挥丝绸之路（敦煌）国际文化博览会等作用。广泛开展教育、科技、文化、体育、旅游、环保、卫生及中医药等领域合作。构建官民并举、多方参与的人文交流机制，互办文化年、艺术节、电影节、博览会等活动，鼓励丰富多样的民间文化交流，发挥妈祖文化等民间文化的积极作用。联合开发特色旅游产品，提高旅游便利化。加强卫生防疫领域交流合作，提高合作处理突发公共卫生事件能力。推动建立智库联盟。

第五十二章 积极参与全球经济治理

推动国际经济治理体系改革完善，积极引导全球经济议程，维护和加强多边贸易体制，促进国际经济秩序朝着平等公正、合作共赢的方向发展，共同应对全球性挑战。

第一节 维护多边贸易体制主渠道地位

坚持互利共赢原则，促进全球贸易投资的自由化和便利化，坚定反对各种形式的贸易保护主义。维护世界贸易组织在全球贸易投资中的主渠道地位，推动多边贸易谈判进程，促进多边贸易体制均衡、共赢、包容发展，形成公正、合理、透明的国际经贸规则体系。

第二节　强化区域和双边自由贸易体制建设

加快实施自由贸易区战略，逐步构筑高标准自由贸易区网络。积极同“一带一路”沿线国家和地区商建自由贸易区，加快区域全面经济伙伴关系协定、中国—海合会、中日韩自贸区等谈判，推动与以色列、加拿大、欧亚经济联盟和欧盟等建立自贸关系以及亚太自贸区相关工作。全面落实中韩、中澳等自由贸易协定和中国—东盟自贸区升级议定书。继续推进中美、中欧投资协定谈判。

第三节　推动完善国际经济治理体系

积极参与全球经济治理机制合作，支持主要全球治理平台和区域合作平台更好发挥作用，推动全球治理体制更加公平合理。支持发展中国家平等参与全球经济治理，促进国际货币体系和国际金融监管改革。加强宏观经济政策国际协调，促进全球经济平衡、金融安全、稳定增长。积极参与网络、深海、极地、空天等领域国际规则制定。积极参与国际标准制定。办好二十国集团杭州峰会。

第五十三章　积极承担国际责任和义务

扩大对外援助规模，完善对外援助方式，为发展中国家提供更多免费的人力资源、发展规划、经济政策等方面咨询培训，扩大科技教育、医疗卫生、防灾减灾、环境治理、野生动植物保护、减贫等领域对外合作和援助，加大人道主义援助力度。积极落实 2030 年可持续发展议程。推动形成多元化开发性融资格局。维护国际公共安全，反对一切形式的恐怖主义，积极支持并参与联合国维和行动，加强防扩散国际合作，参与管控热点敏感问题，共同维护国际通道安全。加强多边和双边协调，参与国际网络空间治理，维护全球网络安全。推动反腐败国际合作。

第十二篇　深化内地和港澳、大陆和台湾地区合作发展

支持港澳巩固传统优势、培育发展新优势，拓宽两岸关系和平发展道路，更好实现经济互补互利、共同发展。

第五十四章　支持香港澳门长期繁荣稳定发展

全面准确贯彻“一国两制”、“港人治港”、“澳人治澳”、高度自治的方针，严格依照宪法和基本法办事，发挥港澳独特优势，提升港澳在国家经济发展和对外开放中的地位和功能，支持港澳发展经济、改善民生、推进民主、促进和谐。

第一节　支持港澳提升经济竞争力

支持香港巩固和提升国际金融、航运、贸易三大中心地位，强化全球离岸人民币业务枢纽地位和国际资产管理中心功能，推动融资、商贸、物流、专业服务等向高端高增值方向发展。支持香港发展创新及科技事业，培育新兴产业。支持香港建设亚太区国际法律及解决争议服务中心。支持澳门建设世界旅游休闲中心、中国与葡语国家商贸合作服务平台，积极发展会展商贸等产业，促进经济适度多元可持续发展。

第二节　深化内地与港澳合作

支持港澳参与国家双向开放、“一带一路”建设，鼓励内地与港澳企业发挥各自优势，通过多种方式合作走出去。加大内地对港澳开放力度，推动内地与港澳关于建立更紧密经贸关系安排升级。深化内地与香港金融合作，加快两地市场互联互通。加深内地同港澳在社会、民生、文化、教育、环保等领域交流合作，支持内地与港澳开展创新及科技合

作，支持港澳中小微企业和青年人在内地发展创业。支持共建大珠三角优质生活圈，加快前海、南沙、横琴等粤港澳合作平台建设。支持港澳在泛珠三角区域合作中发挥重要作用，推动粤港澳大湾区和跨省区重大合作平台建设。

第五十五章　推进两岸关系和平发展和祖国统一进程

坚持“九二共识”和一个中国原则，坚决反对“台独”。在坚持原则立场基础上，以互利共赢方式深化两岸经济合作，扩大两岸合作领域，增进两岸同胞福祉，巩固和推进两岸关系和平发展。

第一节　促进两岸经济融合发展

加强两岸宏观政策交流，拓展经济合作空间和共同利益。推动两岸产业优势互补、融合发展，鼓励两岸企业相互持股、合作创新、共创品牌、共拓市场。深化两岸金融合作，支持两岸资本市场开展多层次合作。推动两岸贸易投资扩大规模、提升层次。扩大对台湾服务业开放，加强两岸在农渔业、中小企业、电子商务等领域合作。推进海峡西岸经济区、中国（福建）自由贸易试验区建设，打造台商投资区、平潭综合实验区、福州新区、昆山深化两岸产业合作试验区等对台合作平台，深化厦门对台合作支点建设。鼓励长三角、珠三角、环渤海等台资企业聚集区发挥优势，支持台资企业转型升级，引导向中西部地区梯度转移。

第二节　加强两岸人文社会交流

扩大两岸人员往来，完善台湾同胞待遇政策措施，为台湾居民在大陆工作、学习、生活提供更多便利。加强两岸文化交流合作，共同弘扬中华文化，增进两岸同胞文化、民族认同。深化两岸教育交流合作，扩大两岸高校学历互认范围，推进闽台职业教育交流合作试验区建设。鼓励两岸联合开展科技研发合作，深化两岸学术交流。加强两岸基层和青少年交流，让更多台湾普通民众、青少年和中小企业在交流合作中受益。

第十三篇 全力实施脱贫攻坚

充分发挥政治优势和制度优势，贯彻精准扶贫、精准脱贫基本方略，创新扶贫工作机制和模式，采取超常规措施，加大扶贫攻坚力度，坚决打赢脱贫攻坚战。

第五十六章 推进精准扶贫精准脱贫

按照扶贫对象精准、项目安排精准、资金使用精准、措施到户精准、因村派人精准、脱贫成效精准的要求，切实提高扶贫实效，稳定实现农村贫困人口不愁吃、不愁穿，义务教育、基本医疗和住房安全有保障。

第一节 创新扶贫开发方式

根据致贫原因和脱贫需求，对贫困人口实行分类精准扶持。通过发展特色产业、转移就业、易地扶贫搬迁、生态保护扶贫、教育培训、开展医疗保险和医疗救助等措施，实现约5000万建档立卡贫困人口脱贫；通过实行社保政策兜底，实现其余完全或部分丧失劳动能力的贫困人口脱贫。探索资产收益扶持制度，通过土地托管、扶持资金折股量化、农村土地经营权入股等方式，让贫困人口分享更多资产收益。

第二节 健全精准扶贫工作机制

全面做好精准识别、建档立卡工作。加强贫困人口动态统计监测，建立精准扶贫台账，加强定期核查和有进有出动态管理。建立贫困户脱贫认定机制，制定严格规范透明的贫困县退出标准、程序、核查办法。建立扶贫工作绩效社会监督机制，开展贫困地区群众扶贫满意度调查，建立扶贫政策落实情况跟踪审计和扶贫成效第三方评估机制。

第五十七章　支持贫困地区加快发展

把革命老区、民族地区、边疆地区、集中连片贫困地区作为脱贫攻坚重点，持续加大对集中连片特殊困难地区的扶贫投入力度，增强造血能力，实现贫困地区农民人均可支配收入增长幅度高于全国平均水平，基本公共服务主要领域指标接近全国平均水平。

第一节　加强贫困地区基础设施建设

因地制宜解决贫困地区通路、通水、通电、通网络等问题。构建贫困地区外通内联的交通运输通道。建设15.2万公里通建制村沥青（水泥）路。加强贫困地区水利建设，全面解决贫困人口饮水安全问题，大力扶持贫困地区农村水电开发。加大贫困地区农网改造力度。宽带网络覆盖90%以上的贫困村。加大以工代赈投入力度，支持贫困地区中小型公益性基础设施建设。继续实施整村推进，加快改善贫困村生产生活条件。

第二节　提高贫困地区公共服务水平

把建档立卡贫困户放在优先位置，全面完成危房改造，切实保障贫困户住房安全。改善贫困地区基本公共服务，提高教育质量和医疗服务水平。集中实施一批文化惠民扶贫项目，推动贫困地区县级公共文化体育设施达到国家标准。

第五十八章　完善脱贫攻坚支撑体系

完善扶贫脱贫扶持政策，健全扶贫工作机制，创新各类扶贫模式及其考评体系，为脱贫攻坚提供强有力支撑。

第一节　强化政策保障

加大中央和省级财政扶贫投入，发挥政策性金融、开发性金融、商业性金融和合作性金融的互补作用，整合各类扶贫资源，拓宽资金来源渠道。优先保证扶贫开发用地需要，专项安排贫困县年度新增建设用地计划指标。加大贫困地区土地整治支持力度，允许贫困县将城乡建设用地增减挂钩指标在省域范围内使用。对在贫困地区开发水电、矿产资源占用集体土地的，试行给原住居民集体股权方式进行补偿。完善资源开发收益分享机制，使贫困地区更多分享开发收益。加大科技扶贫力度。实施贫困地区人才支持计划和本土人才培养计划。

第二节　健全广泛参与机制

健全东西扶贫协作和党政机关、部队、人民团体、国有企业定点扶贫机制。鼓励支持民营企业、社会组织、个人参与扶贫开发，引导社会扶贫重心下移，实现社会帮扶资源和精准扶贫有效对接。创新参与模式，鼓励设立产业投资基金和公益信托基金，实施扶贫志愿者行动计划和社会工作专业人才服务贫困地区计划。着力打造扶贫公益品牌。

第三节　落实脱贫工作责任制

进一步完善中央统筹、省（自治区、直辖市）负总责、市（地）县抓落实的工作机制。强化脱贫工作责任考核，全面落实扶贫开发工作成效考核办法，对贫困县重点考核脱贫成效。建立扶贫工作督查制度，强化责任追究。

专栏 19　脱贫攻坚重点工程

（一）特色产业扶贫

重点支持贫困村、贫困户发展种养业和传统手工业，实施贫困村“一村一品”产业推动行动和“互联网 +”产业扶贫，实施电商扶贫、光伏扶贫、乡村旅游扶贫工程，实现 3000 万以上贫困人口脱贫。

（二）劳务输出扶贫

加大职业技能提升计划和贫困户教育培训工程实施力度，确保贫困家庭劳动力至少掌握一门致富技能。实施劳务对接工程，加强就业指导与服务，通过与区外劳务需求对接引导青壮年劳动力输出，实现 1000 万人转移就业脱贫。

续表

（三）易地扶贫搬迁 对“一方水土养不活一方人”地区约1000万贫困人口实施易地搬迁，支持新建住房及配套基础设施、公共服务设施，依托小城镇、工业园区提供更多就业机会，提高贫困人口自我发展能力，实现有业可就、稳定脱贫。 **（四）交通扶贫** 实施“双百”工程，改造建设百万公里农村公路，加强贫困地区旅游路、资源路、产业园区路建设；推动国家干线交通网连接贫困地区的百个重大交通项目建设。 **（五）生态保护扶贫** 针对生态敏感和脆弱地区（流域）的贫困人口，重点采取加大生态补偿力度、实施生态保护修复工程等措施，提高收入水平，创造更多就业岗位。 **（六）教育扶贫** 全面改善贫困地区义务教育薄弱学校基本办学条件，加强乡村教师培训，实施好农村义务教育学生营养改善计划，加大对贫困家庭子女学前教育、特殊教育、高中阶段教育、高等教育资助救助力度。继续实施“雨露计划”，让未能升学的贫困家庭初高中毕业生都能接受职业教育。 **（七）健康扶贫与社保兜底脱贫** 对因病致贫人口提供医疗救助保障，明显改善贫困地区医疗服务能力，推进全国二级以上医疗卫生机构加强对贫困县的对口帮扶。对无法依靠产业扶持和就业帮助脱贫的家庭实行政策性保障兜底，将所有符合条件的贫困家庭纳入低保范围，做到应保尽保。 **（八）金融扶贫** 发行政策性金融债券和专项债券筹集资金，支持扶贫开发。设立扶贫再贷款，引导金融机构重点支持贫困地区发展特色产业和贫困人口就业创业。面向建档立卡贫困户，发展财政贴息、免抵押免担保的扶贫小额信贷。健全保险服务网络，完善融资担保和风险补偿机制。

第十四篇　提升全民教育和健康水平

把提升人的发展能力放在突出重要位置，全面提高教育、医疗卫生水平，着力增强人民科学文化和健康素质，加快建设人力资本强国。

第五十九章　推进教育现代化

全面贯彻党的教育方针，坚持教育优先发展，加快完善现代教育体系，全面提高教育质量，促进教育公平，培养德智体美全面发展的社会主义建设者和接班人。

第一节　加快基本公共教育均衡发展

建立城乡统一、重在农村的义务教育经费保障机制，加大公共教育投入向中西部和民族边远贫困地区的倾斜力度。科学推进城乡义务教育公办学校标准化建设，改善薄弱学校和寄宿制学校办学条件，优化教育布局，努力消除城镇学校“大班额”，基本实现县域校际资源均衡配置，义务教育巩固率提高到95%。加强教师队伍特别是乡村教师队伍建设，落实乡村教师支持计划，通过政府购买岗位等方式，解决结构性、阶段性、区域性教师短缺问题。改善乡村教学环境。鼓励普惠性幼儿园发展，加强农村普惠性学前教育，实施学前教育三年行动计划，学前三年毛入园率提高到85%。普及高中阶段教育，率先从建档立卡的家庭经济困难学生实施普通高中免除学杂费，高中阶段教育毛入学率达到90%以上。提升残疾人群特殊教育普及水平、条件保障和教育质量。积极推进民族教育发展，科学稳妥推行双语教育，加大双语教师培训力度。

第二节　推进职业教育产教融合

完善现代职业教育体系，加强职业教育基础能力建设。推动具备条件的普通本科高校向应用型转变。推行产教融合、校企合作的应用型人才和技术技能人才培养模式，促进职业学校教师和企业技术人才双向交流。推动专业设置、课程内容、教学方式与生产实践对接。促进职业教育与普通教育双向互认、纵向流动。逐步分类推进中等职业教育免除学杂费，实行国家基本职业培训包制度。

第三节　提升大学创新人才培养能力

推进现代大学制度建设，完善学校内部治理结构。建设一流师资队伍，用新理论、新知识、新技术更新教学内容。完善高等教育质量保障体系。推进高等教育分类管理和高等学校综合改革，优化学科专业布局，改革人才培养机制，实行学术人才和应用人才分类、通识教育和专业教育相结合的培养制度，强化实践教学，着力培养学生创意创新创业能力。深入实施中西部高等教育振兴计划，扩大重点高校对中西部和农村地区招生规模。全面提高高校创新能力，统筹推进世界一流大学和一流学科建设。

第四节　加快学习型社会建设

大力发展继续教育，构建惠及全民的终身教育培训体系。推动各类学习资源开放共享，办好开放大学，发展在线教育和远程教育，整合各类数字教育资源向全社会提供服务。建立个人学习账号和学分累计制度，畅通继续教育、终身学习通道，制定国家资历框架，推进非学历教育学习成果、职业技能等级学分转换互认。发展老年教育。

第五节　增强教育改革发展活力

深化教育改革，增强学生社会责任感、法治意识、创新精神、实践能力，全面加强体育卫生、心理健康、艺术审美教育，培养创新兴趣和科学素养。深化考试招生制度和教育教学改革。推行初高中学业水平考试和综合素质评价。全面推开中小学教师职称制度改革，改善教师待遇。推动现代信息技术与教育教学深度融合。依法保障教育投入。实行管办评分离，扩大学校办学自主权，完善教育督导，加强社会监督。建立分类管理、差异化扶持的政策体系，鼓励社会力量和民间资本提供多样化教育服务。完善资助体系，实现家庭经济困难学生资助全覆盖。

专栏 20　教育现代化重大工程

（一）义务教育学校标准化

实施加快中西部教育发展行动计划，逐步实现未达标城乡义务教育公办学校的师资标准化配置和校舍、场地标准化。

（二）高中阶段教育普及攻坚计划

增加中西部贫困地区尤其是集中连片特殊困难地区高中阶段教育资源，使中西部贫困地区未升入普通高中的初中毕业生基本进入中等职业学校就读。

（三）普惠性幼儿园建设

加强普惠性幼儿园建设，重点保障中西部农村适龄儿童和实施全面两孩政策城镇新增适龄儿童入园需求。

（四）产教融合发展

支持百所高职院校和千所中职学校加强校企合作，共建职业教育实习实训设施；支持本科高校改善教学实验实训设施等基本办学条件；建设一批高水平应用型本科高校。支持校企合作方式建设服务现代产业的新兴学科专业集群。

（五）世界一流大学和一流学科建设

重点支持若干所高校和一批学科进入世界一流行列，若干学科进入世界一流学科前列。继续推进高等学校创新能力提升计划。

（六）发展继续教育

支持高等学校和职业院校为进城定居农民工、现代职业农民、现代产业工人和退役军人提供继续教育培训。建立个人学习账号和学分认证平台。

（七）教师队伍建设

支持师范教育发展，实施高素质教育人才培养工程。补充民族地区双语教师和贫困地区中职教师。每年安排农村教师“特岗计划”，逐步扩大到 10 万人。建设乡村教师周转宿舍。实施中西部中小学首席教师岗位计划和高校高水平教师引进计划。加大特教教师培养力度。

（八）教育信息化

加快实施“三通两平台”建设工程，继续支持农村中小学信息化基础设施建设。通过购买服务建设国家级优质教育资源平台。以职业教育和应用型高等教育为重点，发展现代远程教育和在线教育。

（九）教育国际交流合作

推进共建“一带一路”教育行动。实施留学行动计划。继续办好孔子学院。

第六十章　推进健康中国建设

深化医药卫生体制改革，坚持预防为主的方针，建立健全基本医疗卫生制度，实现人人享有基本医疗卫生服务，推广全民健身，提高人民健康水平。

第一节　全面深化医药卫生体制改革

实行医疗、医保、医药联动，推进医药分开，建立健全覆盖城乡居民的基本医疗卫生制度。全面推进公立医院综合改革，坚持公益属性，破除逐利机制，降低运行成本，逐步取消药品加成，推进医疗服务价格改革，完善公立医院补偿机制。建立现代医院管理制度，落实公立医院独立法人地位，建立符合医疗卫生行业特点的人事薪酬制度。完善基本药物制度，深化药品、耗材流通体制改革，健全药品供应保障机制。鼓励研究和创制新药，将已上市创新药和通过一致性评价的药品优先列入医保目录。鼓励社会力量兴办健康服务业，推进非营利性民营医院和公立医院同等待遇。强化全行业监管，提高医疗服务质量，保障医疗安全。优化从医环境，完善纠纷调解机制，构建和谐医患关系。

第二节　健全全民医疗保障体系

健全医疗保险稳定可持续筹资和报销比例调整机制，完善医保缴费参保政策。全面实施城乡居民大病保险制度，健全重特大疾病救助和疾病应急救助制度。降低大病慢性病医疗费用。改革医保管理和支付方式，合理控制医疗费用，实现医保基金可持续平衡。改进个人账户，开展门诊费用统筹。城乡医保参保率稳定在95%以上。加快推进基本医保异地就医结算，实现跨省异地安置退休人员住院医疗费用直接结算。整合城乡居民医保政策和经办管理。鼓励商业保险机构参与医保经办。将生育保险和基本医疗保险合并实施。鼓励发展补充医疗保险和商业健康保险。探索建立长期护理保险制度，开展长期护理保险试点。完善医疗责任险制度。

第三节　加强重大疾病防治和基本公共卫生服务

完善国家基本公共卫生服务项目和重大公共卫生服务项目，提高服务质量效率和均等化水平。提升基层公共卫生服务能力。加强妇幼健康、公共卫生、肿瘤、精神疾病防控、儿科等薄弱环节能力建设。实施慢性病综合防控战略，有效防控心脑血管疾病、糖尿病、恶性肿瘤、呼吸系统疾病等慢性病和精神疾病。加强重大传染病防控，降低全人群乙肝病毒感染率，艾滋病疫情控制在低流行水平，肺结核发病率降至58/10万，基本消除血吸虫病危害，消除疟疾、麻风病危害。做好重点地方病防控工作。加强口岸卫生检疫能力建设，严防外来重大传染病传入。开展职业病危害普查和防控。增加艾滋病防治等特殊药物免费供给。加强全民健康教育，提升健康素养。大力推进公共场所禁烟。深入开展爱国卫生运动和健康城市建设。加强国民营养计划和心理健康服务。

第四节　加强妇幼卫生保健及生育服务

全面推行住院分娩补助制度，向孕产妇免费提供生育全过程的基本医疗保健服务。加强出生缺陷综合防治，建立覆盖城乡居民，涵盖孕前、孕期、新生儿各阶段的出生缺陷防治免费服务制度。全面提高妇幼保健服务能力，加大妇女儿童重点疾病防治力度，提高妇女常见病筛查率和早诊早治率，加强儿童疾病防治和预防伤害。全面实施贫困地区儿童营养改善和新生儿疾病筛查项目。婴儿死亡率、5岁以下儿童死亡率、孕产妇死亡率分别降为7.5‰、9.5‰、18/10万。

第五节　完善医疗服务体系

优化医疗机构布局，推动功能整合和服务模式创新。加强专业公共卫生机构、基层医疗卫生机构和医院之间的分工协作，健全上下联动、衔接互补的医疗服务体系，完善基层医疗服务模式，推进全科医生（家庭医生）能力提高及电子健康档案等工作，实施家庭签约医生模式。全面建立分级诊疗制度，以提高基层医疗服务能力为重点，完善服务网络、运行机制和激励机制，实行差别化的医保支付和价格政策，形成科学合理就医秩序，基本实现基层首诊、双向转诊、上下联动、急慢分治。加强医疗卫生队伍建设，实施全民健康卫生人才保障工程和全科医生、儿科医生培养使用计划，健全住院医师规范化培训制度。通过改善从业环境和薪酬待遇，促进医疗资源向中西部地区倾斜、向基层和农村流动。完善医师多点执业制度。全面实施临床路径。提升健康信息服务和大数据应用能力，发展远程医疗和智慧医疗。每千人口执业（助理）医师数达到2.5名。

第六节　促进中医药传承与发展

健全中医医疗保健服务体系，创新中医药服务模式，提升基层服务能力。加强中医临床研究基地和科研机构建设。发展中医药健康服务。开展中药资源普查，加强中药资源保护，建立中医古籍数据库和知识库。加快中药标准化建设，提升中药产业水平。建立大宗、道地和濒危药材种苗繁育基地，促进中药材种植业绿色发展。支持民族医药发展。推广中医药适宜技术，推动中医药服务走出去。

第七节　广泛开展全民健身运动

实施全民健身战略。发展体育事业，加强群众健身活动场地和设施建设，推行公共体育设施免费或低收费开放。实施青少年体育活动促进计划，培育青少年体育爱好和运动技能，推广普及足球、篮球、排球、冰雪等运动，完善青少年体质健康监测体系。发展群众健身休闲项目，鼓励实行工间健身制度，实行科学健身指导。促进群众体育与竞技体育全面协调发展。鼓励社会力量发展体育产业。做好北京2022年冬季奥运会筹办工作。

第八节　保障食品药品安全

实施食品安全战略。完善食品安全法规制度，提高食品安全标准，强化源头治理，全面落实企业主体责任，实施网格化监管，提高监督检查频次和抽检监测覆盖面，实行全产业链可追溯管理。开展国家食品安全城市创建行动。深化药品医疗器械审评审批制度改革，探索按照独立法人治理模式改革审评机构。推行药品经营企业分级分类管理。加快完善食品监管制度，健全严密高效、社会共治的食品药品安全治理体系。加大农村食品药品安全治理力度，完善对网络销售食品药品的监管。加强食品药品进口监管。

专栏 21　健康中国行动计划

（一）疾病防治和基本公共卫生服务

逐步扩大向全体城乡居民免费提供基本公共卫生服务的范围，提高心脑血管疾病、癌症、慢性呼吸系统疾病等重病、疑难杂症防治能力，重大慢性病过早死亡率降低 10%。加强卫生应急、疾病预防控制、精神卫生、血站、卫生监督能力建设，支持儿科、肿瘤、心脑血管、糖尿病、精神病、传染病、职业病等重点薄弱领域建设。

（二）妇幼健康保障

免费建立母婴健康手册，全面实施免费孕前优生健康检查，免费为儿童接种国家免疫规划疫苗，免费提供孕产期保健和儿童保健服务。扩大妇女“两癌”检查项目覆盖范围。强化孕产妇和新生儿危急重症救治能力建设，实施妇幼健康和计划生育服务保障工程，新增产床 8.9 万张，力争增加产科医生和助产士 14 万名。

（三）出生缺陷防治

将唐氏综合症、耳聋、地中海贫血等 20 种疾病及先天性心脏病检测列入出生缺陷综合防控方案，力争覆盖范围内可知、可干预，有效降低出生缺陷发生率。

（四）基层医疗卫生服务能力提升

以中西部贫困地区为重点，每县重点办好 1—2 所县级公立医院（含县中医院），基层医疗卫生机构标准化达标率达到 95% 以上；打造 30 分钟基层医疗服务圈；加强并规范化培养住院医师 50 万人，每万人口全科医生数达到 2 名。

（五）中医药传承与创新

改善中医医院基础设施条件。支持中医重点学科和重点专科（专病）建设，加强中医药人才培养。实施中药民族药标准化行动计划。

（六）智慧医疗

全面实施“互联网 +”健康医疗益民服务，建设区域人口健康信息平台，推行电子健康档案。推进健康医疗大数据应用，建设一批区域临床医学健康数据示范中心。

（七）全民健身

加强体质测试与健身指导服务，推动城市社区 15 分钟健身圈建设，实现公共体育服务乡镇常住人口全覆盖和农民体育健身工程全覆盖。加强足球场地、健身活动中心等公共体育服务设施建设和后备人才培养。

（八）食药安全

健全检验检测等技术支撑体系和信息化监管系统，建立食品药品职业化检查员队伍，实现各级监管队伍装备配备标准化，全面提升治理能力。

第十五篇　提高民生保障水平

按照人人参与、人人尽力、人人享有的要求，坚守底线、突出重点、完善制度、引导预期，注重机会公平，保障基本民生，不断提高人民生活水平，实现全体人民共同迈入全面小康社会。

第六十一章　增加公共服务供给

坚持普惠性、保基本、均等化、可持续方向，从解决人民最关心最直接最现实的利益问题入手，增强政府职责，提高公共服务共建能力和共享水平。

第一节　促进基本公共服务均等化

围绕标准化、均等化、法制化，加快健全国家基本公共服务制度，完善基本公共服务体系。建立国家基本公共服务清单，动态调整服务项目和标准，促进城乡区域间服务项目和标准有机衔接。合理增加中央和省级政府基本公共服务事权和支出责任。健全基层服务网络，加强资源整合，提高管理效率，推动服务项目、服务流程、审核监管公开透明。

第二节　满足多样化公共服务需求

开放市场并完善监管，努力增加非基本公共服务和产品供给。积极推动医疗、养老、文化、体育等领域非基本公共服务加快发展，丰富服务产品，提高服务质量，提供个性化服务方案。积极应用新技术、发展新业态，促进线上线下服务衔接，让人民群众享受高效便捷优质服务。

第三节　创新公共服务提供方式

推动供给方式多元化，能由政府购买服务提供的，政府不再直接承办；能由政府和社会资本合作提供的，广泛吸引社会资本参与。制定发布购买公共服务目录，推行特许经营、定向委托、战略合作、竞争性评审等方式，引入竞争机制。创新从事公益服务事业单位体制机制，健全法人治理结构，推动从事生产经营活动事业单位转制为企业。

专栏 22　基本公共服务项目清单

（一）公共教育

免费义务教育、农村义务教育学生营养改善、寄宿生生活补助、普惠性学前教育资助、中职国家助学金、中职免学费、普通高中助学金、家庭经济困难普通高中学生免学费、个人学习账号和学分累计等。

（二）劳动就业

基本公共就业服务、创业服务、就业援助、就业见习服务、大中城市联合招聘服务、职业技能培训和技能鉴定、农民工培训、12333 电话咨询服务、劳动关系协调、劳动人事争议调解仲裁等。

（三）社会保险

职工基本养老保险、居民基本养老保险、职工基本医保、居民基本医保、失业保险、工伤保险、生育保险服务等。

（四）卫生计生

居民健康档案、健康教育、预防接种、传染病及突发公共卫生事件处理、儿童健康管理、孕产妇健康管理、老年人健康管理、残疾人健康管理和社区康复、慢性病管理、严重精神障碍患者管理、卫生监督协管、结核病患者健康管理服务、中医药健康管理、艾滋病病毒感染者和病人随访管理、社区艾滋病高危行为人群干预、免费孕前优生健康检查、疾病应急救助、基本药物制度、计划生育技术指导咨询、农村部分计划生育家庭奖励扶助、计划生育家庭特别扶助、药品安全保障等。

（五）社会服务

最低生活保障、特困人员供养、医疗救助、临时救助、受灾人员救助、养老救助、老年人福利补贴、困境儿童分类保障、留守儿童关爱保护服务、未成年人社会保护、基本殡葬服务、优待抚恤、退役军人安置、重点优抚对象集中供养等。

（六）住房保障

公共租赁住房、棚户区改造、农村危房改造、农房抗震改造、游牧民定居等。

（七）文化体育

公共文化设施免费开放、公益性流动文化服务、收听广播、观看电视、农村数字电影放映、读书看报、应急广播、少数民族文化服务、数字文化服务、参观文化遗产、公共体育场馆开放、全民健身服务等。

（八）残疾人基本公共服务

困难残疾人生活补贴和重度残疾人护理补贴、重度无业残疾人最低生活保障、贫困残疾人基本型辅助器具补贴、贫困残疾人家庭无障碍改造补贴、基本社会保险个人缴费资助和保险待遇、基本住房保障、残疾人托养服务、残疾人康复、残疾人教育、残疾人职业培训和就业服务、残疾人文化体育、无障碍环境支持等。

第六十二章　实施就业优先战略

实施更加积极的就业政策，创造更多就业岗位，着力解决结构性就业矛盾，鼓励以创业带就业，实现比较充分和高质量就业。

第一节　推动实现更高质量的就业

把促进充分就业作为经济社会发展优先目标、放在更加突出位置，坚持分类施策，提高劳动参与率，稳定并扩大城镇就业规模。落实高校毕业生就业促进和创业引领计划，搭建创新创业平台，健全高校毕业生自主创业、到基层就业的激励政策。促进农村富余劳动力转移就业和外出务工人员返乡创业。加强对灵活就业、新就业形态的扶持，促进劳动者自主就业。做好退役军人就业安置工作。加强就业援助，对就业困难人员实行实名制动态管理和分类帮扶，做好“零就业”家庭帮扶工作。加大再就业支持力度。不断改善劳动条件，规范劳动用工制度，落实职工带薪年休假制度。严禁各种形式的就业歧视。规范就业中介服务。健全劳动关系协调机制，加强劳动保障监察和争议调解仲裁，维护职工合法权益，保障非正规就业劳动者权益，全面治理拖欠农民工工资问题，建立和谐劳动关系。

第二节　提高公共就业创业服务能力

完善就业创业服务体系，推行终身职业技能培训制度。开展贫困家庭子女、未升学初高中毕业生、农民工、失业人员和转岗职工、退役军人和残疾人免费接受职业培训行动。完善高技能人才职称评定、技术等级认定等政策。完善就业失业统计指标体系，健全失业监测预警机制，发布城镇调查失业率数据，强化对部分地区、行业规模性失业的监测和应对。提高公共就业创业服务信息化水平，推进各类就业信息共享开放。

专栏 23　促进就业行动计划

（一）劳动者素质提升行动

实施高技能人才工程和新成长劳动力技能提升、在岗职工技能提升、企业新型学徒制培训、战略性新兴产业紧缺劳动力技能提升等计划。

（二）高校毕业生就业促进和创业引领

健全未就业毕业生实名制数据库，为高校毕业生提供就业信息、职业指导和就业见习等就业服务。普及创业教育，加强创业培训。实施高校毕业生基层培养计划。

（三）农民工职业技能培训

通过订单、定向和定岗式培训，对农村未升学初高中毕业生等新生代农民工开展就业技能培训，为有创业意愿的农民工提供创业培训，累计开展农民工培训 4000 万人次。

（四）特殊就业人群职业培训

加大贫困家庭子女、大龄失业人员、转岗职工、退役军人和残疾人等劳动者职业技能和创业培训力度，按规定提供培训补贴，对农村贫困家庭学员和城市居民最低生活保障家庭学员给予生活补贴。

（五）公共就业创业服务体系建设

加强公共就业创业服务设施建设，支持设立返乡创业示范基地，建设区域性公共实训基地，实现县级就业创业服务设施全覆盖，加快部门间数据共享。健全流动人员人事档案基本公共服务体系。

第六十三章　缩小收入差距

正确处理公平和效率关系，坚持居民收入增长和经济增长同步、劳动报酬提高和劳动生产率提高同步，持续增加城乡居民收入，规范初次分配，加大再分配调节力度，调整优化国民收入分配格局，努力缩小全社会收入差距。

第一节　完善初次分配制度

完善市场评价要素贡献并按贡献分配的机制。健全科学的工资水平决定机制、正常增长机制、支付保障机制，推行企业工资集体协商制度，完善最低工资增长机制。健全高技能人才薪酬体系，提高技术工人待遇。完善适应机关事业单位特点的工资制度。加强对国有企业薪酬分配的分类监管。注重发挥收入分配政策激励作用，扩展知识、技术和管理要素参与分配途径。多渠道增加城乡居民财产性收入。

第二节 健全再分配调节机制

实行有利于缩小收入差距的政策，明显增加低收入劳动者收入，扩大中等收入者比重。加快建立综合和分类相结合的个人所得税制度。将一些高档消费品和高消费行为纳入消费税征收范围。完善鼓励回馈社会、扶贫济困的税收政策。健全针对困难群体的动态社会保障兜底机制。增加财政民生支出，公共资源出让收益更多用于民生保障，逐步提高国有资本收益上缴公共财政比例。

第三节 规范收入分配秩序

保护合法收入，规范隐性收入，遏制以权力、行政垄断等非市场因素获取收入，取缔非法收入。严格规范工资外收入和非货币性福利。全面推行非现金结算，建立健全自然人收入和财产信息系统，完善收入统计调查和监测体系。

第六十四章 改革完善社会保障制度

坚持全民覆盖、保障适度、权责清晰、运行高效，稳步提高社会保障统筹层次和水平，建立健全更加公平、更可持续的社会保障制度。

第一节 完善社会保险体系

实施全民参保计划，基本实现法定人员全覆盖。坚持精算平衡，完善筹资机制，分清政府、企业、个人等的责任。适当降低社会保险费率。完善统账结合的城镇职工基本养老保险制度，构建包括职业年金、企业年金和商业保险的多层次养老保险体系，持续扩大覆盖面。实现职工基础养老金全国统筹。完善职工养老保险个人账户制度，健全参保缴费激励约束机制，建立基本养老金合理调整机制。推出税收递延型养老保险。更好发挥失业、工伤保险作用，增强费率确定的灵活性，优化调整适用范围。建立更加便捷的社会保险转移接续机制。划转部分国有资本充实社保基金，拓宽社会保险基金投资渠道，加强风险管理，提高投资回报率。大幅提升灵活就业人员、农民工等群体参加社会保险比例。加强公共服务设施和信息化平台建设，实施社会保障卡工程，持卡人口覆盖率达到 90%。

第二节　健全社会救助体系

统筹推进城乡社会救助体系建设，完善最低生活保障制度，强化政策衔接，推进制度整合，确保困难群众基本生活。加强社会救助制度与其他社会保障制度、专项救助与低保救助统筹衔接。构建综合救助工作格局，丰富救助服务内容，合理提高救助标准，实现社会救助“一门受理、协同办理”。建立健全社会救助家庭经济状况核对机制，努力做到应救尽救、应退尽退。开展“救急难”综合试点，加强基层流浪乞讨救助服务设施建设。

第三节　支持社会福利和慈善事业发展

健全以扶老、助残、爱幼、济困为重点的社会福利制度。建立家庭养老支持政策，提增家庭养老扶幼功能。做好困境儿童福利保障工作。完善儿童收养制度。加强优抚安置工作。发展公益性基本殡葬服务，支持公共殡仪馆、公益性骨灰安放（葬）设施和墓地建设。加快公办福利机构改革，加强福利设施建设，优化布局和资源共享。大力支持专业社会工作和慈善事业发展，健全经常性社会捐助机制。广泛动员社会力量开展社会救济和社会互助、志愿服务活动。

第六十五章　积极应对人口老龄化

开展应对人口老龄化行动，加强顶层设计，构建以人口战略、生育政策、就业制度、养老服务、社保体系、健康保障、人才培养、环境支持、社会参与等为支撑的人口老龄化应对体系。

第一节　促进人口均衡发展

坚持计划生育的基本国策，全面实施一对夫妇可生育两个孩子政策。改革完善计划生育服务管理，完善生育登记服务制度。提高生殖健康、妇幼保健、托幼等公共服务水平。做好相关经济社会政策与全面两孩政策的有效衔接。完善农村计划生育家庭奖励扶助和特别扶助制度，加强对失独家庭的关爱和帮助。做好优生优育的全程服务。注重家庭发展。综合治理出生人口性别比偏高问题。全国总人口 14.2 亿人左右。

完善人口发展战略，建立健全人口与发展综合决策机制。综合应对劳动年龄人口下降，实施渐进式延迟退休年龄政策，加强老年人力资源开发，增强大龄劳动力就业能力。开展重大经济社会政策人口影响评估，健全人口动态监测机制。

第二节　健全养老服务体系

建立以居家为基础、社区为依托、机构为补充的多层次养老服务体系。统筹规划建设公益性养老服务设施，支持面向失能老年人的老年养护院、社区日间照料中心等设施建设。全面建立针对经济困难高龄、失能老年人的补贴制度。加强老龄科学研究。实施养老护理人员培训计划，加强专业化养老服务护理人员和管理人才队伍建设。推动医疗卫生和养老服务相结合。完善与老龄化相适应的福利慈善体系。推进老年宜居环境建设。全面放开养老服务市场，通过购买服务、股权合作等方式支持各类市场主体增加养老服务和产品供给。加强老年人权益保护，弘扬敬老、养老、助老社会风尚。

第六十六章　保障妇女未成年人和残疾人基本权益

坚持男女平等基本国策和儿童优先，切实加强妇女、未成年人、残疾人等社会群体权益保护，公平参与并更多分享发展成果。

第一节　促进妇女全面发展

实施妇女发展纲要。保障妇女平等获得就学、就业、婚姻财产和参与社会事务等权利和机会，保障农村妇女土地权益，提高妇女参与决策管理水平。加强妇女扶贫减贫、劳动保护、卫生保健、生育关怀、社会福利、法律援助等工作。严厉打击拐卖妇女儿童、暴力侵害妇女等违法犯罪行为。消除对妇女的歧视和偏见，改善妇女发展环境。

第二节　关爱未成年人健康成长

实施儿童发展纲要。强化对未成年人生存权、发展权、受保护权、参与权的依法保障和社会责任。完善未成年人监护制度，构建未成年人关爱社会网络，健全社区未成年人保护与服务体系。消除童工现象。制定实施青年发展规划，营造良好成长成才环境，促进学校教育、家庭教育、社会教育协调互动，培养青少年勤学、修德、明辨、笃实的良好品质，激发青少年活力和创造力。加强学校及周边社会治安综合治理，严厉打击危害未成年人身心健康的违法犯罪行为。加强未成年人心理健康引导。有效预防未成年人犯罪。鼓励青少年更多参与志愿服务和社会公益活动。

第三节　提升残疾人服务保障水平

支持残疾人事业发展，建立健全残疾人基本福利制度，实现残疾人基本民生兜底保障。完善重度残疾人医疗报销制度。优先保障残疾人基本住房。完善残疾人就业创业扶持政策，健全公共机构为残疾人提供就业岗位制度。加强残疾人康复和托养设施建设，鼓励社会力量提供服务。加强残疾人无障碍设施建设和维护。实施0—6岁残疾儿童康复、贫困残疾人基本型辅助器具适配等重点康复工程。建设康复大学，培养康复专业技术人才。

专栏24　社会关爱行动计划

（一）关爱儿童健康发展

为困境儿童提供生活照料、心理辅导等服务。提供农村留守儿童特殊关爱，加强儿童福利、未成年人保护等设施建设，“儿童之家”覆盖90%以上的城乡社区。帮助农村贫困家庭幼儿接受学前教育。

（二）青少年发展

深入开展青少年群众体育活动，青年体质达标率达到95%以上；加强服务青年发展的阵地建设。加强学校结核病、艾滋病防治。

续表

（三）扶残助残 全面实施困难残疾人生活补贴和重度残疾人护理补贴；有条件的地方对贫困残疾人基本型辅助器具配置和贫困残疾人家庭实施无障碍改造给予补贴；支持日间照料机构和专业托养服务机构为残疾人提供护理照料；实施重点康复项目，为贫困残疾人、重度残疾人提供基本康复服务。 **（四）敬老养老** 加强老年养护院、医养结合、社区日间照料中心等养老服务设施建设和康复辅具配备。建设社区居家养老服务信息平台，推进养老智慧社区建设，推进长期照护体系嵌入社区，推动养老服务覆盖所有居家老年人。开展适老化设施改造试点。实施老龄互助关爱工程。

第十六篇　加强社会主义精神文明建设

坚持社会主义先进文化前进方向，坚持以人民为中心的工作导向，坚持把社会效益放在首位、社会效益和经济效益相统一，加快文化改革发展，推动物质文明和精神文明协调发展，建设社会主义文化强国。

第六十七章　提升国民文明素质

以社会主义核心价值观为引领，加强思想道德建设和社会诚信建设，弘扬中华传统美德和时代新风，倡导科学精神和人文精神，全面提高国民素质和社会文明程度。

第一节　培育和践行社会主义核心价值观

用中国梦和社会主义核心价值观凝聚共识、汇聚力量，增强国家意识、法治意识、道德意识、社会责任意识、生态文明意识。加强理想信念教育，深化中国特色社会主义理论体系的学习研究宣传，把社会主义核心价值观贯穿融入经济社会发展各领域和社会生活各方面。通过教育引导、舆论宣传、文化熏陶、行为实践、制度保障，使社会主义核心价值观内化为人们的坚定信念，外化为人们的自觉行动，增强全社会的道路自信、理论自信、制度自信。加强和改进基层宣传思想文化工作。推进公民道德建设，培育正确的道德判断和道德责任。

第二节　推进哲学社会科学创新

实施哲学社会科学创新工程，构建哲学社会科学创新体系。加强思想理论工作平台和学科建设，深入实施马克思主义理论研究和建设工程。深化治国理政新理念新思想新战略的研究阐释。发展中国特色社会主义政治经济学。重点建设50—100家国家高端智库。

第三节　传承发展优秀传统文化

构建中华优秀传统文化传承体系，实现传统文化创造性转化和创新性发展。广泛开展优秀传统文化普及活动并纳入国民教育，继承五四运动以来的革命文化传统。大力推行和规范使用国家语言文字。加强文物保护利用，杜绝破坏性开发和不当经营。加强非物质文化遗产保护与传承，振兴传统工艺，传承发展传统戏曲。发展民族民间文化，扶持民间文化社团组织发展。

第四节　深化群众性精神文明创建活动

广泛开展文明城市、文明村镇、文明单位、文明家庭、文明校园等群众性精神文明创建活动，深化学雷锋志愿服务活动。发挥重要传统节日、重大礼仪活动、公益广告的思想熏陶和文化教育功能。普及科学知识，推动全民阅读，公民具备科学素质的比例超过10%。深入开展惠民演出、艺术普及等活动。培育良好家风、乡风、校风、行风，营造现代文明风尚。

第六十八章　丰富文化产品和服务

推进文化事业和文化产业双轮驱动，实施重大文化工程和文化名家工程，为全体人民提供昂扬向上、多姿多彩、怡养情怀的精神食粮。

第一节　繁荣发展社会主义文艺

扶持优秀文化作品创作生产，推出更多传播当代中国价值观念、体现中华文化精神、反映中国人审美追求的精品力作。更好发挥政府投入和各类基金作用，鼓励内容和形式创新，支持文艺院团发展，加强排演场所建设。加强文艺理论和评论工作。建设德艺双馨的文艺队伍。

第二节　构建现代公共文化服务体系

推进基本公共文化服务标准化、均等化。完善公共文化设施网络，加强基层文化服务能力建设。加大对老少边穷地区文化建设帮扶力度。加快公共数字文化建设。加强文化产品、惠民服务与群众文化需求对接。鼓励社会力量参与公共文化服务。继续推进公共文化设施免费开放。繁荣发展文学艺术、新闻出版、广播影视和体育事业。加强老年人、未成年人、农民工、残疾人等群体的文化权益保障。

第三节　加快发展现代文化产业

加快发展网络视听、移动多媒体、数字出版、动漫游戏等新兴产业，推动出版发行、影视制作、工艺美术等传统产业转型升级。推进文化业态创新，大力发展创意文化产业，促进文化与科技、信息、旅游、体育、金融等产业融合发展。推动文化企业兼并重组，扶持中小微文化企业发展。加快全国有线电视网络整合和智能化建设。扩大和引导文化消费。

第四节　建设现代传媒体系

加强主流媒体建设，提高舆论引导水平，增强传播力公信力影响力。以先进技术为支撑、内容建设为根本，推动传统媒体和新兴媒体在内容、渠道、平台、经营、管理等方面深度融合，建设“内容＋平台＋终端”的新型传播体系，打造一批新型主流媒体和传播载体。优化媒体结构，规范传播秩序。

第五节　加强网络文化建设

实施网络内容建设工程，丰富网络文化内涵，鼓励推出优秀网络原创作品，大力发展网络文艺，发展积极向上的网络文化。创新符合网络传播规律的网上宣传方式，提升网络舆情分析和引导能力。加强互联网分类管理，强化运营主体的社会责任。推进文明办网、文明上网，引导广大青年争当“中国好网民”，倡导网络公益活动，净化网络环境。

第六节　深化文化体制改革

健全党委领导、政府管理、行业自律、社会监督、企事业单位依法运营的文化管理体制。深化公益性文化单位改革。推动文化企业建立有文化特色的现代企业制度。健全国有文化资产管理体制。降低社会资本进入门槛，鼓励非公有制文化企业发展。开展新闻出版传媒企业特殊管理股试点。健全现代文化市场体系，落实完善文化经济政策。深入开展“扫黄打非”，加强市场监管，提升综合执法能力。

第六十九章　提高文化开放水平

加大中外人文交流力度，创新对外传播、文化交流、文化贸易方式，在交流互鉴中展示中华文化独特魅力，推动中华文化走向世界。

第一节　拓展文化交流与合作空间

推动政府合作和民间交流互促共进，增进文化互信和人文交流。推进国际汉学交流。完善海外中国文化中心建设运营机制。支持海外侨胞开展中外人文交流。鼓励文化企业对外投资合作，推进文化产品和服务出口，努力开拓国际文化市场。积极吸收借鉴国外优秀文化成果、先进文化经营管理理念，鼓励外资企业在华进行文化科技研发和服务外包。维护国家文化安全。

第二节　加强国际传播能力建设

拓展海外传播网络，丰富传播渠道和手段。打造旗舰媒体，推进合作传播，加强与国际大型传媒集团的合资合作，发挥各类信息网络设施的文化传播作用。打造符合国际惯例和国别特征、具有我国文化特色的话语体系，运用生动多样的表达方式，增强文化传播亲和力。

专栏 25　文化重大工程

（一）公民道德建设

扎实开展道德模范评选表彰和宣传学习，实施诚信社会、诚信中国建设行动，开展节俭养德全民行动，修订完善乡规民约、学生守则等社会规范。

（二）文化精品创作

组织实施精神文明建设“五个一”工程、国家舞台艺术精品创作工程、国家重大出版工程、国家影视精品工程、中国当代文学艺术创作工程、优秀剧本扶持工程、国家美术发展和收藏工程等，加大对原创精品扶持力度。

续表

（三）公共文化设施建设 改善市县公共文化馆、图书馆、博物馆设施条件。提高村级综合文化中心功能和使用效率。贫困地区县县配有流动文化车。加快推进广播电视户户通，加强中央广播电视节目无线数字化覆盖，重点加强边疆少数民族地区广播电视覆盖和译制能力建设，完善应急广播体系。实施少数民族新闻出版东风工程、少数民族电影工程。推进国家美术馆、中国工艺美术馆、“平安故宫”及国家文献战略储备库等国家级重大文化设施建设。完善档案馆库设施。 **（四）传统文化和自然遗产保护传承** 加强国家重大文化和自然遗产地、全国重点文物保护单位、中国历史文化名城名镇名村、国家级非物质文化遗产等遗产资源的保护利用，建设国家文化公园，完善相关保护利用设施。实施国家记忆工程。推进山东曲阜优秀传统文化传承发展示范区、甘肃华夏文明传承创新区建设。加强考古工作，推进二里头夏朝遗址博物馆、景德镇御窑厂遗址等重要文化遗产保护项目。 **（五）传统戏曲传承和传统工艺振兴** 开展戏曲剧种普查，资助数字化影像化保存，扶持京剧、昆曲、地方戏等开展“名家传戏”，建设区域性演艺中心，加强戏曲专业人才培养。制定实施中国传统工艺振兴计划，扶持传统工艺项目，推动形成一批具有民族特色的知名品牌。 **（六）中华典籍整理** 实施中华古籍保护计划。基本完成古籍普查工作，推动古籍原生性和再生性保护，推出300种国家重点古籍整理出版项目，建设国家古籍资源数据库。支持《中华续道藏》、《大藏经》等宗教典籍整理抢修。加强修史修志。实施民国时期文献保护计划。系统整理出版近代以来重要典籍文献。 **（七）传播能力建设** 加强重点新闻媒体建设，打造融媒体运行平台。加强重要网站内容建设，发展政务新媒体。加快文化资源数字化建设，推动中华优秀文化网上传播。统筹对外传播资源，扩大高端覆盖、本土化覆盖、口岸覆盖。建设讲好中国故事队伍。 **（八）全民阅读** 举办“书香中国”系列活动，在充分利用现有设施基础上，统筹建设社区阅读中心、数字农家书屋、公共数字阅读终端等设施，实施儿童阅读书报发放计划、市民阅读发放计划、盲文出版工程，支持实体书店发展。

第十七篇　加强和创新社会治理

加强社会治理基础制度建设，构建全民共建共享的社会治理格局，提高社会治理能力和水平，实现社会充满活力、安定和谐。

第七十章　完善社会治理体系

完善党委领导、政府主导、社会协同、公众参与、法治保障的社会治理体制，实现政府治理和社会调节、居民自治良性互动。

第一节　提升政府治理能力和水平

创新政府治理理念，强化法治意识和服务意识，寓管理于服务，以服务促管理。改进政府治理方式，充分运用现代科技改进社会治理手段，推进社会治理精细化，加强源头治理、动态管理、应急处置和标本兼治。健全政府信息发布制度。加强基层政府服务能力建设。建立国家人口基础信息库，加强人口管理、实名登记、信用体系、危机预警干预等制度建设。完善政府社会治理考核问责机制。

第二节　增强社区服务功能

完善城乡社区治理体制，依法厘清基层政府和社区组织权责边界，建立社区、社会组织、社会工作者联动机制。健全城乡社区综合服务管理平台，促进公共服务、便民利民服务、志愿服务有机衔接，实现一站式服务。实现城市社区综合服务设施全覆盖，推进农村社区综合服务设施建设。提升社区工作者队伍职业素质。注册志愿者人数占居民人口比例达到 13%。

第三节　发挥社会组织作用

健全社会组织管理制度，形成政社分开、权责明确、依法自治的现代社会组织体制。推动登记制度改革，实行分类登记制度。支持行业协会商会类、科技类、公益慈善类、社区服务类社会组织发展。加快行业协会商会与行政机关脱钩，健全法人治理结构。推进有条件的事业单位转为社会组织，推动社会组织承接政府转移职能。加强综合监督和诚信建设，更好发挥自律、他律、互律作用。

第四节　增强社会自我调节功能

引导公众用社会公德、职业道德、家庭美德、个人品德等道德规范修身律己，自觉履行法定义务、社会责任和家庭责任，自觉遵守和维护社会秩序。加强行业规范、社会组织章程、村规民约、社区公约等社会规范建设，充分发挥社会规范在协调社会关系、约束社会行为等方面的积极作用。

第五节　完善公众参与机制

依法保障居民知情权、参与权、决策权和监督权，完善公众参与治理的制度化渠道。对关系公众切身利益的重大决策，以居民会议、议事协商、民主听证等形式，广泛征求公众意见建议。完善村务公开、居务公开、民主评议等途径，加强公众监督评估。

第六节　健全权益保障和矛盾化解机制

健全利益表达、协调机制，引导群众依法行使权利、表达诉求、解决纠纷。完善行政复议、仲裁、诉讼等法定诉求表达机制，发挥人大代表、政协委员、人民团体、社会组织等的诉求表达功能。全面推行阳光信访，落实及时就地化解责任，完善涉法涉诉信访依法终结制度。落实重大决策社会稳定风险评估制度，完善调解、仲裁、行政裁决、行政复议、诉讼等有机衔接、相互协调的多元化纠纷解决机制。健全利益保护机制，保障群众权利得到公平对待、有效维护。健全社会心理服务体系，加强对特殊人群的心理疏导和矫治。

第七十一章　完善社会信用体系

加快推进政务诚信、商务诚信、社会诚信和司法公信等重点领域信用建设，推进信用信息共享，健全激励惩戒机制，提高全社会诚信水平。

第一节　健全信用信息管理制度

全面实施统一社会信用代码制度。制定全国统一的信用信息采集和管理标准。依法推进信用信息在采集、共享、使用、公开等环节的分类管理，加强涉及个人隐私和商业秘密的信用信息保护。加快推动信用立法。

第二节　强化信用信息共建共享

建立信息披露和诚信档案制度，加快完善各类市场主体和社会成员信用记录。加强部门、行业和地方信用信息整合，建立企业信用信息归集机制，完善全国信用信息共享平台，建设国家企业信用信息公示系统。依法推进全社会信用信息资源开放共享。

第三节　健全守信激励和失信惩戒机制

建立守信奖励激励机制。在市场监管和公共服务过程中，对诚实守信者实行提供便利化服务等激励政策。健全多部门、跨地区、跨行业联动响应和联合惩戒机制，强化企业信用依法公示和监管，建立各行业失信黑名单制度和市场退出机制。

第四节　培育规范信用服务市场

建立公共和社会信用服务机构互为补充、信用信息基础服务和增值服务相辅相成的多层次信用服务组织体系。推动信用服务产品开发创新和广泛运用。支持征信、信用评级机构规范发展，提高服务质量和国际竞争力。健全征信和信用服务市场监管体系。

第七十二章　健全公共安全体系

牢固树立安全发展观念，坚持人民利益至上，加强全民安全意识教育，健全公共安全体系，为人民安居乐业、社会安定有序、国家长治久安编织全方位、立体化的公共安全网，建设平安中国。

第一节　全面提高安全生产水平

建立责任全覆盖、管理全方位、监管全过程的安全生产综合治理体系，构建安全生产长效机制。完善和落实安全生产责任、考核机制和管理制度，实行党政同责、一岗双责、失职追责，严格落实企业主体责任。加快安全生产法律法规和标准的制定修订。改革安全评审制度，健全多方参与、风险管控、隐患排查化解和预警应急机制，强化安全生产和职业健康监管执法，遏制重特大安全事故频发势头。加强隐患排查治理和预防控制体系、安全生产监管信息化和应急救援、监察监管能力等建设。实施危险化学品和化工企业生产、仓储安全环保搬迁工程。加强交通安全防控网络等安全生产基础能力建设，强化电信、电网、路桥、供水、油气等重要基础设施安全监控保卫。实施全民安全素质提升工程。有效遏制重特大安全事故，单位国内生产总值生产安全事故死亡率下降30%。

第二节　提升防灾减灾救灾能力

坚持以防为主、防抗救相结合，全面提高抵御气象、水旱、地震、地质、海洋等自然灾害综合防范能力。健全防灾减灾救灾体制，完善灾害调查评价、监测预警、防治应急体系。建立城市避难场所。健全救灾物资储备体系，提高资源统筹利用水平。加快建立巨灾保险制度。制定应急救援社会化有偿服务、物资装备征用补偿、救援人员人身安全保险和伤亡抚恤等政策。广泛开展防灾减灾宣传教育和演练。

第三节　创新社会治安防控体系

完善社会治安综合治理体制机制，以信息化为支撑加快建设社会治安立体防控体系，建设基础综合服务管理平台。大力推进基础信息化、警务实战化、执法规范化、队伍正规化建设。构建群防群治、联防联治的社会治安防控网，加快推进网上综合防控体系建设。实施社会治安重点部位、重点领域、重点地区联动管控和排查整治。加强打击违法犯罪、禁毒、防范处理邪教等基础能力建设。

第四节　强化突发事件应急体系建设

建成与公共安全风险相匹配、覆盖应急管理全过程和全社会共同参与的突发事件应急体系。加强应急基础能力建设，健全完善重大危险源、重要基础设施的风险管控体系，增强突发事件预警发布和应急响应能力，提升基层应急管理水平。加强大中城市反恐应变能力建设。强化危险化学品处置、海上溢油、水上搜救打捞、核事故应急、紧急医疗救援等领域核心能力，加强应急资源协同保障能力建设。建立应急征收征用补偿制度，完善应急志愿者管理，实施公众自救互救能力提升工程。提高境外涉我突发事件应对能力。

第七十三章　建立国家安全体系

深入贯彻总体国家安全观，实施国家安全战略，不断提高国家安全能力，切实保障国家安全。

第一节　健全国家安全保障体制机制

制定实施政治、国土、经济、社会、资源、网络等重点领域国家安全政策，明确中长期重点领域安全目标和政策措施，提高应对各种风险挑战的能力。加强国家安全科技和装备建设，建立健全国家安全监测预警体系，强化不同领域监测预警系统的高效整合，提升安全信息搜集分析和处理能力。建立外部风险冲击分类分等级预警制度。加强重大安全风险监测评估，制定国家安全重大风险事件应急处置预案。健全国家安全审查制度和机制。对重要领域、重大改革、重大工程、重大项目、重大政策等进行安全风险评估。建立重点领域维护国家安全工作协调机制，加强国家安全工作组织协调。

第二节　保障国家政权主权安全

建立健全跨部门跨地区联合工作机制，依法严密防范和严厉打击敌对势力渗透颠覆破坏活动、暴力恐怖活动、民族分裂活动、宗教极端活动。加强反恐怖专业力量建设。加强反恐国际合作。加强反间谍工作。加强网上主权空间对敌斗争和网络舆情管控，遏制敌对势力和恐怖势力利用网络空间进行渗透破坏活动。加强边境技防体系建设。高度重视做好意识形态领域工作，切实维护意识形态安全。

第三节　防范化解经济安全风险

坚持底线思维、预防为主，维护战略性资源、关键产业、财政金融、资本跨境流动等领域国家经济安全。加强重要经济指标的动态监测和研判，制定重要经济领域风险应对预案。统筹应对去过剩产能、去商品房库存和去债务杠杆过程中的财政金融风险，以可控方式和节奏主动释放风险。加强对金融市场异常波动、风险传递和金融新业态风险的监管应对。完善全口径政府债务管理，推动地方政府融资平台市场化转型，有效化解地方政府债务风险。拓宽银行业不良资产处置渠道，完善流动性风险管理工具和应急预案，严厉打击非法集资。防范企业债务风险。提高能源、矿产资源、水资源、粮食、生态环保、安全生产、网络等方面风险防控能力。健全国家战略物资储备，构建产品产能产地储备相结合的国家战略资源能源储备体系。

第四节　加强国家安全法治建设

贯彻落实国家安全法，出台相关实施细则。推进国家经济安全、防扩散、国家情报、网络安全、出口管制、外国代理人登记、外资安全审查等涉及国家安全的立法工作，加快健全国家安全法律制度体系，充分运用法律手段维护国家安全。

第十八篇　加强社会主义民主法治建设

坚持中国共产党领导、人民当家作主、依法治国有机统一，加快建设社会主义法治国家，发展社会主义政治文明。

第七十四章　发展社会主义民主政治

坚持和完善人民代表大会制度、中国共产党领导的多党合作和政治协商制度、民族区域自治制度以及基层群众自治制度，扩大公民有序政治参与，充分发挥我国社会主义政治制度优越性。加强协商民主制度建设，构建程序合理、环节完整的协商民主体系，进一步加强政党协商，拓宽国家政权机关、政协组织、党派团体、基层组织、社会组织的协商渠道。完善基层民主制度，畅通民主渠道，健全基层选举、议事、公开、述职、问责等机制。开展形式多样的基层民主协商，推进基层协商制度化。

第七十五章　全面推进法治中国建设

坚持依法治国、依法执政、依法行政共同推进，坚持法治国家、法治政府、法治社会一体建设，建设中国特色社会主义法治体系，建设社会主义法治国家。

第一节　完善以宪法为核心的中国特色社会主义法律体系

维护宪法尊严、权威，健全宪法实施和监督制度。完善立法体制，加强党对立法工作的领导，健全有立法权的人大主导立法工作的体制机制，加强和改进政府立法制度建设，明确立法权力边界。深入推进科学立法、民主立法，加强人大对立法工作的组织协调，健全立法起草、论证、协调、审议机制，健全立法机关主导、社会各方有序参与立法的途径和方式。加快重点领域立法，坚持立改废释并举，完善社会主义市场经济和社会治理法律制度，加快形成完备的法律规范体系。

第二节　加快建设法治政府

全面实施法治政府建设实施纲要，深入推进依法行政，依法设定权力、行使权力、制约权力、监督权力，实现政府活动全面纳入法治轨道。依法全面履行政府职能，完善行政组织和行政程序法律制度，推进机构、职能、权限、程序、责任法定化。完善重大行政决策程序制度，健全依法决策机制。深化行政执法体制改革，推行综合执法，健全行政执法和刑事司法衔接机制。坚持严格规范公正文明执法，最大限度地缩小自由裁量权。健全执法考核评价体系。完善审计制度，保障依法独立行使审计监督权。

第三节　促进司法公正

深化司法体制改革，完善对权利的司法保障、对权力的司法监督，建设公正高效权威的社会主义司法制度。健全司法权力分工负责、互相配合、互相制约机制，完善审级制度、司法组织体系和案件管辖制度。探索设立跨行政区划的人民法院和人民检察院。强化司法人员职业保障，完善确保依法独立公正行使审判权和检察权的制度。全面推进审判公开、检务公开、警务公开、狱务公开，加强人权司法保障。加强对司法活动的监督，健全司法机关内部监督制约机制。完善司法机关办案责任制，落实谁办案谁负责。加强监狱、强制戒毒、社区矫正、安置帮教、司法鉴定等设施建设。

第四节　全面推进法治社会建设

推进多层次多领域依法治理，提高社会治理法治化水平。加强法治文化建设，弘扬社会主义法治精神，增强全社会特别是公职人员尊法学法守法用法观念，在全社会形成良好法治氛围和法治习惯。深入开展“七五”普法，把法治教育纳入国民教育体系，健全公民和组织守法信用记录。完善法律服务体系，加强律师等法律人才和法律服务队伍建设，推进覆盖城乡居民的公共法律服务体系建设，完善法律援助制度，健全司法救助体系。

第七十六章　加强党风廉政建设和反腐败斗争

党风廉政建设和反腐败斗争永远在路上，反腐不能停步、不能放松。坚持全面从严治党，落实“三严三实”要求，严明党的纪律和规矩，落实党风廉政建设主体责任和监督责任，强化责任追究。贯彻中央八项规定精神，坚持不懈纠正“四风”，健全改进作风长效机制。坚决整治和纠正侵害群众利益的不正之风和腐败问题，坚持有腐必反、有贪必肃，巩固反腐败成果，构建不敢腐、不能腐、不想腐的有效机制，努力实现干部清正、政府清廉、政治清明，为经济社会发展营造良好政治生态。

把权力关进制度的笼子，强化权力运行制约和监督，坚持用制度管权管事管人，铲除权力腐败的温床，让人民监督权力，保证权力在阳光下运行。规范领导干部职责权限，建立科学的问责程序和制度，强化领导干部经济责任审计。健全政府内部权力制约机制，加强对权力部门的监察和审计监督。

第十九篇　统筹经济建设和国防建设

坚持发展和安全兼顾、富国和强军统一，实施军民融合发展战略，形成全要素、多领域、高效益的军民深度融合发展格局，全面推进国防和军队现代化。

第七十七章　全面推进国防和军队建设

以党在新形势下的强军目标为引领，贯彻新形势下军事战略方针和改革强军战略，全面推进军队革命化、现代化、正规化建设。加强军队党的建设和思想政治建设，深入贯彻落实古田全军政治工作会议精神，培育“四有”新一代革命军人。深入推进依法治军、从严治军，加快军事立法工作，构建与形势任务和新领导指挥体制相适应的军事法规体系。加强各方向各领域军事斗争准备，发挥军事需求牵引作用，优化军事战略布局，积极经略重大安全领域，加强新型作战力量建设，加强国防科技、装备和现代后勤发展建设，扎实开展实战化军事训练，着力提高基于网络信息体系的联合作战能力。基本完成国防和军队改革目标任务，基本实现机械化，信息化取得重大进展，构建能够打赢信息化战争、有效履行使命任务的中国特色现代军事力量体系。加强国际军事交流与合作，积极参加国际维和行动。

第七十八章　推进军民深度融合发展

在经济建设中贯彻国防需求，在国防建设中合理兼顾民用需要。完善军民融合发展体制机制，健全军民融合发展的组织管理、工作运行和政策制度体系。建立国家和各省（自治区、直辖市）军民融合领导机构。推进军民融合发展立法。坚持军地资源优化配置、合理共享、平战结合，促进经济领域和国防领域技术、人才、资金、信息等要素交流，加强军地在基础设施、产业、科技、教育和社会服务等领域的统筹发展。探索建立军民融合项目资金保障机制。深化国防科技工业体制改革，建立国防科技协同创新机制，实施国防科技工业强基工程。改革国防科研生产和武器装备采购体制机制，加快军工体系开放竞争和科技成果转化，引导优势民营企业进入军品科研生产和维修领域。加快军民通用标准化体系建设。实施军民融合发展工程，在海洋、太空、网络空间等领域推出一批重大项目和举措，打造一批军民融合创新示范区，增强先进技术、产业产品、基础设施等军民共用的协调性。加强国防边海防基础设施建设。

深化国防动员领域改革，健全完善国防动员体制机制。加强以爱国主义为核心的全民国防教育，强化全民国防观念。加强后备力量建设，突出海上动员力量建设，增强基于打赢战争和服务国家大局需要的组织动员、快速反应、支援保障能力。加强现代化武装警察部队建设。加强人民防空工程建设和维护管理。加强对退役军人管理保障工作的组织领导，健全服务保障体系和相关政策制度。密切军政军民团结。党政军警民合力强边固防，大力推进政治安边、富民兴边、军事强边、外交睦边、科技控边，提高边境综合管控能力，维护边境地区安全稳定。增强新疆生产建设兵团综合实力和自我发展能力，加快向南发展，充分发挥维稳戍边功能。

第二十篇　强化规划实施保障

保障“十三五”规划有效实施，要在中国共产党的领导下，更好履行各级政府职责，最大程度地激发各类主体的活力和创造力，形成全党全国各族人民全面建成小康社会的强大合力。

第七十九章　发挥党的领导核心作用

坚持党总揽全局、协调各方，发挥各级党委（党组）领导核心作用，提高领导能力和水平，为实现“十三五”规划提供坚强保证。坚持党要管党、从严治党，以改革创新精神全面推进党的建设新的伟大工程，保持和发展党的先进性、纯洁性，提高党的执政能力，确保党始终成为中国特色社会主义事业的坚强领导核心。加强领导班子和干部队伍建设，完善政绩考核评价体系和奖惩机制，调动各级干部干事创业积极性、主动性、创造性。强化基层党组织整体功能，发挥战斗堡垒作用和党员先锋模范作用，更好带领群众全面建成小康社会。

注重发挥工会、共青团、妇联等群团组织的作用，巩固和发展最广泛的爱国统一战线，全面落实党的知识分子、民族、宗教、侨务等政策，充分发挥民主党派、工商联和无党派人士作用，最大限度凝聚全社会共识和力量，推进改革发展，维护社会和谐稳定。

第八十章　形成规划实施合力

明确政府主体责任，科学制定政策和配置公共资源，广泛动员全社会力量，共同推动规划顺利实施。

第一节 加强规划协调管理

加强统筹管理和衔接协调，形成以国民经济和社会发展总体规划为统领，专项规划、区域规划、地方规划、年度计划等为支撑的发展规划体系。国务院有关部门要组织编制一批国家级专项规划特别是重点专项规划，细化落实本规划提出的主要目标任务。地方规划要做好发展战略、主要目标、重点任务、重大工程项目与国家规划的衔接，切实贯彻落实国家规划的统一部署。加快出台发展规划法。

第二节 完善规划实施机制

各地区、各部门要加强对本规划实施的组织、协调和督导。开展规划实施情况动态监测和评估工作，把监测评估结果作为改进政府工作和绩效考核的重要依据，并依法向全国人民代表大会常务委员会报告规划实施情况，自觉接受人大监督。本规划确定的约束性指标以及重大工程、重大项目、重大政策和重要改革任务，要明确责任主体、实施进度要求，确保如期完成。对纳入本规划的重大工程项目，要简化审批核准程序，优先保障规划选址、土地供应和融资安排。发挥审计机关对推进规划实施的审计监督作用。密切关注形势变化和风险演化，坚持守住底线，做好应对困难复杂局面准备。需要对本规划进行调整时，由国务院提出调整方案，报全国人民代表大会常务委员会批准。

第三节 强化财力保障

加强财政预算与规划实施的衔接协调，在明晰各级政府支出责任的基础上，强化各级财政对规划实施的保障作用。中期财政规划和年度预算要结合本规划提出的目标任务和财力可能，合理安排支出规模和结构。加快政府投资立法。

第四节 充分调动全社会积极性

本规划提出的预期性指标和产业发展、结构调整等任务，主要依靠市场主体的自主行为实现。要激发全国各族人民参与规划实施、建设祖国的主人翁意识，充分发挥各级政府、社会各界的积极性、主动性和创造性，尊重基层首创精神，汇聚人民群众的力量和智慧，形成全体人民群策群力、共建共享的生动局面。

实现“十三五”时期发展目标，前景光明，任务繁重。全党全国各族人民要更加紧密地团结在以习近平同志为总书记的党中央周围，高举中国特色社会主义伟大旗帜，坚定不移走中国特色社会主义道路，解放思想、实事求是，与时俱进、改革创新，万众一心、艰苦奋斗，共同夺取全面建成小康社会决胜阶段的伟大胜利！

第十二届全国人民代表大会第四次会议关于国民经济和社会发展第十三个五年规划纲要的决议

（2016 年 3 月 16 日第十二届全国人民代表大会第四次会议通过）

第十二届全国人民代表大会第四次会议审查了国务院提出的《中华人民共和国国民经济和社会发展第十三个五年规划纲要（草案）》，会议同意全国人民代表大会财政经济委员会的审查结果报告，决定批准这个规划纲要。

会议认为，“十三五”规划纲要全面贯彻了《中共中央关于制定国民经济和社会发展第十三个五年规划的建议》的精神，提出的“十三五”时期经济社会发展的主要目标、重点任务和重大举措，符合我国国情和实际，体现了全国各族人民的共同意愿，反映了时代发展的客观要求，经过努力是完全可以实现的。

会议要求，要认真实施“十三五”规划纲要，高举中国特色社会主义伟大旗帜，以邓小平理论、“三个代表”重要思想、科学发展观为指导，深入贯彻习近平总书记系列重要讲话精神，坚持全面建成小康社会、全面深化改革、全面依法治国、全面从严治党的战略布局，坚持发展是第一要务，牢固树立和贯彻落实创新、协调、绿色、开放、共享的新发展理念，以提高发展质量和效益为中心，以供给侧结构性改革为主线，扩大有效供给，满足有效需求，加快形成引领经济发展新常态的体制机制和发展方式，保持战略定力，统筹推进经济建设、政治建设、文化建设、社会建设、生态文明建设和党的建设，确保如期全面建成小康社会，为实现第二个百年奋斗目标、实现中华民族伟大复兴的中国梦奠定更加坚实的基础。

第十二届全国人民代表大会财政经济委员会关于国民经济和社会发展第十三个五年规划纲要草案的审查结果报告

（2016 年 3 月 13 日第十二届全国人民代表大会第四次会议主席团第二次会议通过）

十二届全国人大四次会议主席团：

第十二届全国人民代表大会第四次会议审查了国务院提出的《中华人民共和国国民经济和社会发展第十三个五年规划纲要（草案）》（以下简称纲要草案）。全国人民代表大会财政经济委员会在对纲要草案进行初步审查的基础上，根据各代表团和有关专门委员会的审查意见，又作了进一步审查。国务院根据审查意见对纲要草案作了修改。现将审查结果报告如下。

财政经济委员会认为，“十二五”时期是我国发展很不平凡的五年。面对错综复杂的国际环境和艰巨繁重的国内改革发展稳定任务，全国各族人民在中国共产党的领导下，团结一心，奋力拼搏，开拓创新，顺利完成了“十二五”规划纲要确定的主要目标和任务。特别是党的十八大以来，在以习近平同志为总书记的党中央坚强领导下，坚持和发展中国特色社会主义，积极引领经济发展新常态，着力推进改革开放，妥善应对经济下行压力，我国经济社会发展取得新的伟大成就。综合国力和国际影响力显著增强，经济结构不断优化升级，发展质量和效益逐步提升，改革开放继续深化，依法治国扎实推进，民生保障持续增强，社会事业协调发展。同时，经济社会发展也面临稳增长、调结构、防风险等多重挑战。发展方式粗放，不平衡、不协调、不可持续问题仍然突出，结构性矛盾更加凸显。经济增速换挡、结构调整阵痛、动能转换困难相互交织，经济下行压力加大，风险隐患增多。城乡区域发展不平衡，资源约束趋紧，生态环境恶化趋势尚未得到根本扭转。人口老龄化加快，居民收入差距较大，消除贫困任务艰巨。民生保障和社会文明程度有待提高，法治建设有待进一步加强等。对此要高度重视，统筹规划，采取有力措施解决。

财政经济委员会认为，纲要草案全面体现了《中共中央关于制定国民经济和社会发展第十三个五年规划的建议》精神，提出了未来五年经济社会发展的指导思想、主要目标、重点任务和重大举措，总体安排积极可行，建议批准国务院提出的《中华人民共和国国民经济和社会发展第十三个五年规划纲要（草案）》。

财政经济委员会认为，“十三五”时期是全面建成小康社会的决胜阶段，我国发展仍处于可以大有作为的重要战略机遇期，经济长期向好基本面没有改变。在“十三五”规划纲要的实施过程中，要高举中国特色社会主义伟大旗帜，全面贯彻党的十八大和十八届三中、四中、五中全会精神，在以习近平同志为总书记的党中央坚强领导下，坚持“四个全面”战略布局，牢固树立和贯彻落实创新、协调、绿色、开放、共享的新发展理念，以提高发展质量和效益为中心，以供给侧结构性改革为主线，统筹推进经济建设、政治建设、文化建设、社会建设、生态文明建设和党的建设，确保完成规划纲要确定的各项任务，为实现第二个百年奋斗目标、实现中华民族伟大复兴的中国梦奠定更加坚实的基础。为此，财政经济委员会提出以下建议。

（一）坚定不移解放和发展社会生产力，努力实现全面建成小康社会奋斗目标。坚持发展是第一要务，坚持社会主义市场经济改革方向，坚持用改革的办法破解发展难题，推动经济社会持续健康发展。高度重视并积极应对“十三五”时期国内外形势更加复杂严峻、风险隐患增多的挑战，按照目标导向与问题导向相统一的原则，着力解决深层次体制机制矛盾和问题，紧紧抓住结构调整、脱贫攻坚、生态环保、民生保障、风险防控等薄弱环节和滞后领域，在补齐短板上下更多功夫，切实增强人民群众对全面建成小康社会的获得感和认可度，确保如期实现全面建成小康社会奋斗目标。

（二）牢牢把握经济发展新常态，积极推进供给侧结构性改革。深刻认识我国经济发展进入新常态的内在必然性，不断增强适应新常态、把握新常态、引领新常态的自觉性。在适度扩大总需求的同时，加大供给侧结构性改革力度，积极稳妥化解过剩产能和房地产库存，通过优化资源要素配置和调整结构提高供给体系质量和效率，增强供给结构对需求变化的适应性和灵活性，扩大有效供给，满足有效需求。加快形成引领经济发展新常态的体制机制和发展方式，坚持稳中求进，更加注重发挥市场在资源配置中的决定性作用和更好发挥政府作用，重点解决市场体系不完善、政府干预过多和监管服务不到位问题，优化企业发展环境，加快形成统一开放、竞争有序的市场体系。加大财税、金融、国企、价格、社保等重要领域和关键环节改革力度，确保改革措施落地生效。

（三）牢固树立和贯彻落实创新、协调、绿色、开放、共享的新发展理念，推动经济社会发展迈上新台阶。深入实施创新驱动发展战略，强化企业创新主体地位，加快形成有利于创新发展的市场环境、产权制度、分配制度、投融资体制、科技体制和人才培养引进使用机制，激发全社会特别是企业家和科技人员创新活力。切实增强发展协调性，推进以人为核心的新型城镇化，健全城乡一体化发展体制机制，促进新型工业化、信息化、城镇化、农业现代化同步发展，推动京津冀协同发展、长江经济带发展和东、中、西、东北地区“四大板块”协调发展。促进军民融合深入发展。推进绿色、低碳、循环发展，全面节约和高效利用资源，实行最严格的环境保护制度，加大环境治理力度，实现主要污染物排放总量大幅减少。开创对外开放新局面，促进国内国际要素有序流动、资源高效配置和市场深度融合，扎实推进“一带一路”建设和自由贸易区建设，构建开放型经济新体制。着力践行以人民为中心的发展思想，坚持共享发展，缩小收入差距，改善农业生产条件和农村生活环境，大力推进脱贫攻坚，积极应对人口老龄化，建立更加公平和可持续的社会保障制度，努力实现基本公共服务全覆盖、均等化。

（四）全面推进依法治国，切实促进国家治理体系和治理能力现代化。坚持走中国特色社会主义法治道路，推进中国特色社会主义法治体系建设，实现科学立法、严格执法、公正司法、全民守法，加快建立法治经济和法治社会，把经济社会发展纳入法治轨道。坚持改革决策和立法决策相衔接，努力做到重大改革于法有据、立法主动适应改革和经济社会发展需要。进一步明晰政府与市场的边界，加快建设职能科学、权责法定、执法严明、公开公正、廉洁高效、守法诚信的法治政府。依法加强和完善对各类财产权利及相关权益的保护，完善创新驱动、要素交易、宏观调控、社会发展、民生保障、生态保护等各项制度，通过严格执法和公正司法确保市场主体权利平等、机会平等、规则平等，通过加强法治，引领和保障社会公平正义实现。

（五）强化规划实施保障，确保各项目标任务落到实处。依法推进“十三五”规划纲要的实施，完善经济社会发展工作体制机制，加强统筹协调，调动各方面积极性、主动性和创造性。搞好顶层设计，着力加强年度计划与五年规划、区域规划和地方规划与国家规划、专项规划与总体规划的衔接，加强财政预算与规划实施的协调，全面落实规划纲要提出的主要目标、重点任务和重大举措。按照到2020年全面建成小康社会目标倒排工作任务，明确责任主体和进度要求，依法加强对规划纲要实施的跟踪监督、动态监测及评估。切实转变工作作风，坚定信心，居安思危，狠抓落实，确保实现“十三五”规划纲要各项目标任务。

以上报告，请予审议。

第十二届全国人民代表大会财政经济委员会

2016年3月13日

《中华人民共和国国民经济和社会发展第十三个五年规划纲要》

解释材料

目录

“十三五”规划纲要总览 图解

2016~2020

历史定位

“十三五”时期是全面建成小康社会决胜阶段。“十三五”规划紧紧围绕实现全面建成小康社会的宏伟目标，对未来五年经济社会发展作出总体部署和统筹安排。

发展环境

“十二五”成就：我国 经济实力、科技实力、国防实力、国际影响力 又上了一个大台阶。

“十三五”环境：我国发展仍处于可以大有作为的重要战略机遇期，也面临诸多矛盾叠加、风险隐患增多的严峻挑战。

阶段特征：经济发展进入新常态

风险挑战：防止陷入“中等收入陷阱”

指导思想

统筹推进“五位一体”总体布局：

经济建设、政治建设、文化建设、社会建设、生态文明建设

坚持“四个全面”战略布局：

全面建成小康社会、全面深化改革、全面依法治国、全面从严治党

坚持“六个原则”：

坚持人民主体地位、坚持科学发展、坚持深化改革、坚持依法治国、坚持统筹国内国际两个大局、坚持党的领导

发展理念

创新　协调　绿色　开放　共享

发展主线

以供给侧结构性改革为主线

主要目标

按照全面建成小康社会新的目标要求，确定经济社会发展主要目标

- 经济保持中高速增长
- 创新驱动发展成效显著
- 发展协调性明显增强
- 人民生活水平和质量普遍提高
- 国民素质和社会文明程度显著提高
- 生态环境质量总体改善
- 各方面制度更加成熟更加定型

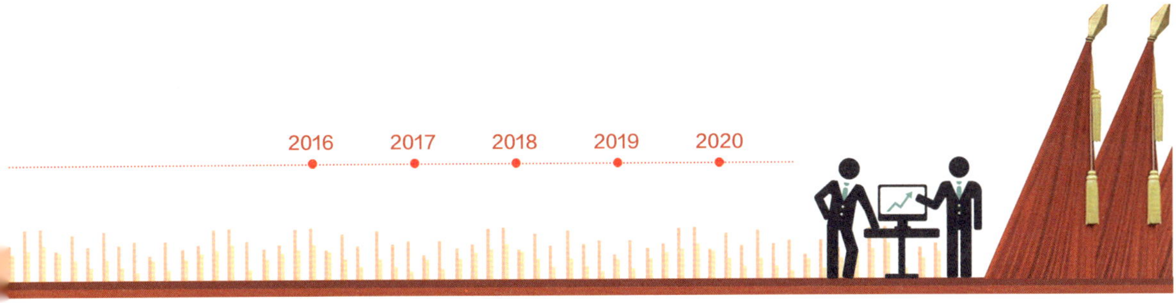

创新发展

- 实施创新驱动发展战略
- 构建发展新体制
- 推进农业现代化
- 优化现代产业体系
- 拓展网络经济空间
- 构筑现代基础设施网络

协调发展

- 推进新型城镇化
- 推动区域协调发展
- 加强社会主义精神文明建设
- 统筹经济建设和国防建设

绿色发展

- 加快改善生态环境

主体功能区 · 资源节约 · 环境治理 · 生态保护修复 · 应对全球气候变化 · 生态文明制度 · 绿色环保产业

开放发展

- 构建全方位开放新格局
- 深化内地和港澳、大陆和台湾地区合作发展

共享发展

- 全力实施脱贫攻坚
- 提升全民教育和健康水平
- 提高民生保障水平

坚强保障

- 加强和创新社会治理
- 加强社会主义民主法治建设
- 强化规划实施保障

重大政策工程项目

围绕补短板、增后劲、促均衡、上水平，设置 23 个专栏，提出了 165 项重大工程和项目。

强化科技创新支撑

- 科技创新重大项目
- 重大人才工程

强化结构升级支撑

- 现代金融体系建设
- 农业现代化重大工程
- 高端装备创新发展工程
- 战略性新兴产业发展行动
- 信息化重大工程
- 新型城镇化建设重大工程
- 特殊类型地区发展重大工程
- 海洋重大工程

强化基础设施支撑

- 交通建设重点工程
- 能源发展重大工程
- 水安全保障工程

强化生态环境支撑

- 资源节约集约循环利用重大工程
- 环境治理保护重点工程
- 山水林田湖生态工程

强化民生改善支撑

- 脱贫攻坚重点工程
- 教育现代化重大工程
- 健康中国行动计划
- 基本公共服务项目清单
- 促进就业行动计划
- 社会关爱行动计划
- 文化重大工程

第一篇　指导思想、主要目标和发展理念

发展环境

“十三五”时期，国内外发展环境更加错综复杂

国际环境： 和平与发展的时代主题没有变，国际金融危机冲击和深层次影响在相当长时期依然存在，国际关系复杂程度前所未有，外部环境不稳定不确定因素明显增多。

- 世界经济在深度调整中曲折复苏、增长乏力
- 新一轮科技革命和产业变革蓄势待发
- 国际能源格局发生重大调整
- 国际贸易投资规则体系加快重构
- 局部地区地缘博弈更加激烈
- 传统安全威胁和非传统安全威胁交织

国内环境： 我国经济发展进入新常态，经济增速换挡、结构调整阵痛、动能转换困难相互交织，面临稳增长、调结构、防风险、惠民生等多重挑战。

- 经济长期向好的基本面没有改变：物质基础雄厚、人力资本丰富、创新累积效应显现、市场空间广阔、发展潜力巨大。
- 不平衡、不协调、不可持续问题仍然突出：发展方式粗放、创新能力不强、结构性矛盾凸显、财政金融风险加大、生态环境问题突出、基本公共服务供给不足、国民文明素质有待提高、影响社会稳定因素增多。

指导思想

高举中国特色社会主义伟大旗帜，全面贯彻党的十八大和十八届三中、四中、五中全会精神，以马克思列宁主义、毛泽东思想、邓小平理论、“三个代表”重要思想、科学发展观为指导，深入贯彻习近平总书记系列重要讲话精神，坚持全面建成小康社会、全面深化改革、全面依法治国、全面从严治党的战略布局，坚持发展是第一要务，牢固树立和贯彻落实创新、协调、绿色、开放、共享的发展理念，以提高发展质量和效益为中心，以供给侧结构性改革为主线，扩大有效供给，满足有效需求，加快形成引领经济发展新常态的体制机制和发展方式，保持战略定力，坚持稳中求进，统筹推进经济建设、政治建设、文化建设、社会建设、生态文明建设和党的建设，确保如期全面建成小康社会，为实现第二个百年奋斗目标、实现中华民族伟大复兴的中国梦奠定更加坚实的基础。

必须遵循的六个原则

坚持人民主体地位　　坚持科学发展
坚持深化改革　　坚持依法治国
坚持统筹国内国际两个大局　　坚持党的领导

主要目标

围绕全面建成小康社会，设置 7 个方面目标，25 项主要指标，其中约束性指标 13 项

- 户籍人口城镇化率提高到45%
- 科技进步贡献率提高到60%
- 城镇新增就业人数5000万人以上
- 农村贫困人口脱贫5575万人
- 基本养老保险参保率提高到90%
- 人均预期寿命提高1岁
- 地级及以上城市空气质量优良天数比率提高到80%以上
- 达到或好于Ⅲ类水体比例提高到70%以上

……

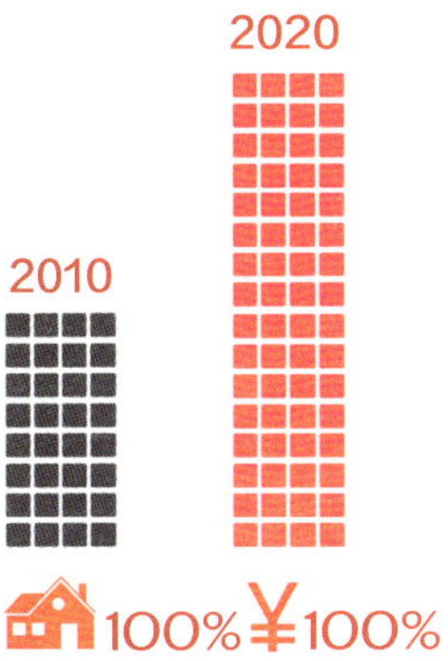

- 国内生产总值比2010年翻一番
- 城乡居民人均收入比2010年翻一番

发展理念

坚持创新发展、协调发展、绿色发展、开放发展、共享发展，是关系我国发展全局的一场深刻变革，必须贯穿于“十三五”经济社会发展的各领域各环节

- **创新** 是引领发展的第一动力
- **协调** 是持续健康发展的内在要求
- **绿色** 是永续发展的必要条件和人民对美好生活追求的重要体现
- **开放** 是国家繁荣发展的必由之路
- **共享** 是中国特色社会主义的本质要求

发展主线

必须在适度扩大总需求的同时，着力推进供给侧结构性改革，用改革的办法推进结构调整，提高供给体系的质量和效率，提高全要素生产率，夯实实体经济根基，推动社会生产力水平整体改善

“五大任务”：去产能、去库存、去杠杆、降成本、补短板

“两大动力”：加快培育新的发展动能、改造提升传统比较优势

第二篇　实施创新驱动发展战略

把发展基点放在创新上，以科技创新为核心，以人才发展为支撑，推动科技创新与大众创业万众创新有机结合，塑造更多依靠创新驱动、更多发挥先发优势的引领型发展。

强化科技创新引领作用

- 推动战略前沿领域创新突破
- 优化创新组织体系
- 提升创新基础能力
- 打造区域创新高地

构建激励创新的体制机制

- 深化科技管理体制改革
- 完善科技成果转化和收益分配机制
- 构建普惠性创新支持政策体系

拓展发展动力新空间

- 促进消费升级
- 扩大有效投资
- 培育出口新优势

深入推进大众创业万众创新

- 建设创业创新公共服务平台
- 全面推进众创众包众扶众筹

实施人才优先发展战略

- 建设规模宏大的人才队伍
- 促进人才优化配置
- 营造良好的人才发展环境

第三篇　构建发展新体制

发挥经济体制改革牵引作用，正确处理政府和市场关系，在重点领域和关键环节改革上取得突破性进展，形成有利于引领经济发展新常态的体制机制。

坚持和完善基本经济制度

- 大力推进国有企业改革
- 完善各类国有资产管理体制
- 积极稳妥发展混合所有制经济
- 支持非公有制经济发展

建立现代产权制度

产权证

- 健全归属清晰、权责明确、保护严格、流转顺畅的现代产权制度

健全现代市场体系

- 健全要素市场体系
- 推进价格形成机制改革
- 维护公平竞争

深化行政管理体制改革

- 深入推进简政放权
- 提高政府监管效能
- 优化政府服务

加快财税体制改革

税

- 确立合理有序的财力格局
- 建立全面规范公开透明的预算制度
- 改革和完善税费制度
- 完善财政可持续发展机制

加快金融体制改革

Bank

- 丰富金融机构体系
- 健全金融市场体系
- 改革金融监管框架

创新和完善宏观调控

- 强化规划战略导向作用
- 改进调控方式和丰富政策工具
- 完善政策制定和决策机制
- 深化投融资体制改革

第四篇　推进农业现代化

农业是全面建成小康社会和实现现代化的基础，必须加快转变农业发展方式，着力构建现代农业产业体系、生产体系、经营体系，提高农业质量效益和竞争力，走产出高效、产品安全、资源节约、环境友好的农业现代化道路。

增强农产品安全保障能力

- 提高粮食生产能力保障水平
- 加快推进农业结构调整
- 推进农村一二三产业融合发展
- 确保农产品质量安全
- 促进农业可持续发展
- 开展农业国际合作

构建现代农业经营体系

- 发展适度规模经营
- 培育新型农业经营主体
- 健全农业社会化服务体系

提高农业技术装备和信息化水平

- 提升农业技术装备水平
- 推进农业信息化建设

完善农业支持保护制度

- 持续增加农业投入
- 完善农产品价格和收储制度
- 创新农村金融服务

第五篇　优化现代产业体系

围绕结构深度调整、振兴实体经济，推进供给侧结构性改革，培育壮大新兴产业，改造提升传统产业，加快构建创新能力强、品质服务优、协作紧密、环境友好的现代产业新体系。

实施制造强国战略

- 全面提升工业基础能力
- 加快发展新型制造业
- 推动传统产业改造升级
- 加强质量品牌建设
- 积极稳妥化解产能过剩
- 降低实体经济企业成本

支持战略性新兴产业发展

- 提升新兴产业支撑作用
- 培育发展战略性产业
- 构建新兴产业发展新格局
- 完善新兴产业发展环境

加快推动服务业优质高效发展

- 促进生产性服务业专业化
- 提高生活性服务业品质
- 完善服务业发展体制和政策

第六篇　拓展网络经济空间

牢牢把握信息技术变革趋势，实施网络强国战略，加快建设数字中国，推动信息技术与经济社会发展深度融合，加快推动信息经济发展壮大。

构建泛在高效的信息网络

- 完善新一代高速光纤网络
- 构建先进泛在的无线宽带网
- 加快信息网络新技术开发应用
- 推进宽带网络提速降费

发展现代互联网产业体系

- 夯实互联网应用基础
- 加快多领域互联网融合发展

实施国家大数据战略

- 加快政府数据开放共享
- 促进大数据产业健康发展

强化信息安全保障

- 加强数据资源安全保护
- 科学实施网络空间治理
- 全面保障重要信息系统安全

第七篇　构筑现代基础设施网络

拓展基础设施建设空间，加快完善安全高效、智能绿色、互联互通的现代基础设施网络，更好发挥对经济社会发展的支撑引领作用。

完善现代综合交通运输体系

- 构建内通外联的运输通道网络
- 建设现代高效的城际城市交通
- 打造一体衔接的综合交通枢纽
- 推动运输服务低碳智能安全发展

建设现代能源体系

- 推动能源结构优化升级
- 构建现代能源储运网络
- 积极构建智慧能源系统

强化水安全保障

- 优化水资源配置格局
- 完善综合防洪减灾体系

第八篇　推进新型城镇化

坚持以人的城镇化为核心、以城市群为主体形态、以城市综合承载能力为支撑、以体制机制创新为保障，加快新型城镇化步伐，提高社会主义新农村建设水平，努力缩小城乡发展差距，推进城乡发展一体化。

加快农业转移人口市民化

- 深化户籍制度改革
- 实施居住证制度
- 健全促进农业转移人口市民化的机制

建设和谐宜居城市

- 加快新型城市建设
- 加强城市基础设施建设
- 加快城镇棚户区和危房改造
- 提升城市治理水平

推动城乡协调发展

- 发展特色县域经济
- 加快建设美丽宜居乡村
- 促进城乡公共资源均衡配置

优化城镇化布局和形态

- 加快城市群建设发展
- 增强中心城市辐射带动功能
- 加快发展中小城市和特色镇

健全住房供应体系

- 完善购租并举的住房制度
- 促进房地产市场健康发展
- 提高住房保障水平

第九篇　推动区域协调发展

以区域发展总体战略为基础，以“一带一路”建设、京津冀协同发展、长江经济带发展为引领，形成沿海沿江沿线经济带为主的纵向横向经济轴带，塑造要素有序自由流动、主体功能约束有效、基本公共服务均等、资源环境可承载的区域协调发展新格局。

深入实施区域发展总体战略

- 深入推进西部大开发
- 大力推动东北地区等老工业基地振兴
- 促进中部地区崛起
- 支持东部地区率先发展
- 健全区域协调发展机制

推进长江经济带发展

- 建设沿江绿色生态廊道
- 构建高质量综合立体交通走廊
- 优化沿江城镇和产业布局

拓展蓝色经济空间

- 壮大海洋经济
- 加强海洋资源环境保护
- 维护海洋权益

推动京津冀协同发展

- 有序疏解北京非首都功能
- 优化空间格局和功能定位
- 构建一体化现代交通网络
- 扩大环境容量和生态空间
- 推动公共服务共建共享

扶持特殊类型地区发展

- 支持革命老区开发建设
- 推动民族地区健康发展
- 推进边疆地区开发开放
- 促进困难地区转型发展

第十篇　加快改善生态环境

以提高环境质量为核心，以解决生态环境领域突出问题为重点，加大生态环境保护力度，提高资源利用效率，为人民提供更多优质生态产品，协同推进人民富裕、国家富强、中国美丽。

加快建设主体功能区

- 推动主体功能区布局基本形成
- 健全主体功能区配套政策体系
- 建立空间治理体系

推进资源节约集约利用

- 全面推动能源节约
- 全面推进节水型社会建设
- 强化土地节约集约利用
- 加强矿产资源节约和管理
- 大力发展循环经济
- 倡导勤俭节约的生活方式
- 建立健全资源高效利用机制

加大环境综合治理力度

- 深入实施污染防治行动计划
- 大力推进污染物达标排放和总量减排
- 严密防控环境风险
- 加强环境基础设施建设
- 改革环境治理基础制度

加强生态保护修复

- 全面提升生态系统功能
- 推进重点区域生态修复
- 扩大生态产品供给
- 维护生物多样性

积极应对全球气候变化

- 有效控制温室气体排放
- 主动适应气候变化
- 广泛开展国际合作

健全生态安全保障机制

- 完善生态环境保护制度
- 加强生态环境风险监测预警和应急响应

发展绿色环保产业

- 扩大环保产品和服务供给
- 发展环保技术装备

第十一篇　构建全方位开放新格局

以“一带一路”建设为统领，丰富对外开放内涵，提高对外开放水平，协同推进战略互信、投资经贸合作、人文交流，努力形成深度融合的互利合作格局，开创对外开放新局面。

完善对外开放战略布局

- 完善对外开放区域布局
- 深入推进国际产能和装备制造合作
- 加快对外贸易优化升级
- 提升利用外资和对外投资水平

健全对外开放新体制

- 营造优良营商环境
- 完善境外投资管理体制
- 扩大金融业双向开放
- 强化对外开放服务保障

推进“一带一路”建设

- 健全“一带一路”合作机制
- 畅通“一带一路”经济走廊
- 共创开放包容的人文交流新局面

积极参与全球经济治理

- 维护多边贸易体制主渠道地位
- 强化区域和双边自由贸易体制建设
- 推动完善国际经济治理体系

积极承担国际责任和义务

第十二篇　深化内地和港澳、大陆和台湾地区合作发展

支持港澳巩固传统优势、培育发展新优势，拓宽两岸关系和平发展道路，更好实现经济互补互利、共同发展。

支持香港澳门长期繁荣稳定发展

- 支持港澳提升经济竞争力
- 深化内地与港澳合作

推进两岸关系和平发展和祖国统一进程

- 促进两岸经济融合发展
- 加强两岸人文社会交流

第十三篇　全力实施脱贫攻坚

充分发挥政治优势和制度优势，贯彻精准扶贫、精准脱贫基本方略，创新扶贫工作机制和模式，采取超常规措施，加大扶贫攻坚力度，坚决打赢脱贫攻坚战。

推进精准扶贫精准脱贫

- 创新扶贫开发方式
- 健全精准扶贫工作机制

支持贫困地区加快发展

- 加强贫困地区基础设施建设
- 提高贫困地区公共服务水平

完善脱贫攻坚支撑体系

- 强化政策保障
- 健全广泛参与机制
- 落实脱贫工作责任制

第十四篇　提升全民教育和健康水平

把提升人的发展能力放在突出重要位置，全面提高教育、医疗卫生水平，着力增强人民科学文化和健康素质，加快建设人力资本强国。

推进教育现代化

- 加快基本公共教育均衡发展
- 推进职业教育产教融合
- 提升大学创新人才培养能力
- 加快学习型社会建设
- 增强教育改革发展活力

推进健康中国建设

- 全面深化医药卫生体制改革
- 健全全民医疗保障体系
- 加强重大疾病防治和基本公共卫生服务
- 加强妇幼卫生保健及生育服务
- 完善医疗服务体系
- 促进中医药传承与发展
- 广泛开展全民健身运动
- 保障食品药品安全

第十五篇　提高民生保障水平

按照人人参与、人人尽力、人人享有的要求，坚守底线、突出重点、完善制度、引导预期，注重机会公平，保障基本民生，不断提高人民生活水平，实现全体人民共同迈入全面小康社会。

增加公共服务供给
- 促进基本公共服务均等化
- 满足多样化公共服务需求
- 创新公共服务提供方式

实施就业优先战略
- 推动实现更高质量的就业
- 提高公共就业创业服务能力

缩小收入差距
- 完善初次分配制度
- 健全再分配调节机制
- 规范收入分配秩序

改革完善社会保障制度
- 完善社会保险体系
- 健全社会救助体系
- 支持社会福利和慈善事业发展

积极应对人口老龄化
- 促进人口均衡发展
- 健全养老服务体系

保障妇女未成年人和残疾人基本权益
- 促进妇女全面发展
- 关爱未成年人健康成长
- 提升残疾人服务保障水平

第十六篇　加强社会主义精神文明建设

坚持社会主义先进文化前进方向，坚持以人民为中心的工作导向，坚持把社会效益放在首位、社会效益和经济效益相统一，加快文化改革发展，推动物质文明和精神文明协调发展，建设社会主义文化强国。

提升国民文明素质
- 培育和践行社会主义核心价值观
- 推进哲学社会科学创新
- 传承发展优秀传统文化
- 深化群众性精神文明创建活动

丰富文化产品和服务
- 繁荣发展社会主义文艺
- 构建现代公共文化服务体系
- 加快发展现代文化产业
- 建设现代传媒体系
- 加强网络文化建设
- 深化文化体制改革

提高文化开放水平
- 拓展文化交流与合作空间
- 加强国际传播能力建设

第十七篇　加强和创新社会治理

加强社会治理基础制度建设，构建全民共建共享的社会治理格局，提高社会治理能力和水平，实现社会充满活力、安定和谐。

完善社会治理体系

- 提升政府治理能力和水平
- 增强社区服务功能
- 发挥社会组织作用
- 增强社会自我调节功能
- 完善公众参与机制
- 健全权益保障和矛盾化解机制

完善社会信用体系

- 健全信用信息管理制度
- 强化信用信息共建共享
- 健全守信激励和失信惩戒机制
- 培育规范信用服务市场

健全公共安全体系

- 全面提高安全生产水平
- 提升防灾减灾救灾能力
- 创新社会治安防控体系
- 强化突发事件应急体系建设

建立国家安全体系

- 健全国家安全保障体制机制
- 保障国家政权主权安全
- 防范化解经济安全风险
- 加强国家安全法治建设

第十八篇　加强社会主义民主法治建设

坚持中国共产党领导、人民当家作主、依法治国有机统一，加快建设社会主义法治国家，发展社会主义政治文明。

发展社会主义民主政治

- 坚持和完善人民代表大会制度、中国共产党领导的多党合作和政治协商制度、民族区域自治制度以及基层群众自治制度，扩大公民有序政治参与，充分发挥我国社会主义政治制度优越性。

全面推进法治中国建设

- 完善以宪法为核心的中国特色社会主义法律体系
- 加快建设法治政府
- 促进司法公正
- 全面推进法治社会建设

加强党风廉政建设和反腐败斗争

- 党风廉政建设和反腐败斗争永远在路上，反腐不能停步、不能放松。

第十九篇　统筹经济建设和国防建设

坚持发展和安全兼顾、富国和强军统一，实施军民融合发展战略，形成全要素、多领域、高效益的军民深度融合发展格局，全面推进国防和军队现代化。

全面推进国防和军队建设

- 以党在新形势下的强军目标为引领，贯彻新形势下军事战略方针和改革强军战略，全面推进军队革命化、现代化、正规化建设。

推进军民深度融合发展

- 完善军民融合发展体制机制，实施军民融合发展工程，深化国防动员领域改革。

第二十篇　强化规划实施保障

保障“十三五”规划有效实施，要在中国共产党的领导下，更好履行各级政府职责，最大程度地激发各类主体的活力和创造力，形成全党全国各族人民全面建成小康社会的强大合力。

发挥党的领导核心作用

- 坚持党总揽全局、协调各方，发挥各级党委（党组）领导核心作用，提高领导能力和水平，为实现“十三五”规划提供坚强保证。

形成规划实施合力

- 加强规划协调管理
- 完善规划实施机制
- 强化财力保障
- 充分调动全社会积极性

实现“十三五”时期发展目标，前景光明，任务繁重。全党全国各族人民要更加紧密地团结在以习近平同志为总书记的党中央周围，高举中国特色社会主义伟大旗帜，坚定不移走中国特色社会主义道路，解放思想、实事求是，与时俱进、改革创新，万众一心、艰苦奋斗，共同夺取全面建成小康社会决胜阶段的伟大胜利！

第一部分

“十二五”时期经济社会

发展成就

2011-2015

“十二五”以来，面对错综复杂的国际环境和艰巨繁重的国内改革发展稳定任务，党中央、国务院团结带领全国各族人民顽强拼搏、开拓创新，经济社会发展取得显著成就，全面建成小康社会迈出坚实步伐、全面深化改革有力推进、全面依法治国开启新征程、全面从严治党开创新局面，国家“十二五”规划《纲要》提出的主要目标指标胜利实现，重大任务和工程总体进展顺利，经济实力、科技实力、国防实力、国际影响力又上了一个大台阶，为实现2020年全面建成小康社会的第一个百年目标打下坚实基础。

1. 经济保持中高速增长，综合国力明显增强

2008年国际金融危机以来，尽管相关国家采取了强有力的应对措施，但全球经济走势依然偏弱、复苏乏力。面对比以往更复杂严峻的形势，我国创新宏观调控思路和方式，在区间调控基础上加强定向调控、相机调控，采取精准调控措施，使经济运行总体呈现稳中有进的良好态势。GDP总量从2010年的40.9万亿元增至2015年的67.7万亿元，年均增长7.8%，高于年均7%的规划预期目标，领跑其他主要经济体，对

全球经济增长贡献率超过 25%。经济结构调整取得重大进展，呈现从以工业为主向以服务业为主、从主要依靠投资拉动向主要依靠消费拉动、从主要依靠劳动力和资本驱动向更多依靠创新驱动的转变。

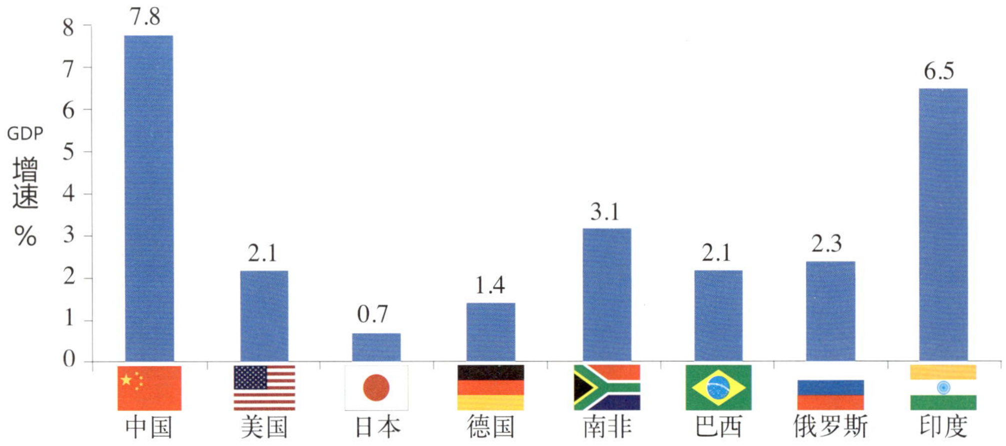

我国经济增速领先世界其他主要经济体
（我国为 2011—2015 年年均数据，其他经济体为 2011—2014 年年均数据）

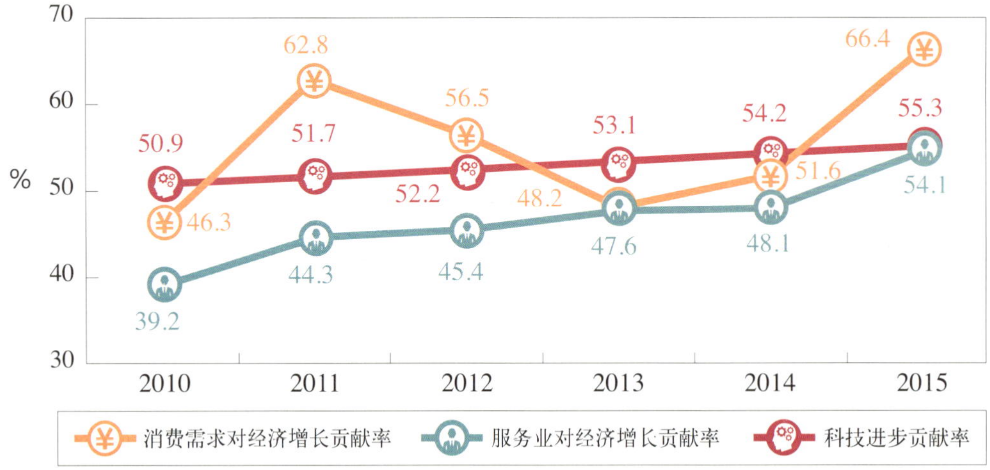

经济结构调整取得重大进展

2. 产业结构调整优化，新兴产业加快成长

“十二五”以来，我国产业结构升级正在加快，新的增长动能正在逐步形成。农业生产保障能力增强，牢牢守住耕地保护红线，2015 年粮食产量增至 1.24 万亿斤、实现“十二连增”，农田基础设施逐步完善，

农业科技创新步伐加快、规模化程度提高。工业整体素质有所提升，"中国制造 2025"、增强制造业核心竞争力 3 年行动计划有力实施，2015 年高技术产业增加值占规模以上工业增加值比重提高到 11.8%。服务业发展势头良好，服务业增加值占 GDP 比重 2012 年超过第二产业、2015 年提高到 50.5%，生产性服务业加快发展，生活性服务业供给不足、质量不高问题有所改善。由新技术和新商业模式催生的新兴产业大量涌现，节能环保、新一代信息技术、生物、高端装备制造、新能源、新材料、新能源汽车 7 大战略性新兴产业规模快速扩大，2015 年增加值占 GDP 比重提高到 8%，华为、中兴、联想、阿里巴巴、腾讯、百度等大型企业成为行业内国际领军企业，基因测序、大型医疗器械、超材料、卫星导航、无人机等新兴行业快速发展。

■ 广东省深圳市生产的无人机

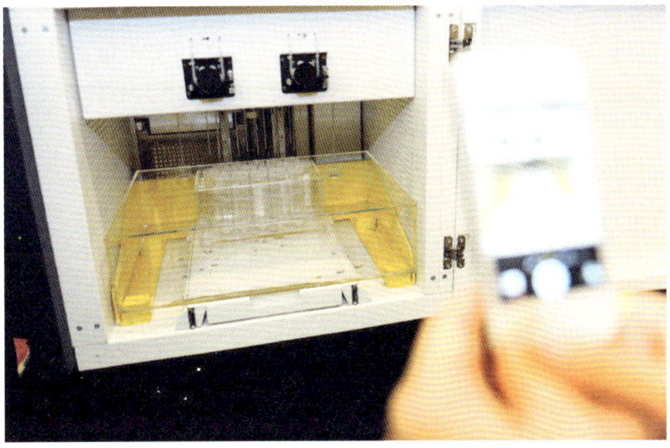

■ 吉林省长春市生产的基因测序仪

3. 科教人才发展加快，双创局面正在形成

"十二五"以来，我国把创新放在发展全局的核心位置，推动产业链、科技链、人才链、教育链有机衔接，经济增长的要素结构得到改善，大众创业万众创新的局面正在形成。双创政策环境有所改善，基于互联网的众创、众包、众扶、众筹等双创支撑平台快速兴起，市场主体开办新企业、开发新产品、开拓新市场速度加快，草根和精英、小企业和大企业全面参与双创格局初步形成。创新驱动发展战略深入实施，2015 年研究与试验发展（R&D）经费支出占 GDP 比重提高到 2.1%，每万人口发明专利拥有量增至 6.3 件，多项重大产业技术空白得以填补。人才队伍

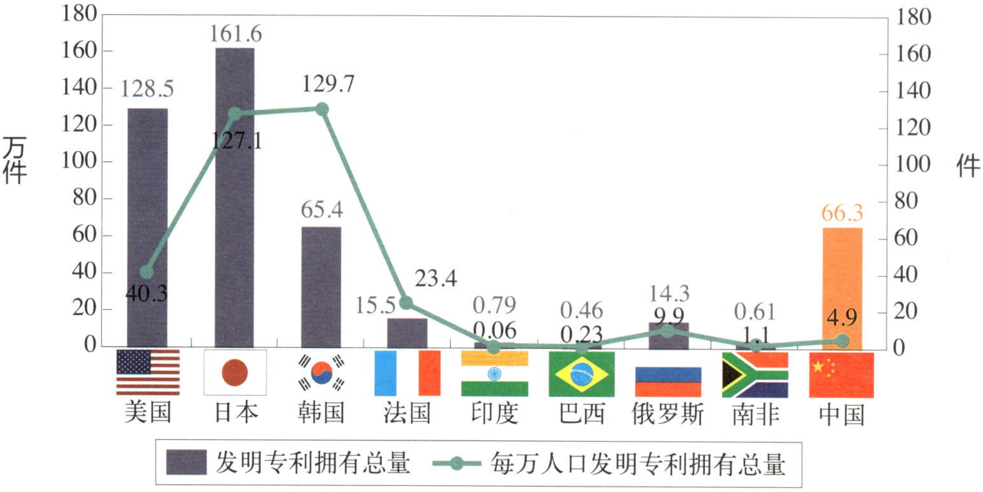

我国发明专利拥有量快速增长（2014）

规模不断扩大，2015 年高技能人才增至 4200 万人，国家两院院士、有突出贡献中青年专家、享受政府特殊津贴专家、在国际组织任职人才分别增至 1500 余人、6000 余人、17.2 万人、168 人，企业家人才数量增加。教育普及程度持续提高，国家财政性教育经费支出占 GDP 比重自 2012 年后稳定在 4% 以上，各级各类教育全面发展，促进教育公平取得成效。

屠呦呦获诺贝尔生理学或医学奖

贵州省世界最大球面射电天文望远镜

4. 对外开放不断深入，外向型经济水平提高

“十二五”以来特别是党的十八大以来，我国以“一带一路”建设为统领，积极打造陆海内外联动、东西双向开放的全面开放新格局，培育国际合作与竞争新优势。对外贸易结构继续改善，2015 年货物进出

口额增至24.6万亿元，出口产品技术含量提升，贸易主体格局更趋合理，以自主产品为主的出口结构开始形成。营造稳定公平透明可预期的营商环境，2015年利用外商直接投资（不含银行、证券、保险领域）增至1263亿美元，外商投资结构逐渐优化，跨国公司在我国设立的地区总部、研发中心等功能性机构超过2000家。积极开展国际产能和装备制造合作，2015年对外直接投资（不含银行、证券、保险领域）增至1180亿美元，存量超过1万亿美元，核电和高铁装备成体系迈入国际市场。推动建立面向全球、辐射"一带一路"、立足周边的高标准自贸区网络，设立上海、广东、天津、福建4个中国自由贸易试验区。

湖南省株洲市出口的米轨动车组

我国在土库曼斯坦建设的天然气处理厂

5. 新型城镇化全面推进，城乡发展趋于协调

"十二五"以来，我国同步推进新型城镇化与美丽乡村建设，城乡发展一体化取得积极进展，常住人口城镇化率从2010年的49.95%提高到2015年的56.1%。2013年中央城镇化工作会议以来，特别是国家新型城镇化规划出台后，以人为核心的新型城镇化进程加快，新型城镇化综合试点有序开展，大部分省份出台户籍制度改革方案，城镇化布局与形态不断优化，智慧城市、绿色城市、海绵城市建设加快。遵循发展中心村、保护特色村、整治空心村的原则，稳步提高乡村规划水平，科学引导农村住宅和居民点建设，农村生产生活条件得到改善，农村公路建设、危房改造、流通服务、饮用水安全保障、电网升级改造、环境整治

不断加强，乡村风貌和民族文化特色得到更多保持。城乡发展一体化水平提升，城乡规划、基础设施、基本公共服务一体化取得积极进展。

宁夏回族自治区银川市中阿之轴夜景

青海省西宁市城市交通基础设施

6. 区域发展协调性增强，开发格局持续优化

“十二五”以来，我国把“三大战略”与区域发展总体战略有机结合，构建区域协调协同发展的新格局。继续实施以西部大开发、东北振兴、中部崛起、东部率先发展为主要内涵的区域发展总体战略。“一带一路”战略顺利实施，中欧班列有序发展，亚洲基础设施投资银行正式开业；京津冀协同发展稳步推进，北京非首都功能疏解有序展开；长江经济带发展加快，黄金水道建设取得进展，长江上中下游产业分工协作更为紧密。老少边穷地区加快发展，革命老区得到振兴发展，民族地区综合实力明显增强，边疆地区开放发展步伐加快，贫困地区农民生活质量提高。遵循市场规律引导产业跨区域梯度转移，依托政府财力强化落后地区公共产品和服务供给，东部、中部、西部、东北地区人均GDP倍差由2010年的1：0.52：0.48：0.74下降至2014年的1：0.57：0.56：0.78，人均公共财政支出倍差由2010年的1：0.7：0.98：1.10调整为2014年的1：0.77：1.07：1.05，区域发展差距趋于缩小。

7. 基础设施体系加快完善，支撑保障更加有力

“十二五”以来，我国加快构建适度超前、现代高效的一体化现代基础设施网络，引领支撑国土开发和人口经济布局。交通基础设施投资

规模持续扩大，高效便捷的铁路网、公路网、航空运输网、航道网、城际铁路网正在加快形成。2015 年，铁路营业里程从 2010 年的 9.1 万公里增至 12.1 万公里，其中高速铁路从 0.84 万公里增至 1.9 万公里。公路通车里程从 2010 年的 398 万公里增至 457 万公里，其中高速公路从 7.4 万公里增至 12.3 万公里、覆盖 98% 的 20 万以上人口城镇，96% 的县城实现二级及以上公路连通。内河高等级航道达标里程增至 1.35 万公里、达标率提高到 71.5%，沿海港口万吨及以上泊位增至 2210 个以上，长江成为世界上水运最繁忙的河流。民用运输机场增至 207 个，年旅客吞吐量超过千万人次的机场增至 26 个，航线数和中方国际航线数分别增至 3458 条、663 条，国内航空公司国际客运市场份额超过 50%，北京首都机场旅客吞吐量、上海浦东机场货邮吞吐量分别位居世界第二、第三位。新一代移动通信网、下一代互联网、数字广播电视网、卫星通信等信息网络设施统筹建设力度加大。水利设施建设全面加强，城乡供水体系和防洪体系得到完善，水安全保障能力增强。能源供给能力稳步提高，大型煤炭煤电基地建设有序推进，油气保障能力逐步增强，核电安全有序发展，2015 年非化石能源占一次能源消费比重提高到 12%。

云南省昆明长水国际机场

四川省稻城亚丁机场
（世界海拔最高民航机场）

8. 节能减排进展明显，生态文明理念深入人心

“十二五”以来，我国把生态文明理念贯穿于生产力布局、空间开发、产业发展、生产方式、生活方式等各个方面，把主体功能区作为国土空间开发保护基础制度，着力加强主体功能区建设。按照全生命周期

理念推进绿色生产、绿色消费，不断强化能源资源节约利用和生态环境保护。资源利用效率明显提升，经济增长的资源消耗强度持续降低，单位 GDP 能耗、水耗分别下降 18.2%、32%，资源循环利用和循环经济较快发展。与国际社会共同应对全球气候变化，推动气候变化国际交流合作，单位 GDP 二氧化碳排放降低 20% 以上。从源头减少污染物产生和排放，2015 年化学需氧量（COD）、氨氮、二氧化硫、氮氧化物排放量分别比 2010 年减少 12.9%、13.0%、18.0%、18.6%，大气、水体、土壤污染治理力度加大。生态保护修复扎实推进，强化重要自然生态系统保护和重点生态功能区管理，启动生态保护红线划定，加快构建国家生态安全格局。

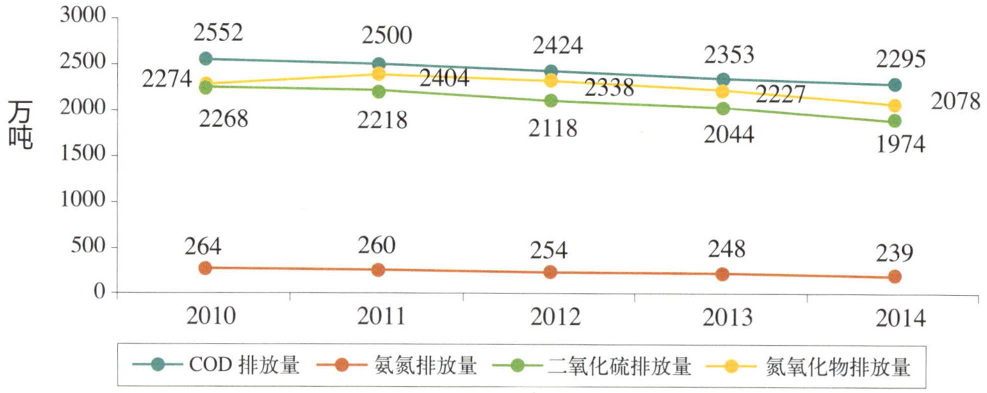

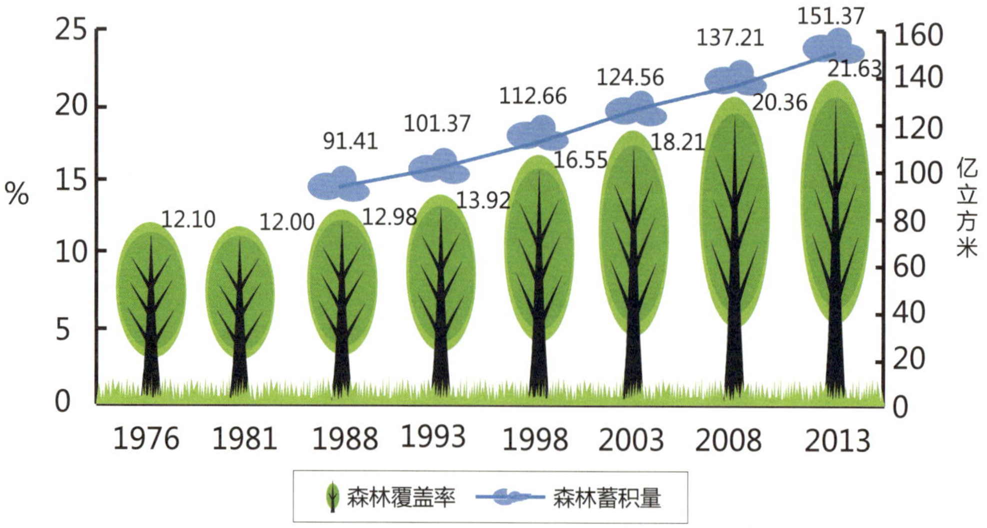

生态文明建设取得明显进展

甘肃省民勤县青土湖再现生机

9. 居民收入快速增长，人民生活水平稳步提高

“十二五”以来，我国把经济增长建立在就业基本稳定、收入同步增长的基础上，加强以基本公共服务为核心的民生保障，使全体人民共享发展成果。城乡就业人员从2010年的7.61亿人增至2015年的7.75亿人左右，其中城镇新增就业6431万人，城镇就业人员从3.47亿人增至4.04亿人，城镇登记失业率、大城市调查失业率分别保持在4%、5%左右。城镇居民人均可支配收入年均增长7.7%，农村居民人均纯收入年均增长9.6%，低收入群体收入提高，中等收入群体规模扩大。居民生活质量稳步提升，旅游和文化体育生活更加丰富，居民消费结构持续升级。9个领域44类80项基本公共服务项目全面落实，居民上学、就

海南省三亚市亚龙湾国家旅游度假区

河北省崇礼县滑雪场

医等基本生存与发展权利得到保障，保基本、兜底线取得成效。社会治理能力提高，城乡社区自治和服务功能增强，社会组织作用得到更广泛发挥，社会信用体系建设力度加大，公共安全体系逐步健全。

10. 体制改革不断深化，市场活力持续释放

“十二五”以来特别是党的十八届三中全会以来，我国抓住经济体制改革“牛鼻子”，推动市场化改革向纵深拓展，为发展释放新的活力和动力。大力推进简政放权、放管结合、优化服务，逐步推行市场准入负面清单、政府权力清单和责任清单制度，全面推开商事制度改革，使市场主体迸发活力、提振信心。建立灵敏反映成本和市场供求变化的价格机制，稳步推进资源性产品等价格改革，全面修订中央和地方定价目录，具体定价项目分别缩减 80%、55% 左右，大力推进市场价格监管和反垄断执法。有序推进国有企业分类改革，完成铁路机车、核电、电信行业国企及相关业务重组，在铁路、石油天然气、电力、通信、公用事业等行业引导社会资本进入竞争性环节。将所有政府性收入纳入预算管理，初步形成由一般公共预算、政府性基金预算、国有资本经营预算、

港珠澳大桥（九洲航道桥段）

社会保险基金预算组成的政府预算体系，扩大中央国有资本经营预算实施范围。小微企业减免税力度加大，营改增改革取得积极进展。金融体制改革稳步推进，利率市场化改革取得重大进展，人民币汇率双向浮动弹性增强，资本项目可兑换进程有序推进，人民币加入特别提款权（SDR）货币篮子，资本市场和债券市场规范发展。

此外，“十二五”规划提出的推进社会主义政治文明建设、推进文化大发展大繁荣、加强国防和军队现代化建设、保持香港澳门繁荣稳定、推进两岸关系和平发展和祖国统一大业等重大战略任务进展顺利。人民民主制度化、法律化逐步推进，中国特色社会主义法律体系基本形成，法治政府建设加快推进，司法体制改革取得突破性进展，全社会法治观念明显增强。中华民族伟大复兴的中国梦和社会主义核心价值观深入人心，国家文化软实力增强。中国特色军事变革成就显著，强军兴军迈出新步伐，军民融合发展取得新成就。贯彻“一国两制”、“港人治港”、“澳人治澳”、高度自治方针，支持港澳巩固提升竞争优势、培育新兴产业，内地与港澳经济合作加强。海峡两岸政治、经贸、文化交流不断深化。

在党中央、国务院科学决策和正确领导下，在各地区各部门和全国

抗战胜利 70 周年阅兵洲际导弹方队

各族人民共同努力下，“十二五”规划实施成效显著，主要目标指标、重大任务和工程完成情况是近几个五年规划中最好的，尤其是12个约束性指标全部如期实现，为“十三五”时期经济社会发展奠定了坚实基础。

尤为重要的是，党的十八大以来，以习近平同志为总书记的党中央毫不动摇坚持和发展中国特色社会主义，勇于实践、善于创新，深化对共产党执政规律、社会主义建设规律、人类社会发展规律的认识，形成一系列治国理政新理念新思想新战略，为在新的历史条件下深化改革开放、加快推进社会主义现代化提供了科学理论指导和行动指南。

“十二五”规划《纲要》主要指标实现情况

指标	2010	规划目标		实现情况		
		2015	年均[累计]	2015	年均[累计]	
• 经济发展						
(1) 国内生产总值(GDP)(万亿元)	40.9	-	7%	67.7	7.8%	
(2) 服务业增加值比重(%)	44.2	47	-	50.5	-	
(3) 常住人口城镇化率(%)	49.95	51.5	-	56.1	-	实现
• 科技教育						
(4) 九年义务教育巩固率(%)	89.7	93	-	93	-	
(5) 高中阶段教育毛入学率(%)	82.5	87	-	87	-	
(6) 研究与试验发展经费投入强度(%)	1.7	2.2	-	2.1	-	基本实现
(7) 每万人口发明专利拥有量(件)	1.7	3.3	-	6.3	-	
• 资源环境						
(8) 耕地保有量(亿亩)	18.18	18.18	-	18.65	-	
(9) 单位工业增加值用水量降低(%)	-	-	[30]	-	[35]	
(10) 农业灌溉用水有效利用系数	0.5	0.53	-	0.532	-	
(11) 非化石能源占一次能源消费比重(%)	8.6	11.4	-	12	-	
(12) 单位GDP能源消耗降低(%)	-	-	[16]	-	[18.2]	
(13) 单位GDP二氧化碳排放降低(%)	-	-	[17]	-	[20]	
(14) 主要污染物排放总量减少(%) 化学需氧量 二氧化硫 氨氮 氮氧化物	-	-	 [8] [8] [10] [10]	-	 [12.9] [18.0] [13.0] [18.6]	
(15) 森林增长 森林覆盖率(%) 森林蓄积量(亿立方米)	 20.36 137	 21.66 143	 - -	 21.66 151	 - -	实现
• 人民生活						
(16) 城镇居民人均可支配收入(元)	-	-	>7%	-	7.7%	
(17) 农村居民人均纯收入(元)	-	-	>7%	-	9.6%	
(18) 城镇登记失业率(%)	4.1	<5	-	4.05	-	
(19) 城镇新增就业人数(万人)	-	-	[4500]	-	[6431]	
(20) 城镇参加基本养老保险人数(亿人)	2.57	3.57	-	3.77	-	
(21) 城乡三项基本医疗保险参保率(%)	-	-	[3]	-	[>3]	
(22) 城镇保障性安居工程建设(万套)	-	-	[3600]	-	[4013]	
(23) 全国总人口(亿人)	13.41	<13.90	-	13.75	-	
(24) 人均预期寿命(岁)	-	74.5	-	76.34	-	

注：① GDP、居民收入增速按可比价计算，绝对数按当年价计算。② 2015年耕地保有量根据第二次全国土地调查数据更新。③ [ ] 内为5年累计数。

第二部分

“十三五”时期经济社会发展

主要指标

2016-2020

1. 约束性指标和预期性指标

规划指标是规划任务的凝练，具有明确的导向和约束功能。在合理甄选代表性指标、科学测算指标量值、反复征求相关部门意见基础上，“十三五”规划《纲要》设置“经济发展”、“创新驱动”、“民生福祉”、“资源环境”4大类25个主要指标，其中约束性指标13个。与“十二五”规划《纲要》相比，指标总数增加1个，约束性指标数增加1个。25个主要指标体现了人民的根本利益和长远利益，是凝聚人民意愿的国家战略目标。

党的十八届三中全会明确提出，我国政府职责和作用主要是保持宏观经济稳定、加强和优化公共服务、保障公平竞争、加强市场监管、维护市场秩序、推动可持续发展、促进共同富裕、弥补市场失灵。因此，“十三五”规划《纲要》在“民生福祉”、“资源环境”等政府职责领域，相应设置约束性指标；在“经济发展”、“创新驱动”等市场发挥决定性作用、市场主体自主决策的领域，相应设置预期性指标。

约束性指标是政府对人民的承诺，是在预期性基础上进一步强化政府责任的指标，是中央政府对有关部门和地方政府提出的工作要求，主要依靠各级政府正确履行职责、配置公共资源、运用行政力量来实现。预期性指标是国家期望的发展目标，主要依靠市场主体自主行为来实现，各级政府创造良好的政策环境、制度环境和法治环境，完善市场机制及利益导向机制，引导社会资源配置和市场主体行为与国家期望相一致。

约束性指标重在考核，预期性指标重在监测评估。中央政府会将主要约束性指标分解到中央政府有关部门和省级政府，明确责任主体、量化要求和工作进度，在“十三五”规划实施过程中对其实现情况进行考核，考核结果作为各级政府领导班子和领导干部绩效评价的重要组成部分。考虑到实现预期性指标主要靠市场，中央政府一般不对其作分解，在“十三五”规划实施过程中对其实现情况进行跟踪分析和监测评估。

2. 国内生产总值（GDP）

GDP指一定时间内一国所有常住单位生产活动的最终成果，是衡量经济实力、综合国力和国际竞争力的综合性指标。“十三五”时期GDP预期年均增长6.5%以上，可以实现党的十八大和十八届五中全会“2020年GDP比2010年翻一番”的目标要求。这一增速目标，符合经济发展新常态下速度变化、结构优化、动力转换的时代特征，与去产能、去库存、去杠杆、降成本、补短板相协调，有利于实现质量更高、效益更优的增长，在大多数国内外研究机构预测的我国“十三五”潜在增长区间（6%—7%）内。按此测算，2020年我国GDP将增至92.7万亿元（2015年不变价）以上。

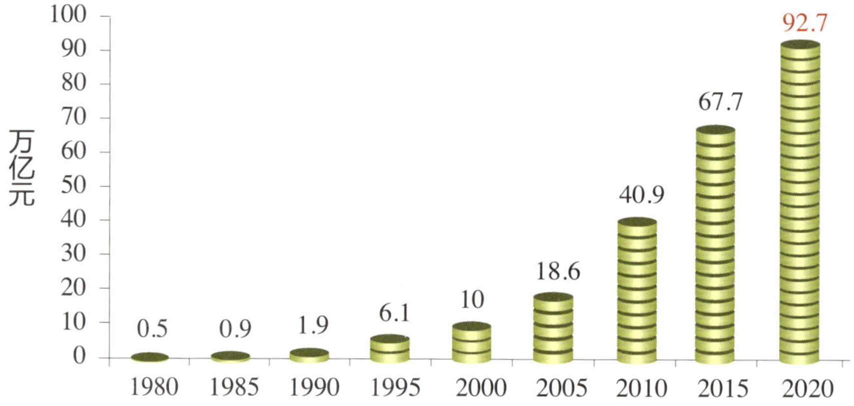

■ 经济长期较快增长

3. 全员劳动生产率

全员劳动生产率简称劳动生产率，反映一国全部就业人员的平均生产效率，计算公式为：全员劳动生产率＝GDP总量/就业人数。全员劳动生产率主要受劳动者的整体素质、技能水平，以及科技、装备、制度、管理模式的先进性和有效性等因素影响。“十二五”时期，我国GDP累计增长46%左右，城乡就业人数累计增长1.8%左右，全员劳动生产率从2010年的5.37万元／人增至2015年的8.74万元／人。

“十三五”时期，我国将大力推进供给侧结构性改革，普遍提高劳动者素质，促进劳动力和人才自由流动，改善技术研发、工艺流程、装备性能和管理模式，健全有利于释放市场活力的制度环境和政策体系，

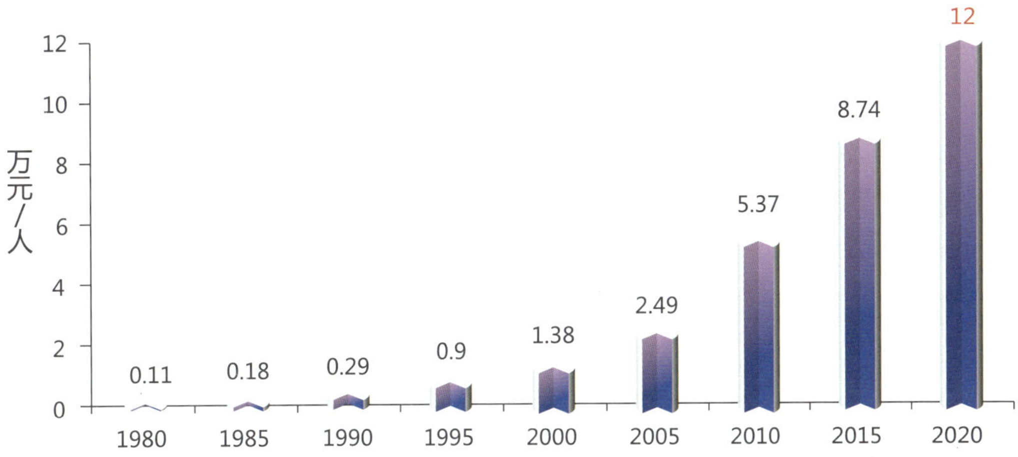

■ 全员劳动生产率快速提高

加强国内产品和服务的有效供给，为提高全员劳动生产率提供有力支撑。据预测，2020 年我国劳动年龄人口将从 2015 年的 9.11 亿人减至 9.05 亿人左右，城乡就业人数也将从 2015 年的 7.75 亿人减至 7.7 亿人左右。按 2020 年 GDP 总量 92.7 万亿元（2015 年不变价）以上测算，2020 年全员劳动生产率将达到 12 万元 / 人以上，“十三五”时期年均增长 6.6% 以上。

■ 北京市全国大众创业万众创新活动周现场

4. 城镇化率

城镇化率包括常住人口城镇化率、户籍人口城镇化率2个二级指标。常住人口城镇化率指在城镇居住半年以上的常住人口占总人口的比重；户籍人口城镇化率是指非农户籍（包括城市和建制镇户籍）人口占总人口的比重。“十二五”时期，我国城镇化进程明显加快，常住人口城镇化率从2010年的49.95%提高到2015年的56.1%。目前，我国城镇化率与全球平均水平大致相当，但仍低于美国82.9%、德国74.2%、日本92.3%、俄罗斯74.2%、巴西85.1%、南非62.9%的水平。

城镇化水平稳步提高

“十三五”时期，城镇化仍将保持较快发展，预计2020年常住人口城镇化率、户籍人口城镇化率分别提高到60%、45%，与《国家新型城镇化规划（2014—2020年）》的目标要求一致。

5. 服务业增加值比重

服务业增加值比重是反映产业结构优化升级的重要指标。我国服务业发展总体滞后，特别是服务于一产、二产的生产性服务业发展缓慢，精细化、高品质生活性服务业供给不足。设置该指标有利于引导服务业加快发展、优质发展。“十二五”时期，服务业增加值占GDP比重从2010年的44.2%大幅提高到2015年的50.5%，年均提高1.26个百分点。

“十三五”时期，将继续营造有利于服务业发展的制度政策体系，扩大生产性服务和生活性服务的市场化供给，并着力加强公共服务供给，服务业仍将保持快速发展，预计 2020 年服务业增加值比重将提高到 56%。

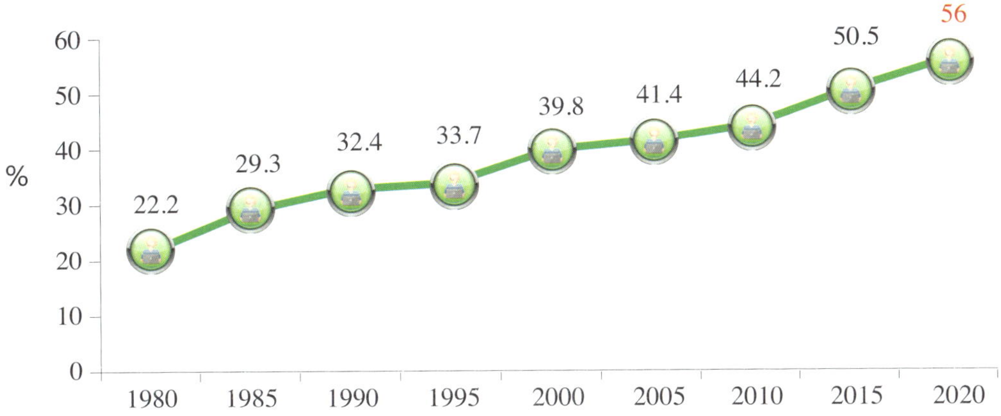

服务业增加值占 GDP 比重持续提高

6. 研究与试验发展（R&D）经费投入强度

R&D 经费投入强度指全社会用于研发活动的经费投入相当于 GDP 的比例，是体现科技创新投入的国际通用指标。其中，R&D 指在科学技术领域为增加知识总量、运用知识去创造新应用的活动，包括基础研究、应用研究、试验发展 3 类活动。"十二五"时期，我国 R&D 经费投入强度从 2010 年的 1.73% 提高到 2015 年的 2.1%，高于金砖国家和绝大多数发展中国家水平，但低于美国 2.8%、德国 2.8%、日本 3.3%、韩国 3.7%、以色列 4.4% 的水平。《国家中长期科技发展规划纲要（2006—2020 年）》提出"2020 年 R&D 经费投入强度达到 2.5% 以上"的目标要求。按此要求，将 2020 年 R&D 经费投入强度预期目标设为 2.5%。

湖北省武汉市光谷未来科技城

辽宁省沈阳市金谷科技园

7. 每万人口发明专利拥有量

每万人口发明专利拥有量指一国每万人口拥有的、经国家知识产权官方机构授权、在有效期内的发明专利件数，反映原创性科技成果的产出能力。2015 年，我国共受理发明专利 110 万件，同比增长 18.7%，连续 5 年位居世界第一。

“十三五”时期，我国将大力实施创新驱动发展战略，加强专利权等知识产权的创造、运用、保护和管理，有利于保持发明专利快速增长态势，预计 2020 年每万人口发明专利拥有量将增至 12 件。

8. 科技进步贡献率

科技进步贡献率指一国科技进步对经济增长的贡献份额，计算公式为：科技进步贡献率＝全要素生产率增速 /GDP 增速。其中，全要素生产率增速 =GDP 增速 – α × 固定资本增速 – β × 劳动投入增速（α 是资本报酬份额的系数，β 是劳动报酬份额的系数，α + β =1）。科技进步贡献率能直观易懂地反映包括科技、制度和管理在内的广义技术进步对经济增长的贡献。根据科技部测算，“十二五”时期，我国科技进步贡献率从 2010 年的 50.9% 提高到 2015 年的 55.3%。

《国家中长期科技发展规划纲要（2006—2020 年）》提出“2020 年科技进步贡献率达到 60%”的目标。“十三五”时期，随着我国创新能力不断增强，大众创业万众创新蓬勃兴起，科技进步贡献率有望快速提升。

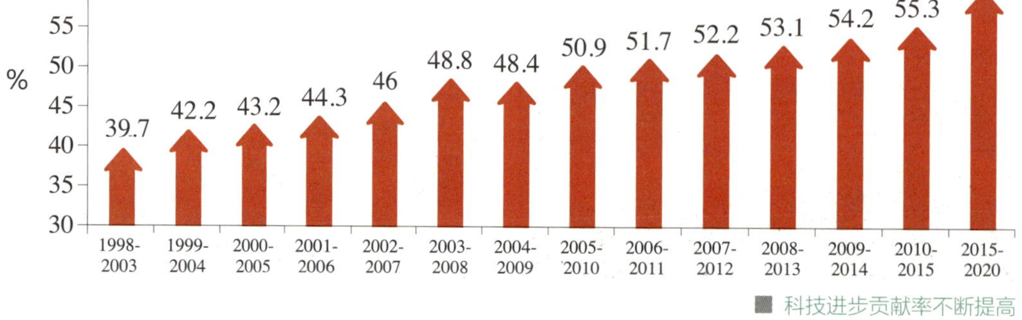

■ 科技进步贡献率不断提高

9. 互联网普及率

互联网普及率包括固定宽带家庭普及率、移动宽带用户普及率2个二级指标。其中，前者指通过私人付费或安装在居民家庭、按照居民家庭登记注册收费的各类宽带（包括通过xDSL、FTTx+LAN、FTTH/0以及其他宽带、普通专线）接入互联网的用户数，占全国家庭数的比例；后者指在计费系统拥有使用信息、占有移动宽带（3G/4G）业务或终端的用户数，占全国人口数的比例。“十二五”时期，我国大力实施“宽带中国”战略，2015年固定宽带基本覆盖所有乡镇，固定宽带用户增至1.7亿户家庭，固定宽带家庭普及率大幅提高到40%；移动宽带（3G/4G）用户增至7.9亿，其中4G用户突破3.9亿，移动宽带用户普及率大幅提高到57%。

“十三五”时期，我国将综合运用有线和无线方式，进一步扩大固定宽带和移动宽带覆盖面，提高互联网普及率。根据《“宽带中国”战略及实施方案》“2020年固定宽带用户达到4亿户、家庭普及率达到70%，3G/4G用户超过12亿、用户普及率达到85%”的要求，2020年固定宽带家庭普及率、移动宽带用户普及率的规划目标分别设定为70%、85%。

■ 福建省厦门市民体验4G网络

■ 浙江省宁波市公交车免费无线上网

10. 居民人均可支配收入

居民可支配收入指居民可用于最终消费支出和储蓄、可自由支配的收入总和，由工资性收入、经营性净收入、转移性净收入、财产性净收入4个子项构成。2013年，统计局实行城乡一体化住户收支与生活状况调查，统一城乡居民收入统计，并发布全国居民、城镇居民、农村居民 3 项人均可支配收入数据。“十二五”时期，我国城乡居民人均收入年均增速分别为 7.7%、9.6%，2015 年居民人均可支配收入增至 2.2 万元。

“十三五”时期，按照党的十八大提出的“2020 年城乡居民人均收入比 2010 年翻一番”的目标要求，城乡居民人均收入年均增速底线分别为 6.7%、4.8%。按照居民收入增长与经济增长同步的要求，将“十三五”时期目标值设定为年均增长 6.5% 以上，与 GDP 年均增速目标值相一致，可以实现 2020 年城乡居民人均收入比 2010 年翻一番的目标。

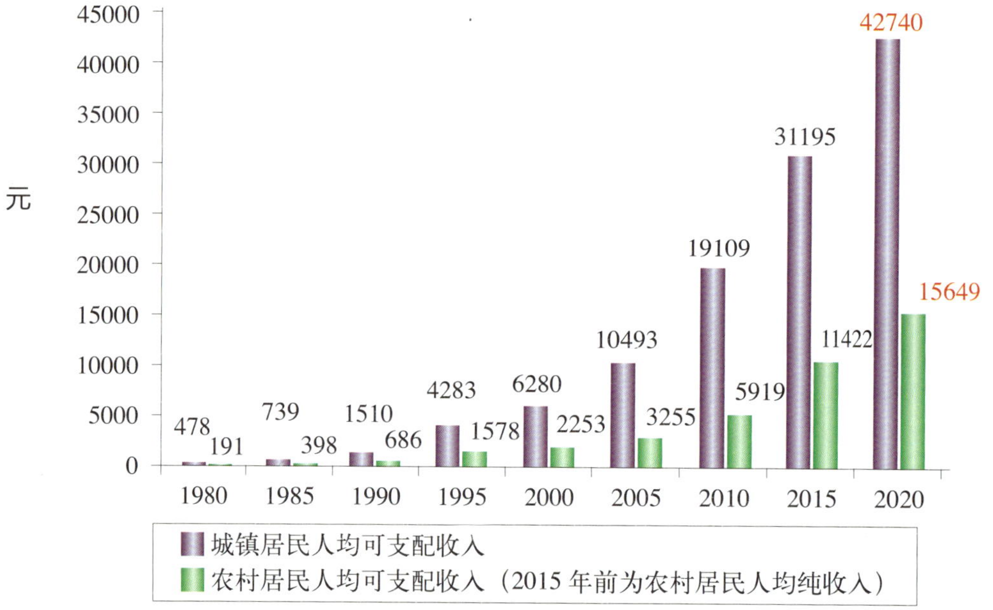

■ 居民人均收入持续较快增长

11. 劳动年龄人口平均受教育年限

劳动年龄人口平均受教育年限指一国劳动年龄人口平均接受学历教育（含成人学历教育，不含非学历培训）的年数，反映人力资本水平和劳动者素质。其中，劳动年龄人口指能从事一定强度工作的成年人数减去法定退休年龄人数的差，即 16—59 周岁（含不满 60 周岁）的人口数，是参与经济活动的主要人力资源。“十二五”时期，我国劳动年龄人口平均受教育年限从 2010 年的 9.7 年增至 2015 年的 10.23 年，年均增加约 0.1 年、累计增加约 0.5 年。

“十三五”时期，贯彻落实党的十八届五中全会提出的“2020年劳动年龄人口受教育年限明显增加”的要求，必须加大国民教育工作力度，推动义务教育均衡发展，普及高中阶段教育，提升高等教育大众化水平，大力发展继续教育。预计2020年九年义务教育巩固率、高中阶段教育毛入学率、高等教育毛入学率将分别提高到95%、90%、50%左右，带动“十三五”时期劳动年龄人口平均受教育年限的年均增幅略快于“十二五”，2020年劳动年龄人口平均受教育年限将增至10.8年。

12. 城镇新增就业人数

城镇新增就业人数指一国城镇新就业人数减去自然减员（因退休和伤亡等原因）人数的差，是反映经济增长所创造就业岗位的发展性指标。“十二五”时期，我国年度城镇新增就业人数保持在1220万—1330万之间，5年累计新增6431万人，城镇就业人数从2010年的3.47亿人增至2015年的4.04亿人。

“十三五”时期，我国将继续实施就业优先战略，推进大众创业万众创新蓬勃发展，努力创造更多就业岗位，并着力解决结构性就业矛盾，预计城镇累计新增就业5000万人以上。

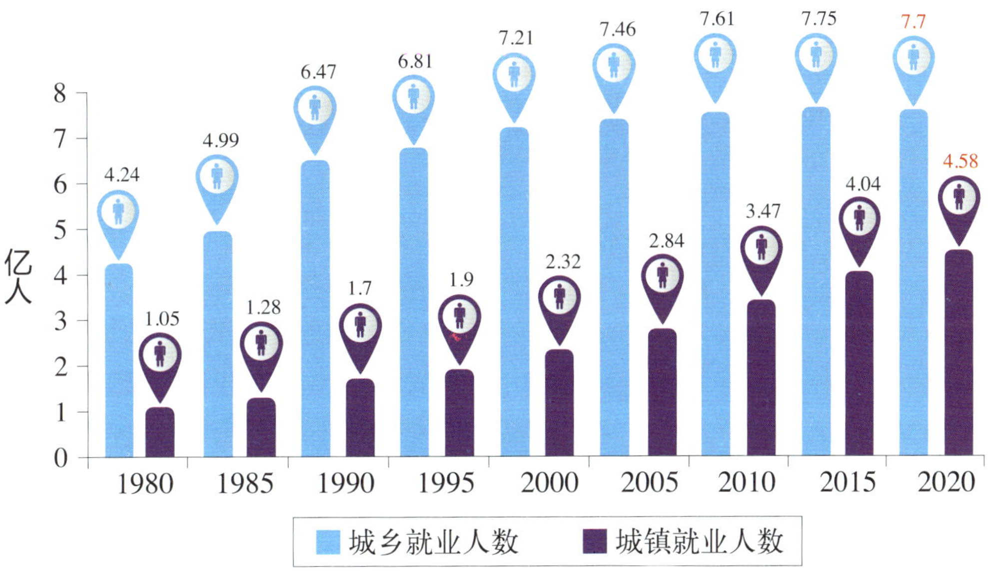

■ 充分就业状态长期保持

13. 农村贫困人口脱贫

农村贫困人口脱贫指我国现行贫困标准下农村贫困人口的减少数量。其中，现行贫困标准指农民年人均纯收入低于2300元（2010年不变价）或2800元（2014年价）。“十二五”时期，按照国务院扶贫办建档立卡数据，我国农村贫困人口从2010年的16567万人减至2015年的5575万人左右。“十三五”时期，按照党的十八届五中全会“2020年现行标准下农村贫困人口实现脱贫，贫困县全部摘帽，解决区域性整体贫困”的要求，我国将充分发挥政治优势和制度优势，实施脱贫攻坚工程和精准扶贫、精准脱贫，通过发展特色产业、转移就业、易地扶贫搬迁、生态保护扶贫、教育培训、医疗救助等措施，实现约5000万建档立卡贫困人口脱贫；通过实行社保政策兜底，实现其余完全或部分丧失劳动能力的贫困人口脱贫，确保2020年5575万农村贫困人口全部脱贫。

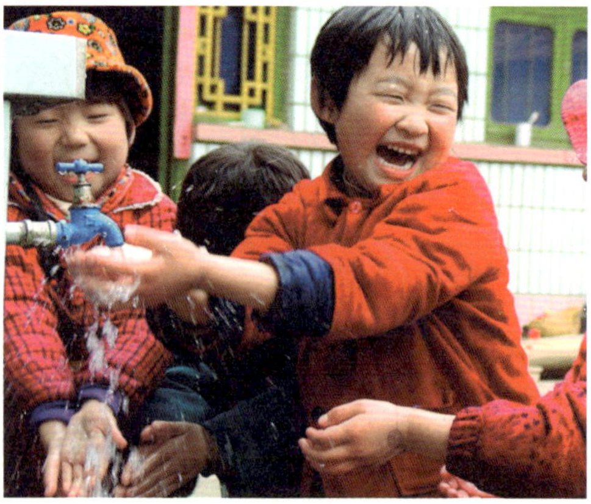

■ 甘肃省贫困村通自来水

■ 辽宁省义县贫困户新年住新房

14. 基本养老保险参保率

基本养老保险参保率指我国参加基本养老保险人口占法定应参保人口（15周岁以上人口减去在校学生和军人）的比例。我国从1988年、2010年开始，分别实行城镇职工基本养老保险制度、城乡居民基本养老保险制度。“十二五”时期，在全面实施城乡居民养老保险制度的背景下，我国基本养老保险参保人数从2010年的3.6亿人大幅增至2014年的8.4亿人。其中，职工参保从2.6亿人增至3.4亿人，居民参保从1

山西省太原市民在社保大厅办理业务

亿人增至5亿人（城镇居民基本养老保险、新型农村社会养老保险参保分别为0.2亿人、4.8亿人）。2015年基本养老保险参保率为82%左右。

“十三五”时期，我国将实施全民参保计划，基本实现法定人员全覆盖。2020年，预计我国总人口为14.2亿人左右，减去约2.4亿的0—14周岁人口、约5000万的15周岁以上学生和军人，预计法定应参保人数为11.3亿人左右，实际参保人数有望超过10亿人。按照应保尽保、自愿参保原则，将2020年基本养老保险参保率的规划目标设定为90%。

15. 城镇棚户区住房改造

城镇棚户区住房改造指在城市建成区的平房密度大、使用年限久、房屋质量差、配套不齐全、交通不便利、环境脏乱差、治安消防隐患大的棚户区内，对原有住房进行改造。全国第六次人口普查数据显示，我国有4200万套棚户区住房，2008—2015年已改造2680万套，尚余1520万套未改造。按照住房城乡建设部2015年调查数，又新增500多万套包含城中村在内的棚户区住房。2015年中央城市工作会议提出“2020年

■ 安徽省铜陵市城镇棚户区改造前后对比

基本完成现有城镇棚户区、城中村和危房改造”的目标，“十三五”时期仍需改造城镇棚户区住房约 2000 万套。

16. 人均预期寿命

人均预期寿命指一国新出生婴儿预期可存活的平均年数，反映社会发展、医疗卫生和生活质量的综合水平，是联合国人类发展指数（HDI）的 3 个合成指标之一。2015 年，我国人均预期寿命达 76.34 岁，虽高于俄罗斯 71.1 岁、印度 67.7 岁、巴西 74.1 岁、南非 56.7 岁的水平，但低

■ 江苏省如皋市 103 岁老人幸福生活

于美国 78.8 岁、德国 81.0 岁、日本 83.3 岁、韩国 81.5 岁的水平。

“十三五”时期，我国将全面推进健康中国建设，实现人人享有基本医疗卫生服务，继续降低婴儿死亡率、5 岁以下儿童死亡率、孕产妇死亡率，开展以慢性病为重点的重大疾病综合防控，健全养老服务体系，广泛开展全民健身行动，提高人民健康水平。预计 2020 年人均预期寿命将比 2015 年提高 1 岁。

17. 耕地保有量

耕地保有量指一国种植农作物的土地面积，包括熟地、新开发复垦整理地、休闲地（含轮歇地和轮作地），以种植农作物（含蔬菜）为主、间有零星果树桑树或其他树木的土地，能保证每年平均收获一季的已垦滩地和海涂。2015 年，我国实有耕地 20.26 亿亩，减去 1.61 亿亩左右不稳定耕地后，稳定耕地面积为 18.65 亿亩。

不稳定耕地主要为 5 类：国家新一轮退耕还林还草总体方案确定的生态退耕；京津冀协同发展、新疆退地减水、石羊河流域敦煌流域水资源利用等安排的生态退耕；变更调查认定为现状耕地，但为占补平衡开发复垦纳入占补平衡储备库的耕地；受灾害损毁和农业结构调整影响而净减少的耕地；东北和西北地区的林区草原以及河流湖泊最高洪水位控制线范围内难以稳定利用的耕地。

■ 黑龙江省国营农场

“十三五”时期，我国将在坚持最严格耕地保护制度的基础上，保持稳定耕地面积零减少，2020 年耕地保有量保持在 18.65 亿亩。

18. 新增建设用地规模

新增建设用地规模指一定时间内一国净增加的城乡建设用地面积。我国实行土地用途管制制度，将土地分为农用地、建设用地、未利用地 3 类，其中建设用地指建造建筑物和构筑物的土地，包括城乡住宅和公共设施用地、工矿用地、交通水利设施用地、旅游用地、军事设施用地等。

“十三五”时期，我国将继续坚持最严格的节约用地制度，实行建设用地总量和强度双控行动，推进城镇低效用地再开发和工矿废弃地复垦，严格控制农村集体建设用地规模。结合近年来城乡建设用地面积的增长趋势，综合经济社会发展需要，将“十三五”时期新增建设用地规模控制在 3256 万亩以内。

19. 万元 GDP 用水量下降

万元 GDP 用水量指每生产 1 万元 GDP 所消耗的水量，综合反映三次产业在生产过程中的用水效率。“十二五”时期，我国万元 GDP 用水量累计降低 32% 左右。

■ 甘肃省张掖市高效节水农业

“十三五”时期，我国将实行最严格的水资源管理制度，以水定产、以水定城，实行水资源消耗总量和强度双控行动，实施雨洪资源利用、再生水利用、海水淡化工程，建设节水型社会。《水污染防治行动计划》提出“2020 年万元 GDP 用水量比 2013 年下降 35%”的目标，据此测算，2020 年还需比 2015 年再降低 23%。综合考虑，将“十三五”时期万元 GDP 用水量下降的规划目标设定为 23%。

20. 单位 GDP 能源消耗降低

单位 GDP 能源消耗降低指每生产单位 GDP 所消耗能源量与基期相比的降低比例。“十二五”时期，我国单位 GDP 能源消耗累计降低 18.2%，2015 年万元 GDP 能耗为 0.63 吨标准煤。

“十三五”时期，我国将全面节约和高效利用能源，实行能源消耗总量和强度双控行动、全民节能行动计划，加强高能耗行业能耗管控。预计 2020 年一次能源消费总量将控制在 50 亿吨标准煤以内，单位 GDP 能源消耗量将比 2015 年降低 15%。

21. 非化石能源占一次能源消费比重

非化石能源占一次能源消费比重指核电、风能、水能、太阳能、生物质能、地热能等非化石能源消费占一次能源消费总量的比重，反映能

四川省向家坝水电站

源结构的优化程度。“十二五”时期，我国非化石能源占一次能源消费比重从 2010 年的 8.6% 提高到 2015 年的 12%。

“十三五”时期将加大政策支持力度，加快风能、水能、太阳能等非化石能源的发展步伐，安全高效发展核电。根据《国家能源发展战略行动计划（2014—2020 年）》、《国家应对气候变化规划（2014—2020 年）》“2020 年非化石能源占一次能源消费比重达到 15% 左右”的要求，将 2020 年规划目标设定为 15%。

22. 单位 GDP 二氧化碳排放降低

单位 GDP 二氧化碳排放降低指每生产单位 GDP 所排放二氧化碳量与基期相比的降低比例，反映控制温室气体排放、应对气候变化的成效。“十二五”时期，我国单位 GDP 二氧化碳排放量累计降低 20% 左右。

“十三五”时期，我国将主动控制碳排放，有效控制电力、钢铁、建材、化工等重点行业碳排放，支持优化开发区域率先实现碳排放峰值目标。《国家应对气候变化规划（2014—2020 年）》提出“2020 年单位 GDP 二氧化碳排放比 2005 年下降 40%—45%”的目标，据此要求，2020 年需比 2015 年降低 6%—14%。综合“十三五”时期经济增长目标、单位 GDP 能源消耗量降低目标测算，“十三五”时期单位 GDP 二氧化碳排放量应降低 18% 左右。

23. 森林发展

森林发展包括森林覆盖率、森林蓄积量 2 个二级指标。其中，前者指森林面积占陆地国土面积的比例，反映森林资源的数量；后者指森林面积内林木的树干部分总材积，反映森林资源的质量。截至 2015 年底，我国森林覆盖率、森林蓄积量分别为 21.66%、151 亿立方米。

“十三五”时期，我国将开展大规模国土绿化行动，提升森林生态系统稳定性和生态服务功能，通过人工造林增加 1325 万公顷森林面积，通过封山育林、天然更新增加 1000 万公顷，受采伐、征占用林地、毁林开垦影响减少 1000 万公顷。据此，将 2020 年规划目标设定为：森林覆盖率提高到 23.04%、森林蓄积量增至 165 亿立方米。

内蒙古自治区莫尔道嘎国家森林公园

24. 空气质量

空气质量包括地级及以上城市空气质量优良天数比率、细颗粒物（PM2.5）未达标地级及以上城市浓度下降 2 个二级指标。其中，前者指 338 个地级及以上城市环境空气污染指数（API）达到或优于国家质量二级标准（即 API<100）的天数，占总天数的比例；后者指 PM2.5 年均值超过 35 微克 / 立方米的地级及以上城市的 PM2.5 年均浓度下降幅度。

2015 年，我国地级及以上城市空气质量优良天数平均为 280 天，空气质量优良天数比率为 76.7%。PM2.5 年均值达标城市数量为 76 个、未达标城市数量为 262 个，PM2.5 年均值 35—40、41—50、51—60、61—80、81—125 微克 / 立方米的城市数量分别为 34、69、77、54、28 个。

“十三五”时期，我国将切实落实大气污染防治行动计划的各项任务措施，实施工业污染源全面达标排放计划，建立健全排污许可制度，关停并转不能达标排放、不符合产业政策的污染企业；实施火电行业超低排放改造、污染通道气化工程，削减氮氧化物、二氧化硫等PM2.5前体物；推动煤炭全面清洁化利用、秸秆综合利用和挥发性有机物（VOCs）污染控制；实行环境监测事权上收及省以下环保机构监测监察执法垂直管理。据环境保护部预测，2020年地级及以上城市约1/4污染天数有望转变为优

上海市蓝天白云伴初秋

良天数，空气质量优良天数比率可提高到81%以上；PM2.5年均值35—40、41—50、51—60、61—80、81—125微克/立方米的城市有望分别削减5%、10%、15%、20%、25%，未达标地级及以上城市的PM2.5年均浓度可下降18%左右。综合考虑各方面条件和人民群众期待，将2020年规划目标设定为：地级及以上城市空气质量优良天数比率提高到80%以上、细颗粒物（PM2.5）未达标地级及以上城市年均浓度下降18%。

25. 地表水质量

地表水质量包括达到或好于Ⅲ类水体比例、劣Ⅴ类水体比例 2 个二级指标。其中，前者指地表水国控断面或点位中，水质优良（Ⅰ—Ⅲ类）的水体比例；后者指水质丧失水体功能（劣Ⅴ类）的水体比例。“十二五”时期，我国地表水中达到或好于Ⅲ类水体比例从 2010 年的 52.1% 上升到 2015 年的 66%，劣Ⅴ类水体比例从 20.8% 下降到 9.7%。

“十三五”时期，通过深入实施水污染防治行动计划、全面控制水体污染物排放、严格环境执法监管等措施，现有Ⅰ—Ⅲ类水体可保持稳定，部分Ⅳ类水体有望提升为Ⅲ类，劣Ⅴ类水体继续减少。预计 2020 年达到

北京市怀柔区雁栖湖

或好于Ⅲ类水体比例将高于 70%、劣Ⅴ类水体比例将低于 5%。

26. 主要污染物排放总量减少

主要污染物排放总量减少指化学需氧量（COD）、氨氮、二氧化硫、氮氧化物排放量与基期相比的减少比例。其中，COD、氨氮是水体污染物，二氧化硫、氮氧化物是大气污染物。“十二五”时期，COD、氨氮、二氧化硫、氮氧化物排放量分别累计减少 12.9%、13.0%、18.0%、18.6%。

“十三五”时期，在水体污染物排放治理上，将重点实施城镇污水处理与配套设施建设工程、畜禽养殖废弃物污染治理与综合利用工程，以及城镇再生水回用、工业企业提标深度治理等减排措施，COD、氨氮排放量将继续削减。在大气污染物排放治理上，将重点实施燃煤电厂超低排放改造工程、重点区域大气污染传输通道气化工程，以及热电联产集中供热替代燃煤小锅炉、钢铁水泥平板玻璃行业大气污染治理、淘汰落后产能等减排措施，二氧化硫、氮氧化物排放量将继续削减。2020 年 COD、氨氮、二氧化硫、氮氧化物排放量分别比 2015 年累计减少 10%、10%、15%、15%。

“十三五”时期经济社会发展主要指标

指标		2015年	2020年	年均增速［累计］	属性
• 经济发展					
(1)国内生产总值(GDP)(万亿元)		67.7	>92.7	>6.5%	预期性
(2)全员劳动生产率(万元/人)		8.7	>12	>6.6%	预期性
(3)城镇化率	常住人口城镇化率(%)	56.1	60	[3.9]	预期性
	户籍人口城镇化率(%)	39.9	45	[5.1]	
(4)服务业增加值比重(%)		50.5	56	[5.5]	预期性
• 创新驱动					
(5)研究与试验发展经费投入强度(%)		2.1	2.5	[0.4]	预期性
(6)每万人口发明专利拥有量(件)		6.3	12	[5.7]	预期性
(7)科技进步贡献率(%)		55.3	60	[4.7]	预期性
(8)互联网普及率	固定宽带家庭普及率(%)	40	70	[30]	预期性
	移动宽带用户普及率(%)	57	85	[28]	
• 民生福祉					
(9)居民人均可支配收入增长(%)		-	-	>6.5	预期性
(10)劳动年龄人口平均受教育年限(年)		10.23	10.8	[0.57]	约束性
(11)城镇新增就业人数(万人)		-	-	[>5000]	预期性
(12)农村贫困人口脱贫(万人)		-	-	[5575]	约束性
(13)基本养老保险参保率(%)		82	90	[8]	预期性
(14)城镇棚户区住房改造(万套)		-	-	[2000]	约束性
(15)人均预期寿命(岁)		-	-	[1]	预期性
• 资源环境					
(16)耕地保有量(亿亩)		18.65	18.65	[0]	约束性
(17)新增建设用地规模(万亩)		-	-	[<3256]	约束性
(18)万元GDP用水量下降(%)		-	-	[23]	约束性
(19)单位GDP能源消耗降低(%)		-	-	[15]	约束性
(20)非化石能源占一次能源消费比重(%)		12	15	[3]	约束性
(21)单位GDP二氧化碳排放降低(%)		-	-	[18]	约束性
(22)森林发展	森林覆盖率(%)	21.66	23.04	[1.38]	约束性
	森林蓄积量(亿立方米)	151	165	[14]	
(23)空气质量	地级及以上城市空气质量优良天数比率(%)	76.7	>80	-	约束性
	细颗粒物(PM2.5)未达标地级及以上城市浓度下降(%)	-	-	[18]	
(24)地表水质量	达到或好于III类水体比例(%)	66	>70	-	约束性
	劣V类水体比例(%)	9.7	<5	-	
(25)主要污染物排放总量减少(%)	化学需氧量	-	-	[10]	约束性
	氨氮			[10]	
	二氧化硫			[15]	
	氮氧化物			[15]	

注：① GDP、全员劳动生产率增速按可比价计算，绝对数按2015年不变价计算。② [ ]内为5年累计数。
③ PM2.5未达标指年均值超过35微克/立方米。

第三部分

“十三五”时期经济社会发展

重大举措

2016-2020

1.“十三五”时期是全面建成小康社会决胜阶段

到 2020 年全面建成小康社会，是我们党确定的“两个一百年”奋斗目标的第一个百年奋斗目标。党的十八届五中全会通过的《中共中央关于制定国民经济和社会发展第十三个五年规划的建议》明确提出，“十三五”时期是全面建成小康社会决胜阶段，“十三五”规划必须紧紧围绕实现这个奋斗目标来制定。

理解“十三五”时期是全面建成小康社会决胜阶段，需要从以下三个方面把握：一是紧迫性。党的十六大提出全面建设小康社会，党的十八大提出到 2020 年全面建成小康社会，这是我们党作出的庄严承诺，是“十三五”时期必须完成的战略任务，已经进入了最后冲刺阶段。二是艰巨性。要实现全面建成小康社会目标，还有很多短板问题需要解决，“十三五”时期必须着力补齐这些短板。三是系统性。“十三五”时期既是实现全面建成小康社会目标的收官时期，也是深入贯彻落实全面深化改革、全面依法治国、全面从严治党战略举措的关键时期，要按照“四个全面”战略布局，协同推进、相互促进。

2. 经济发展进入新常态

经济发展新常态是我国经济发展历程中的一个阶段，是经济发展必然会出现的一个状态。“十三五”时期，我国经济发展的显著特征就是经济发展进入新常态，要把适应把握引领新常态贯穿我国经济社会发展全局和全过程。

新常态下，我国经济发展的主要特点是：增长速度从高速增长转向中高速，发展方式从规模速度型转向质量效率型，经济结构调整从主要依靠增量扩能为主转向调整存量、做优增量并举，发展动力从主要依靠资源和低成本劳动力等要素投入转向创新驱动。这些变化，是我国经济向形态更高级、分工更优化、结构更合理的阶段演化的必经过程。实现这些广泛而深刻的变化并不容易，但我国仍处于发展的重要战略机遇期，经济发展长期向好的基本面没有变，经济韧性好、潜力足、回旋空间大的基本特质没有变，经济结构调整优化的前进态势没有变。“十三五”

四川省成都新机场

北京新机场

青海省西宁新机场

时期，要坚持以经济建设为中心，坚持发展是硬道理的战略思想，更好发挥主观能动性、更有创造精神地推动发展，变中求新、新中求进、进中突破，推动我国发展不断迈上新台阶。

3. 防止陷入“中等收入陷阱”

“中等收入陷阱”是指一个经济体从中等收入阶段向高收入阶段迈进的过程中，以往由低收入阶段进入中等收入阶段的增长机制和发展模式难以适应进一步发展需要，如果不能及时调整，很容易出现经济增长的停滞和徘徊，导致人均国民收入难以跨越高收入门槛。一些经济学家把“中等收入陷阱”归纳为五个主要问题，即产业低端化、收入分配差距、城镇化进程中的贫民窟、金融过度自由化、社会福利超阶段等。

按照世界银行的划分标准，我国已进入中等收入国家行列，未来五年是向高收入国家迈进的关键时期，面临矛盾增多、爬坡过坎等严峻挑战。因此，必须牢固树立和贯彻落实新发展理念，增强忧患意识，强化底线思维，妥善应对各种风险和挑战，积极调整动力机制和发展模式，防止陷入“中等收入陷阱”，切实提高发展质量和效益，确保如期全面建成小康社会，为实现第二个百年奋斗目标奠定更加坚实的基础。

4. 全面建成小康社会的主要短板

与2000年已经实现的总体小康相比，全面小康是更高水平、更加全面、更加平衡的小康。经过十多年的努力，全面小康社会建设整体迈上了一个新台阶，但与党的十八届五中全会提出的全面建成小康社会新的目标要求相比，在部分领域仍然存在不同程度的短板。一是转变发展方式任重道远。随着经济发展进入新常态，要素供求关系正在发生变化，传统比较优势趋于弱化，培育竞争新优势的要求十分紧迫。二是缩小城乡差距任务繁重。城乡二元经济结构矛盾依然突出，农业生产成本上升与国内外农产品价格倒挂的矛盾日益突出，农民收入水平和享有的基本公共服务与城镇居民差距仍然较大。贫困人口规模依然较大，进一步减贫的难度有所加大。三是缩小区域差距困难较多。地区间绝对差距仍然较大，老少边穷地区特别是集中连片特困地区发展面临的主要矛盾还没有得到根本解决。四是资源环境形势依然严峻。我国资源环境承载能力已经达到或接近上限，长期积累的生态环境问题正在集中显现，环境质量改善程度与人民要求还有较大差距。五是社会文明程度仍有很大提升空间。我国社会道德领域还存在不少亟待解决的突出问题，法制建设和社会信用体系建设相对滞后。

■ 江西省赣南苏区农村危旧土坯房改造

■ 新疆维吾尔自治区哈密城区驶过的兰新高铁动车

5. 以供给侧结构性改革为主线

供给侧结构性改革是从提高供给质量和效率出发，用改革的办法推进结构调整，矫正要素配置扭曲，扩大有效供给，提高供给结构对需求变化的适应性和灵活性，提高全要素生产率，更好满足广大人民群众的需要，促进经济社会持续健康发展。

以推进供给侧结构性改革为发展主线，是大势所趋、形势使然。我国经济正从粗放向集约、从简单分工向复杂分工的高级形态演进，推进供给侧结构性改革是客观要求。

以推进供给侧结构性改革为发展主线，是问题倒逼、必经关口。前进的道路上，还面临不少长期积累的结构性、体制性矛盾和问题，如部分行业产能过剩、房地产库存居高不下、金融风险不断积聚、实体经济企业成本持续攀升、有效供给不足等问题，这些问题主要是结构性的，根本解决之道在于推进供给侧结构性改革。

推进供给侧结构性改革，是以习近平同志为总书记的党中央在综合分析世界经济长周期和我国发展阶段性特征及其相互作用的基础上，集中全党和全国人民智慧，从理论到实践不断探索的结晶。“十三五”时期，必须紧紧围绕提高发展质量和效益这个中心，在优化需求结构的同时，把更多精力放在供给侧，把供给侧结构性改革作为贯彻落实新发展理念、解决各领域矛盾和问题的根本途径。

6. 进一步健全现代市场体系

“十二五”期间，我国商品市场更加开放成熟，劳动力、土地、资本、技术等要素市场化改革稳步推进，价格改革迈出坚实步伐，市场准入规则进一步透明规范，保障市场公平竞争制度进一步完善，为发挥市场配置资源决定性作用奠定了坚实基础。但市场开放性、竞争公平性和运行透明度都有待提高，要素市场发展相对滞后。

“十三五”时期，要进一步健全现代市场体系：一是建立城乡统一的建设用地市场，推进农村集体经营性建设用地入市，稳步探索宅基地融资抵押、适度流转、有偿退出。二是建立统一开放的人力资源市场，实行城乡平等的就业准入制度和同工同酬的劳动报酬制度。三是健全金融市场体系，发展多层次股权融资市场。四是发展技术和信息交易市场。五是深化价格改革，全面放开竞争性领域商品和服务价格。六是维护市场竞争秩序。清理废除妨碍统一市场和公平竞争的各种规定和做法，实施公平竞争审查制度，健全市场退出机制，推进守信联合激励和失信联合惩戒。

7. 加快推进非税收入管理改革

非税收入是政府财政收入的组成部分，是政府参与国民收入分配的重要形式，也是政府实施宏观调控的重要工具。近年来，各级财政部门不断加强非税收入法规制度建设，构建和完善非税收入体系，推动非税收入管理工作。有关部门制定发布了一系列分类别、专项性的非税收入管理制度。地方非税收入立法和制度建设也取得明显进展，但目前非税收入管理仍存在系统性、统一性、协调性不够等问题。“十三五”时期，一是要完善非税收入管理制度，制定并发布《政府非税收入管理办法》，完善港口建设费、废弃电器电子产品处理基金、垃圾处理费等单项非税收入管理政策，规范罚没财物处理处置政策，制定市政公共资源有偿使用收入管理制度。二是深入推进收费清理改革，全面落实中央和省两级已出台的各项取消、停征、免征收费基金的措施，全面实施清理规范政府性基金工作。三是推进非税收入征收管理立法，加快起草《非税收入征收管理条例》，将非税收入纳入法治化轨道。

8. 发展普惠金融

普惠金融是指立足机会平等要求和商业可持续原则，以可负担的成本为有金融服务需求的社会各阶层和群体提供适当、有效的金融服务。小微企业、农民、城镇低收入人群、贫困人群和残疾人、老年人等特殊群体是普惠金融重点服务对象。近年来，普惠金融发展呈现出服务主体多元、服务覆盖面较广、移动互联网支付使用率较高的特点，人均持有银行账户数量、银行网点密度等基础金融服务水平不断提高。

“十三五”时期，将致力于建立与全面建成小康社会相适应的普惠金融服务和保障体系，提高金融服务覆盖率，基本实现乡乡有机构，村村有服务，提高金融服务可得性和满意度。主要举措包括：健全多元化广覆盖的机构体系、创新金融产品和服务手段、加快推进金融基础设施建设、完善普惠金融法律法规体系、发挥政策引导和激励作用、加强普惠金融教育与金融消费者权益保护。

■ 河南省安阳市普惠金融助力弱势群体创业

9. 规范发展互联网金融

互联网金融是传统金融机构与互联网企业利用互联网技术和信息通信技术实现资金融通、支付、投资和信息中介服务的新型金融业务模式。促进互联网金融健康发展，有利于提升金融服务质量和效率，促进金融创新发展，扩大金融业对内对外开放，构建多层次金融体系。“十二五”时期，我国互联网金融行业保持了高速发展的态势，业务模式日趋丰富，对促进小微企业发展、大众创业万众创新发挥了积极作用。截至 2015 年底，全国正常运营的个体网络借贷平台为 2595 家，比 2014 年底增加了 1020 家；成交量达到 9823 亿元，同比增长 289%；贷款余额达到 4395 亿元，同比增长 324%。2015 年人民银行等十部门发布了《关于促进互联网金融健康发展的指导意见》，明确了互联网金融监管职责分工和各主要业态的监管要求。

“十三五”时期，根据互联网金融行业发展情况，将进一步规范各类互联网金融业态，营造良好的互联网金融发展环境，促进互联网金融健康可持续发展，切实发挥互联网金融支持大众创业万众创新的积极作用。

上海市民参观互联网金融展台

10. 稳妥推进金融机构开展综合经营

金融业综合经营是指银行业、证券业和保险业可以跨业经营的业务模式，可以采取金融机构跨行业投资、金融控股公司、金融机构开展交叉性金融业务等多种形式。20 世纪 90 年代，我国逐步确立了金融业分业经营、分业监管体制。进入 21 世纪，随着经济金融发展和对外开放程度不断提高，金融业综合经营的要求和动力日益增强。"十二五"以来，在国家政策和市场力量的共同作用下，金融业综合经营试点继续稳步推进，已经成为金融体系不可忽视的客观存在，对优化金融机构业务结构、提高持续经营能力发挥了一定的积极作用。金融机构跨业投资步伐加快，多类金融控股公司逐步形成，交叉性金融产品加速发展，互联网金融快速发展促进金融业综合经营。但同发达经济体相比，我国金融业综合经营仍处于初步阶段，业务整合和协同能力仍然不足，整体风险管控水平有待提高，跨业投资存在一定盲目性，资产管理业务存在风险隐患。

"十三五"时期，金融业需要转变粗放经营方式，加大创新力度，提高对实体经济的支持和服务水平。利率、汇率等金融市场化改革加速推进也要求金融机构改善单一业务结构，增强持续盈利能力。一方面，需要继续积极稳妥推进金融业综合经营；另一方面，为有效防范跨行业、跨市场风险，守住不发生系统性区域性金融风险的底线，需要切实加强和改进监管，深入研究和完善相关制度，引导金融机构审慎稳妥开展综合经营，强化金融机构的战略协同和风险管控。

11. 构建货币政策与审慎管理相协调的金融管理体制

货币政策与审慎管理相协调的金融管理体制是一种适应经济发展的行之有效的金融管理体制。微观审慎监管的任务是监督单个机构经营是否稳健、行为是否合规透明。宏观审慎政策运用一些类似金融监管的工具，如对银行资本水平、拨备、杠杆率等提出要求，以防范系统性风险为主要目标，着力于平滑金融体系的顺周期波动，其本质上属于宏观经济管理和维护金融稳定的范畴。宏观审慎政策与货币政策，都具有宏观管理的属性。货币政策主要针对整体经济和总量问题，侧重于经济和物价水平的稳定；而宏观审慎政策则直接并集中作用于金融体系本身，侧重于维护金融稳定。两者恰好可以相互补充和强化。

强化宏观审慎管理已成为国际金融危机后全球金融管理改革的基本方向与核心内容，也是我国“十三五”时期完善金融管理体制的关键所在，要在充分考虑我国国情的基础上，参考借鉴国际经验，进一步完善金融管理体制，提高货币政策与审慎管理的协调性和效率。

12. 强化金融综合监管和功能监管

随着经济金融发展和对外开放程度不断提高，金融业综合经营的要求和动力日益增强，金融业综合经营监管就是一种应对综合经营发展趋势而发展完善的监管制度。它通过健全的“防火墙”制度和完善的金融监管协调机制，对金融机构的跨业经营和交叉性金融产品实施有效监管，从而避免监管重复和监管真空，有效防范金融风险。但目前金融业综合经营的政策导向仍不够清晰，金融监管协调和监管信息共享有待加强和完善，一些金融控股公司监管责任主体不明确，互联网企业搭建的金融运作平台游离在监管之外。

“十三五”时期，要进一步强化金融业综合经营监管。加强顶层设计，明确审批依据和标准，稳定市场预期，促进综合经营有序发展；统筹明确金融控股公司的法律地位和监管主体，加强整体监管，研究制定金融控股公司监管规则；从资本、公司治理、风险集中度、关联交易等方面强化金融集团整体监管，切实防范金融集团内部以及跨行业、跨市场风险传递；加快制定资产管理业务标准，对同类业务适用统一的监管规则，探索功能监管，减少监管套利；进一步发挥金融监管协调部际联席会议制度的作用，建立综合经营监管合作、信息共享和风险防范联动机制。同时，借鉴国际经验，立足国内实际，改革并完善适应现代金融市场发展的金融监管框架，从根本上理顺金融业综合经营的外部监管体制。

功能监管是按照经营业务的性质来划分监管对象的金融监管模式，如将金融业务划分为银行业务、证券业务和保险业务，监管机构针对业务进行监管，而不管从事这些业务经营的机构性质如何。其优势在于监管的协调性高，监管中发现的问题能够得到及时处理和解决；金融机构资产组合总体风险容易判断；可以避免重复和交叉监管现象的出现，为金融机构创造公平竞争的市场环境。随着我国金融业综合经营趋势的进一步加强，未来应使金融监管由过去的机构监管为主转向功能监管为主，以防范化解金融风险，提高金融监管的效率。

13. 更好发挥国债收益率曲线定价基准作用

国债收益率曲线是指将国债二级市场上交易的主要期限国债及收益率之间对应的各点相连而成的一条曲线。国债收益率曲线是健全国债和地方政府债券市场化利率形成机制的重要基础，是各种金融市场工具的定价基础和各种金融衍生品的定价参考。“十二五”时期，我国国债收益率曲线定价基准作用明显增强。但目前由于中短期国债占比较低、国债二级市场流动性较低、国债市场层次和投资者结构较为单一等原因，国债收益率曲线定价基准作用还未能有效发挥。

“十三五”时期，要进一步完善国债收益率曲线。一是继续完善关键期限国债、短期国债以及 10 年以上长期国债的发行计划，完善续发行机制，改善市场化发行定价机制。二是进一步完善国债做市制度，建立国债二级市场做市支持机制，着力改善国债流动性，确保曲线真实可靠。三是研究完善国债投资者基础，夯实收益率曲线的微观基础。四是改进曲线编制技术，加大宣传和应用推广力度。

14. 探索建立保险资产交易机制

保险资产交易机制是指为债券投资计划、股权投资计划、项目资产支持计划以及组合类保险资产管理产品等保险资产提供注册发行、登记托管、交易转让等服务的市场基础设施的统称。截至 2015 年末，保险资产受托管理机构累计发起设立的债权投资计划、股权投资计划、项目资产支持计划等另类保险资产管理产品共 499 只，备案（注册）总金额约 1.33 万亿元；保险资产受托管理机构发起设立的组合类保险资产管理产品共 414 只（不含已到期清算产品），合计规模约 0.57 万亿元。但还存在相关法律法规不够完善，集中登记托管机制和交易市场仍未建立，缺少有效的监管方式和监管工具等问题。

■ 上海市陆家嘴金融贸易区

“十三五”时期，要健全保险资产管理产品监管框架，推进保险资产登记交易平台建设，构建多层次、多类型、多期限的有保险特色的产品池，促进保险资产管理产品创新，初步形成保险资产交易机制。主要举措包括：一是完善保险资产管理产品相关法律法规，研究制定保险资产管理产品专门的管理办法等。二是启动保险资产登记交易系统研发工作。三是推动监管制度改革和创新，丰富监管工具和监管方式，强化风险监测。四是研究设立市场化机构，对保险资产管理产品涉及的发行、登记托管和交易转让等业务进行专业化管理。

15. 推动货币政策由数量型为主向价格型为主转变

从全球范围看，货币政策一般以维护价格稳定为最终目标，数量型货币政策框架和价格型货币政策框架的主要区别在于中介目标的不同，前者以数量型调控工具如广义货币供应量（M2）为中介目标，而后者则以价格型调控工具如利率为中介目标。长期以来，我国采用的是数量型调控和价格型调控相结合、以数量型调控为主的货币政策框架。从过去十多年的调控实践来看，这一框架是符合我国国情的选择，取得了良好的调控效果。随着国内外经济金融形势的发展变化，强化价格型调控的必要性和迫切性上升，我国货币政策框架面临调整和转型的要求。目前，已经初步形成了较为敏感和有效的市场化利率体系和传导机制，中央银行已具备较强的引导和调节市场利率的能力。由法定准备金利率、超额准备金利率、回购利率、常备借贷便利利率、中期借贷便利利率等构成的央行利率体系，一定程度上具备利率走廊的类似功能。这些都是货币政策由数量型为主向价格型为主转变的必要步骤。2015 年 10 月，人民银行放开存款利率上限，标志着我国的利率管制已经基本取消，利率市场化迈出了关键一步，改革进入新的阶段。利率管制的基本放开，既有利于进一步增强利率的价格杠杆功能，促进优化资源配置，也有利于推动金融机构提高自主定价能力，加快经营模式转型，提升金融服务水平。同时，还为货币政策调控方式由数量型为主向价格型为主转变、提高宏观调控效率创造了条件。

“十三五”时期，我国将继续推动货币政策由数量型为主向价格型为主转变，探索构建和完善利率走廊，进一步发展金融市场，完善国债收益率曲线，继续改善金融生态环境，进一步疏通利率传导机制。

16. 发展生态友好型农业

“十二五”以来特别是党的十八大以来，我国农业综合生产能力实现质的飞跃，农业资源环境保护与生态建设稳步推进，农业资源利用水平稳步提高，农业可持续发展取得积极进展。但同时，农业资源过度开发、农业投入品过量使用、地下水超采以及农业内外源污染相互叠加等一系列问题日益凸显。

“十三五”时期，大力发展生态友好型农业，就是要在确保粮食安全、不断提高农业发展质量和效益的同时，显著提高农业资源保护水平与利用效率，加快治理农业环境突出问题，有效恢复和增强森林、草原、湖泊、湿地等生态系统功能，逐步减缓生物多样性衰减速度。主要措施包括：一是优化农业生产布局。坚持因地制宜，宜农则农、宜牧则牧、宜林则林，逐步在农业生产与水土资源匹配较好地区，稳定发展有比较优势、区域性特色的农业；在资源过度利用和环境问题突出地区，适度休养，调整结构，治理污染；在生态脆弱区，实施退耕退牧还林还草。二是推进生态循环农业发展。优化种养业结构，促进种养循环、农牧结合、农林结合。三是节约高效用水，保障农业用水安全，实施水资源红线管理，推广节水灌溉。四是治理环境污染，改善农业农村环境，防治农田污染，综合治理养殖污染。五是修复农业生态，提升生态功能，保护草原生态，恢复水生生态系统。

17. 推进农村一二三产业融合发展

农村一二三产业融合是指以农业为依托，通过产业联动、产业集聚、技术渗透、体制创新等方式，将资本、技术及资源要素进行跨界集约化配置，使农业生产与农产品加工、流通、销售、餐饮、休闲旅游以及其他服务业有机整合，实现农村一二三产业相互融合、协同发展，通过农业产业链的延伸、产业范围的扩展以及产业形态的创新，使融合产生的效益高于单独每个产业产生的效益之和，最终实现农户与其他主体共享收益的增加。

■ 河南省温县制药车间

"十三五"时期，将按照"基在农业、利在农民、惠在农村"的要求，以完善利益联结机制保障农民获得合理的产业链增值收益为核心，以制度、技术和商业模式创新为动力，加快农产品加工业等供给侧发展，着力推进产业链和价值链建设，开发农业多种功能，推动要素集聚优化，促进一二三产业融合发展。到2020年，农村要素资源充分激活，城乡之间要素良性互动，公共服务均等化水平明显改善，三产融合体系更加健全，利益分配机制更加完善。创建一批融合发展先导区，形成一批融合发展新模式，培育一批融合发展新业态。农产品加工业转型升级取得明显进展，休闲农业和乡村旅游发展质量得到显著提高，主要经济指标比较协调、发展格局不断优化、企业效率有所上升，推动农业现代化和促进农民增收作用持续增强。

18. 开展国家农产品质量安全县创建行动

强化农产品质量安全监管是增强农产品市场竞争力、保障农业健康发展和居民放心消费的必然要求。我国农产品质量安全监管工作起步晚，基层农产品质量安全监管工作普遍"缺人员、缺手段"，基本条件远不能满足农产品质量安全监管的实际工作需要。尤其是县、乡农产品质量安全监管作为从源头上保障农产品质量安全最基本的执法监管力量，监管条件和手段严重落后，一些监管措施难以到位，且越是农业大县，越是财政穷县，问题越突出。按照国务院部署，2013 年以来，农业部牵头在种植养殖大县开展了“农产品质量安全示范县”创建工作，主要目的是强化地方政府属地管理责任，探索建立有效的监管模式，带动县域监管能力和水平的提升。目前，国家农产品质量安全县创建行动正在有序推进。按照创建活动方案及考核办法，各地正在开展考核评价工作。

19. 将农业“三项补贴”合并为农业支持保护补贴

2015 年我国开始调整完善农业“三项补贴”政策：一是在全国范围内调整 20% 的原农资综合补贴资金和农业“三项补贴”增量资金，由各省（区、市）统筹用于支持粮食适度规模经营和健全全国农业信贷担保体系。二是 2015 年选择安徽、山东、湖南、四川和浙江等 5 个省，由省里选择一部分县市开展农业“三项补贴”改革试点。试点的主要内容是将农业“三项补贴”合并为“农业支持保护补贴”，政策目标调整为支持耕地地力保护和粮食适度规模经营。其中，将 80% 的农资综合补贴存量资金，加上种粮农民直接补贴和农作物良种补贴资金，用于耕地地力保护；其余资金按照全国统一调整完善政策的要求支持粮食适度规模经营。从地方反馈情况看，农业“三项补贴”改革试点方向正确、目标明确、操作简便，提升了政策指向性，降低了政策实施成本，调动了农业适度规模经营积极性，改革取得了初步成效。下一步，将在全国范围内全面推广农业“三项补贴”改革，促进提高补贴资金的精准性、指向性和实效性。

20. 实施制造强国战略

实施制造强国战略，是党中央、国务院立足国际国内形势的重大变化，对制造业未来发展做出的一项重大战略部署，其核心是加快推进我国从制造业大国向制造业强国转变。

山东省青岛市生产的 380A 高速列车

我国制造业规模虽然已位居世界第一位，但与世界先进水平相比，大而不强的特征仍十分明显，主要表现在：一是创新能力不强，关键核心技术受制于人，鼓励创新的社会环境有待进一步改善；二是产品质量整体水平不高，缺乏世界知名品牌和具有国际竞争力的跨国企业；三是产业结构不合理，高端装备制造业和生产性服务业发展滞后，部分行业产能过剩矛盾突出；四是发展方式粗放，资源能源消耗高和生态环境恶化没有得到根本扭转；五是信息化和工业化融合深度不够，难以适应未来智能制造等新型生产方式的要求。

《中国制造 2025》是我国实施制造强国战略的行动纲领，提出了“创新驱动、质量为先、绿色发展、结构优化、人才为本”的指导方针，明确了制造业转型发展、提质增效的路径，突出阶段性战略重点和操作性，立足我国转变经济发展方式实际需要，围绕创新驱动、智能转型、强化基础、质量品牌、绿色发展、结构调整、人才为本等关键环节，提出了加快制造业转型升级、提质增效的重大战略任务、重大工程和重大政策举措。

21. 全面提升工业基础能力

工业基础能力直接决定着产品的性能和质量，是建设制造强国的重要基础和支撑。长期以来，我国核心基础零部件（元器件）、关键

■ 天津市空客 A320 总装线

■ 四川省 5.5 米 ×4 米声学风洞回路消声室

基础材料严重依赖进口，先进基础工艺应用少、推广慢，产业技术基础薄弱等问题十分突出。可以说，工业“四基”发展严重滞后，使我国制造业长期处于全球制造产业链的中低端，也影响到经济与产业的自主安全。

“十三五”时期，要紧抓新一轮技术革命和产业变革机遇，以提高核心竞争力为主线，下气力解决“四基”关键问题。一是围绕《中国制造 2025》十大领域高端发展和传统产业转型升级，组织开展工程化、产业化突破。二是以应用为牵引，选择若干零部件（元器件）产品，集中开展与该产品相关的专用材料开发、先进工艺开发、试验检测平台建设、应用示范和推广，形成链式解决方案。三是建设一批产业技术基础公共服务平台，开展质量可靠性实验验证、标准检验、计量检测、认证认可、综合分析等基础关键技术研究。四是培育一批“四基”小巨人企业和优势产业集聚区。五是实施“四基”军民融合发展联合行动。

22. 设立国家工业设计研究院

工业设计是以工业产品为主要对象，综合运用科技手段和工学、美学、心理学、经济学知识，对产品的功能、结构、形态及包装等进行整合优化的创新活动。发展工业设计，是创建自主品牌、提升工业竞争力的有效途径，是转变经济发展方式、扩大消费需求的客观要求。

国家工业设计研究院将致力于设计、技术与信息三大核心能力的融合运用，为企业提供数字化战略咨询、企业创新力建设咨询、大数据创新开发与应用、设计与制造可行性咨询等，延伸工业设计的服务领域和服务模式，推动企业产品和服务的创新升级。

23. 化解产能过剩

随着我国经济进入新常态，化解产能过剩的环境和条件发生了深刻变化。"十三五"期间，按照党中央、国务院的部署，将推动产业重组处置"僵尸企业"作为化解过剩产能的牛鼻子。一是继续贯彻落实国发〔2013〕41号文件，严禁建设产能严重过剩行业新增产能项目。二是更加注重运用市场机制、经济手段、法治办法化解产能过剩，严格执行相关法律法规，强化环保、能耗、质量、安全等硬约束，对达不到相关强制性标准要求的产能，依法责令其限期整改，在限期内未进行整改或整改后仍不达标的，要责令停产、关闭。三是加大政策力度引导过剩产能主动退出，研究制定激励政策措施，鼓励有条件的企业通过多种渠道主动压减过剩产能。四是完善企业退出机制，依法解决过剩产能退出的资产债务处置、职工安置等问题，依法维护债权人、债务人以及企业职工等的合法权益，维护社会稳定。五是落实"有保有压"的融资政策，对主动转型升级的企业继续给予融资支持。严厉打击恶意逃废债务行为。

■ 淘汰小火电落后产能

六是以钢铁、煤炭等行业为重点，积极稳妥化解过剩产能，力争通过一段时间努力取得明显成效。

24. 战略性新兴产业增加值占国内生产总值比重达到15%

“十二五”时期，节能环保、新一代信息技术、生物、高端装备、新能源、新材料、新能源汽车七大战略性新兴产业规模实现翻番增长。我国战略性新兴产业增加值占GDP的比重由2010年的约4%提高到2015年的8%。“十三五”时期，随着我国城乡居民收入水平不断提高和消费结构加快升级，现代化基础设施建设持续推进和产业结构不断升级，科技创新能力提升和大众创业万众创新蓬勃发展等有利因素持续积累，将推动信息经济、生物经济、绿色经济、创意经济的快速发展和高端制造业发展，新一代信息技术、生物、新能源、新能源汽车、节能环保、高端装备、新材料、数字创意等领域有望保持15%以上增速，推动战略性新兴产业增加值占GDP比重“十三五”末达到15%左右。

25. 深化流通体制改革

国内贸易流通对畅通市场“经脉”，助力经济增长和民生改善具有重要意义。内贸流通是我国改革开放最早、市场化程度最高的领域之一，经过30多年的改革发展，已经初步形成主体多元、方式多样、开放竞争的格局，流通的基础性支撑作用和先导性引领作用日益突出，但仍存在流通成本高、效率低、秩序不规范等问题，难以适应经济转型升级需要。究其原因，主要是在市场放开搞活过程中，未能相应建立起完善的法律法规体系、市场规制体系和管理体制，迫切需要通过进一步深化流通体制改革予以解决。

深化流通体制改革的基本思路，是以市场化改革为方向，以建设法治化营商环境为主线，以创新转型为引领，以转变政府职能为重点，厘清政府与市场、中央与地方、政府部门之间、政府与中介组织的关系，探索建立规则健全、统一开放、竞争有序、畅通高效的内贸流通体系和分工明确、权责统一、协调高效的内贸流通管理体制，努力增强内贸流通服务经济社会发展的能力。“十三五”时期主要抓好四方面任务：

一是探索完善创新驱动的流通发展促进机制；二是探索形成有效监管的流通市场规制体系；三是探索建立分类管理的流通设施建设运营机制；四是探索健全统一高效的流通管理体制。

26. 实施网络强国战略

“十二五”期间，我国互联网技术、产业、设施、应用等均取得了举世瞩目的成就。网民规模世界第一，已建成全球最大的4G网络，互联网应用基础设施日益完善，基础网络架构持续优化。互联网企业盈利及创新水平不断提升，部分企业已迈入国际领先行列。在新一代移动通信等技术领域取得突破，对国际标准的影响力快速提升。同时，我国依然存在核心技术设备对外依赖严重，网络设施服务能力和农村普及率有待提高，人才队伍大而不强，领军人才严重缺乏，互联网与传统产业的融合有待进一步深入，国家网络安全保障体系和网络安全防护能力有待提升，国际网络空间话语权有待增强等突出问题。

“十三五”时期是网络强国建设的关键阶段，要按照网络基础设施基本普及、自主创新能力显著增强、信息经济全面发展、网络安全保障

■ 我国已建成全球最大的4G网络

有力的建设目标，重点做好以下工作：一是加快构建自主先进开放的新一代信息技术产业生态；二是加强产业链各环节的力量整合与对接；三是持续实施宽带中国战略，建设高速、移动、安全、泛在的新一代信息基础设施；四是强化国际互联网治理的战略及对策研究，积极参与国际互联网治理；五是全面构建积极主动的网络安全防御体系。

27. 形成万物互联、人机交互、天地一体的网络空间

要把握物联网、人工智能、量子通信、卫星通信、空间互联网等技术和网络的发展趋势，构建物联网高度发达、无线有线卫星各种方式灵活自由接入，以及万物互联、人机合一、天地一体的空间网络，从而实现人与人、人与物、物与物、天与地的跨界融合。

“十三五”时期的重点工作包括：一是建设天地空海一体的信息通信基础设施，形成网络的无缝覆盖、多网协同通信、网间无感知切换。引入多种地址编码方式，满足万物互联需求。二是突破核心关键基础技术，加强低功耗芯片、传感器、轻量操作系统研发，突破云计算、大数据、量子通信等领域关键技术，为一体化网络空间提供技术支撑。三是加大数据开放和共享力度，加强数据的汇聚整合能力，激发创新协同效应、倍增效应，满足用户多层次需求。四是强化安全保障，建立全方位的网络安全防护体系，健全网络数据和用户信息安全信用体系，加强监管，规范采集、传输、存储、使用和销毁网络数据和用户个人信息的行为。

28. 实现 98% 的行政村光纤通达

近年来，我国农村地区宽带提速正在积极推进，2015 年底全国行政村通光缆比例预计可达 70%。但我国农村宽带网络发展差异较大，东中西各省之间、省内不同区域之间，发展策略、技术选择、建设进度还有很大差别。目前制约行政村通光缆建设的主要原因包括：一是位置偏远、居住分散、地理环境差。二是资金投入严重不足。三是部分地方宽带建设改造与应用意识不强，对于宽带网络在农业农村发展中的重要性认识不足。

按照宽带中国战略的有关部署，将进一步完善电信普遍服务机制，

逐步形成系统性工作方案，统筹利用多渠道资金支持农村地区宽带基础设施建设。同时，在国有企业考核、环境监管、共建共享、用电、征地等方面给予政策支持，引导带动各类社会资本增加对农村宽带基础设施的投入。力争"十三五"末实现98%以上行政村光纤通达。

29. 培育"互联网+"生态体系

"互联网+"生态体系是以信息通信技术为基础，以互联网平台为载体，以互联网与经济社会各领域深度融合为核心，相关产业体系和政策体系构成的统一整体。"十二五"期间，以互联网为载体的新兴业态异军突起，释放出巨大发展动力和创新潜能，为经济提质增效和持续增长提供了关键支撑。目前存在的突出问题：一是实体经济领域"互联网+"相关技术和资源投入仍然不足。二是"互联网+"业务创新同现有政策法规滞后的矛盾比较突出。三是传统监管模式已不能满足"互联网+"跨界融合发展的需要。

构建完善的"互联网+"生态系统，要从核心技术、基础设施、信息服务、支撑平台、融合应用、政策法规等多方面入手。一是强化互联网基础产业，加快完善基础设施，布局核心技术和前沿技术。二是支撑创业创新，发展共享经济、线上线下互动等新模式，推动互联网与制造、农业、能源等领域深度融合。三是健全"互联网+"政策体系，实施"互联网+"准入负面清单。四是促进"互联网+"生态系统协同发展。探索建立新旧模式与业态的利益平衡机制，创造公平竞争环境。

30. 加快建设国家政府数据统一开放平台

国家政府数据统一开放平台是政府统一管理开放数据、企业和个人访问和再利用政府数据的统一入口和支撑平台。与政务信息公开不同，政府数据开放是对外公开可下载、可机读，按照一定格式存储的政务活动采集或系统运行产生数据。目前，全球有50多个国家已经建立了专门的数据开放平台，通过统一的开放平台呈现数据集，有利于将各类开放数据进行分类与整合，有助于公众基于自身需求更快捷地获得所需信息，既可以避免各部门、各地方重复投资、重复建设，也可以更好地促进企业和公众对数据资源进行创新开发利用。数据开放平台的主要评价指标包括数据量、数据可机读性和数据时效性等。

“十三五”时期，将制定实施政府数据开放共享标准和数据资源清单，实施数据开放计划。2018年年底前，建成国家政府数据统一开放平台。2020年年底前，逐步实现信用、交通、医疗、卫生、就业、社保、地理、文化、教育、科技、农业、环境、安监、气象、企业登记监管等数据集开放，带动大数据增值性、公益性开发和创新应用，充分释放数据红利。

31. 实行数据资源分类分级管理

数据资源分类分级管理是政府数据共享和公共数据开放的基础性工作，目的在于明确数据的范围边界和使用方式，厘清数据管理及共享、开放的义务和权利，在依法加强安全保障和隐私保护的前提下，稳步推动公共数据资源共享、开放。通过实行数据资源的分级分类管理，有助于从国家层面加强对政府部门数据的统筹管理，提升政府数据共享、开放标准化程度，从而更快地推进政府数据共享和公共数据开放工作。在数据资源分级分类管理过程中，将推动建立政府部门和事业单位等公共机构数据资源清单，制定政府数据共享和公共数据开放计划，按照“增量先行”的方式，一方面，依托政府数据统一共享交换平台，加快各地区、各部门、各有关企事业单位及社会组织信用信息系统的互联互通和信息共享，丰富面向公众的信用信息服务，提高政府服务和监管水平；另一方面，推进公共机构数据资源统一汇聚和集中向社会开放，优先推动民生保障服务相关领域的政府数据集向社会开放。

32. 建设7条首都放射线、11条北南纵线、18条东西横线国家高速公路网

《国家公路网规划（2013年—2030年）》提出国家公路网由普通国道和国家高速公路两个路网层次构成，其中国家高速公路网按照“实现有效连接、提升通道能力、强化区际联系、优化路网衔接”的思路，具体规划了7条首都放射线、11条北南纵线、18条东西横线，同时，

贵州省马岭河大桥

西藏自治区雅江特大桥

还规划了6条地区性环线以及若干条并行线、联络线等。规划总里程约11.8万公里，另规划远期展望线约1.8万公里。其中，7条首都放射线包括北京—哈尔滨、北京—上海、北京—台北、北京—港澳、北京—昆明、北京—拉萨、北京—乌鲁木齐；11条北南纵线包括鹤岗—大连、沈阳—海口、长春—深圳、济南—广州、大庆—广州、二连浩特—广州、呼和浩特—北海、包头—茂名、银川—百色、兰州—海口、银川—昆明；18条东西横线包括绥芬河—满洲里、珲春—乌兰浩特、丹东—锡林浩特、荣成—乌海、青岛—银川、青岛—兰州、连云港—霍尔果斯、南京—洛阳、上海—西安、上海—成都、上海—重庆、杭州—瑞丽、上海—昆明、福州—银川、泉州—南宁、厦门—成都、汕头—昆明、广州—昆明。

33. 提高油气储备和调峰能力

目前我国国家石油储备一期、二期工程已建成8个储备基地，总储备库容2860万立方米。"十三五"期间，国家石油储备二期工程将全部建成投产，三期工程全面开工建设并完成主体工程投资。三期工程项目在继续加强东南沿海经济发达地区布局的基础上，向中西部内陆经济带延伸，强化战略纵深。"十三五"末，我国石油储备建设将基本完成，进入世界石油储备大国行列。

目前我国已建成地下储气库18座，有效工作气量54.3亿立方米。"十三五"时期，围绕国内主要天然气消费区域，在已初步形成的京津冀、西北、西南、东北、长三角、中西部、中南、珠三角八大储气基地基础上，加大地下储气库扩容改造和新建力度，支持LNG储气设施

山西省沁水压气站技术人员检查维护天然气管道

建设，逐步建立以地下储气库为主，气田和 LNG 调峰为辅，可中断用户为补充的调峰设施系统，建立健全由供气方、输配企业和用户各自承担调峰储备义务的多层次储备体系。到 2020 年，累计建成储气库 27 座，形成工作气量 153 亿立方米，约占 2020 年天然气消费量的 4.6%。

34. 构建智慧能源系统

“互联网 +”智慧能源是一种能源产业发展新形态，相关技术、模式及业态均处于探索发展阶段。为促进能源互联网健康有序发展，2016—2018 年，将着力推进能源互联网试点示范，建成一批不同类型、不同规模的试点示范项目；攻克一批重大关键技术与核心装备，推动能源互联网技术达到国际先进水平；初步建立能源互联网市场机制和市场体系；初步建立能源互联网技术标准体系，形成一批重点技术规范和标准；催生一批能源金融、第三方综合能源服务等新兴业态；培育一批有竞争力的新兴市场主体；探索一批可持续、可推广的发展模式。

2019—2025 年，着力推进能源互联网多元化、规模化发展，初步建成能源互联网产业体系；建成较为完善的能源互联网市场机制和市场体系；形成较为完备的技术及标准体系并推动实现国际化，引领世界能源互联网发展；形成开放共享的能源互联网生态环境，能源综合效率明显改善，可再生能源比重显著提高，化石能源清洁高效利用取得积极进展，大众参与程度及用户体验大幅提升。

35. 提高煤炭用于发电消费比重

电煤占煤炭消费量比重是衡量煤炭清洁化利用的重要标准。煤炭用于发电具有利用效率高、污染物易集中治理的优点，提高煤炭用于发电的比例，是煤炭清洁高效利用的必然趋势。

2014 年我国电力行业煤炭消费量 19.6 亿吨，占煤炭消费总量的 47.5%。目前，我国煤炭用于发电的比例与发达国家 80% 以上的水平仍有较大差距，大量散烧煤是造成我国大气污染形势严峻的主要因素。我国每年散烧煤消费约 8 亿吨，占煤炭消费总量 20%，远高于欧盟、美国不到 5% 的水平。大量散烧煤未经洁净处理就直接用于燃烧，且无污染物处理装置，致使大量大气污染物排放。

“十三五”时期，亟须进一步提升电煤比例，减少煤炭低效、分散、高污染的直接燃烧利用。要继续推进煤电节能减排工作，及时总结煤电

山西省朔州市煤矸石发电厂

节能减排示范项目经验，加大淘汰落后火电机组力度，促进火电进一步优化发展。同步推进燃煤锅炉治理，因地制宜实施燃煤锅炉和落后的热电机组替代关停。重点推进居民采暖、工农业生产、交通运输、电力供应与消费四个领域的电能替代，使用电能替代散烧煤、燃油。

36. 推进河湖水系连通骨干工程建设

河湖水系是水资源的载体，是生态环境的重要组成部分，也是经济社会发展的基础。我国水资源时空分布不均，与经济社会发展布局不相匹配，加上一些原本连通的河湖水系由于人为原因出现了连通不畅乃至隔绝的情况，造成一些地区水资源调配能力不足、洪水风险增大、水污染严重、水生态退化。因地制宜推进河湖水系连通骨干工程建设，采取合理的疏导、沟通、引排、调度等工程和非工程措施，建立或改善江河湖库水体之间的联系，对于优化国土空间格局、全面提高水资源调控水平，增强抗御水旱灾害能力，改善水生态环境等具有重要意义。

“十三五”时期，将在科学论证基础上，以水资源紧缺、水生态脆弱和水环境恶化等地区为重点，实施一批河湖水系联通骨干工程建设，以自然河湖水系、调蓄工程和引排工程为依托，努力构建“格局合理、功能完备、引排得当，多源互补、丰枯调剂、环境优美”的江河湖库连通体系，提高水资源统筹调配能力、供水安全保障能力、防洪除涝减灾能力、水生态环境保护能力和应急保障能力。

37. 加强城市应急和备用水源建设

城市应急和备用水源工程是在遇到连续干旱年份或突发水污染事故等情况下，导致已有供水水源暂时停用或中断时，为解决城市生活及生产用水，能与现有供水网络有效连通并能迅速启用，满足一定时期内城市基本用水需求的水源及其配套的供水工程。城市应急和备用水源工程包括两类，即应急供水水源工程和备用水源工程。应急供水水源工程是指当应急供水事件（如突发性水污染事件等）触发后，可以在较短时间内提供相当数量水的水源地及其配套工程。备用水源工程是指常规供水的水平下，由于持续干旱等情况，缺水程度使得原有的水源地难以保证常规供水的规模，需要启用其他水源及其配套工程。“十二五”期间，国家加大城乡供水工程建设力度，五年新增供水能力380亿立方米，城乡供水保障能力得到一定提高。但一些城市应急备用水源建设严重滞后于城市发展需求，随着城市化的快速推进，城市供水的风险和挑战越来越大。

“十三五”时期，将对单一水源、供水保证率较低、用水需求增长较快的城市，在全面强化节水、对现有供水水源挖潜改造的基础上，统筹考虑当地水源及外调水源，合理确定城市应急备用水源方案，完善城市供水格局，重点完成地级及以上城市应急备用水源建设，提高城市供水保障率，增强城市应急供水能力。对现状地下水超采和挤占河湖生态用水的城市，要加快替代水源工程建设，通过开辟新水源或外调水置换压采地下水，恢复地下水应急备用功能，保障河湖生态水量。对原水供水水质较差的城市，要在治污和加强水源保护的基础上，实施水系连通、水源置换等措施，增强城市水体循环流动性，确保城市供水水质安全。

38. 推广装配式建筑和钢结构建筑

装配式建筑是建筑工业化最核心、最重要的内容，是建筑产业现代化的必由之路。装配式建筑主要包括装配式混凝土建筑、钢结构建筑和木结构建筑。“十三五”时期要全面推进以装配式建筑为核心的建筑产业现代化。全面提升装配式建筑设计、施工、生产企业和专业人员素质，加快培育产业特色鲜明、创新能力强、产业关联度高，能够集设计、生产、施工于一体的龙头企业，培育专业性强的产业链重点企业。改革创新装配式建筑监管制度构架，探索部品生产、工程计价、招标投标、开工许可、质量监督和竣工验收等环节的建设管理制度。加快推进装配式建筑工程总承包模式。完善各类装配式建筑标准体系和实施机制。

钢结构建筑是指以各种钢结构体系（如钢框架、薄壁轻钢结构）为主受力结构，以各种轻质建材为围护体系的建筑，是装配式建筑的重要形式之一，具有抗震安全性高、布局灵活、得房率高、施工快速、易于产业化、钢材循环利用率高等优点。当前，我国钢结构建筑技术逐步成熟，但是钢结构建筑只占到建筑总量的5%左右，钢结构住宅占比不到1%。

重庆市轨道交通环线高家花园嘉陵江专用桥

“十三五”时期，将进一步完善和推广成熟适用的钢结构建筑技术和部品体系，在政府投资的项目中率先使用。重点推进乙类抗震设防建筑使用，加大地震多发地区的钢结构住宅开发建设力度，逐步推进钢结构农房建设，加大配套新技术新工艺的应用。重点在钢结构应用基础条件较好、钢铁产能集中地区开展钢结构建筑推广应用试点，形成可复制推广的经验。

39. 完善购租并举的住房制度

随着城镇化的深入快速发展，满足城镇居民特别是非户籍人口的住房需求，将仍是一项长期的重要任务，亟须进一步深化住房制度改革。租赁住房是居民解决住房问题的重要途径。当前，我国城市居民家庭租房比例只有23%，住房租赁市场仍处于起步阶段，还存在供应主体单一、供应结构不合理、相关政策不支持、制度措施不完善、消费观念跟不上等问题。

“十三五”时期，要以发展住房租赁市场为突破口，进一步完善住房供应体系，同时，规范住房保障制度，稳定住房市场，加快建立购房与租房并举的住房制度。一是进一步完善住房供应体系。对具备购房能力的城镇居民，继续支持其通过住房市场购买商品住房。对不具备购房能力或者没有购房意愿的城镇居民特别是非户籍人口，支持其通过住房租赁市场租房居住。对难以承受房租、符合条件的困难家庭，政府给予租金补助，保障其基本住房需求。二是大力发展住房租赁市场。鼓励自然人和各类机构投资者购买库存商品房，成为租赁市场的房源提供者。鼓励发展以住房租赁为主营业务的专业化企业。引导开发商和住房租赁企业开展新房租赁。三是规范住房保障制度。加快推进棚户区改造，大力推行货币化安置，打通安置房与商品住房的通道。四是稳定住房市场。规范房地产中介服务，营造良好交易环境。改进房地产调控方式，促进住房供需平衡。

40. 稳步化解房地产库存

房地产库存是反映房地产市场供求关系的指标。近年来我国房地产市场快速发展，已基本告别了住房短缺时代，出现了结构性、区域性过剩。化解房地产库存成为推进供给侧结构性改革的五大重点任务之一。

"十二五"时期，房地产市场总体保持稳健发展的态势，开发投资快速增长，住房消费规模不断扩大，对改善城镇居民居住条件、促进宏观经济平稳运行发挥了重要作用，但库存问题较为突出。截至2015年末，全国已竣工的商品房待售面积7.19亿平方米，同比增长达15.6%。从地区分布看，住宅库存矛盾主要集中在三、四线城市。当前，房地产市场风险总体可控，但一些中小城市的开发企业销售困难、库存增加、资金链断裂等局部风险仍需高度关注。

"十三五"时期，要全面贯彻落实已出台的各项政策措施，努力满足城镇居民刚性需求和改善性需求，采取有力措施，化解房地产库存。加大棚户区改造和其他房屋动迁货币化安置力度。用好用足住房公积金支持职工住房消费。鼓励支持农民工和农民进城购房。培育和发展住房租赁市场。实施公租房货币化。引导发展医疗、创业、养老、旅游、文化等跨界地产，消化商品房库存。

41. 加快建设美丽宜居乡村

美丽宜居乡村是新农村建设的“升级版”，既秉承和发展新农村建设的宗旨思路，又丰富和充实其内涵实质，更加关注农业发展方式转变，更加关注生态环境资源的合理利用，更加关注人与自然和谐相处，更加关注农村可持续发展，更加关注保护和传承农业文明。美丽宜居乡村的内涵，集中体现在“环境美”、“生活美”、“产业美”、“人文美”四大基本表征，“产业美”就是要做到产业特色明显、产品优质安全，同时与资源生态和谐；“环境美”主要是布局规划合理、基础设施完善，与自然环境和谐；“生活美”就是要物质生活宽裕，社会保障有力，邻里亲朋之间和谐相处；“人文美”要求乡风朴实文明、地方文化鲜明，与传统文化相和谐。

加快实施美丽宜居乡村建设，重点要在四个方面实现跨越式提升。一是产业提升工程。对传统农业实施标准化、规范化、机械化、信息化改造，完善和延伸产业链条，转变农业发展方式，促进农业产业结构调整，建设资源节约、环境友好的现代生态循环农业。二是环境提升工程。主要是开展自然环境的生态化保护和人居环境的功能化改造，实现村村

福建省泉州市德化县洪田村

优美。三是服务提升工程。主要是开展农村新社区的规范化建设和社会保障的无缝化整合，实现处处和谐。建设完善农村公共卫生、公共教育、农民培训与能力提升、公共安全、社会保障、农技推广、便民服务等服务体系与设施。四是文化提升工程。主要是开展农村乡土文化的个性化展示和农民素质的现代化培育，实现人人幸福。

42. 构建京津冀“一核双城三轴四区多节点”的空间格局

空间格局是京津冀功能定位在空间上的具体体现，也是优化资源配置、实现协同发展的重要基础。推动京津冀协同发展，确定了“功能互补、区域联动、轴向集聚、节点支撑”的布局思路，明确了以“一核、双城、三轴、四区、多节点”为骨架，推动有序疏解北京非首都功能，构建以重要城市为支点，以战略性功能区平台为载体，以交通干线、生态廊道为纽带的网络型空间格局。“一核”即指北京，把有序疏解北京非首都功能、优化提升首都核心功能、解决北京“大城市病”问题作为京津冀协同发展的首要任务。“双城”是指北京、天津，这是京津冀协同发展的主要引擎，要进一步强化京津联动，全方位拓展合作广度和深度，加快实现同城化发展，共同发挥高端引领和辐射带动作用。“三轴”指的

京津冀地区机场分布图

是京津、京保石、京唐秦三个产业发展带和城镇聚集轴，这是支撑京津冀协同发展的主体框架。“四区”分别是中部核心功能区、东部滨海发展区、南部功能拓展区和西北部生态涵养区，每个功能区都有明确的空间范围和发展重点。“多节点”包括石家庄、唐山、保定、邯郸等区域性中心城市和张家口、承德、廊坊、秦皇岛、沧州、邢台、衡水等节点城市，重点是提高其城市综合承载能力和服务能力，有序推动产业和人口聚集。同时，立足于三省市比较优势和现有基础，加快形成定位清晰、分工合理、功能完善、生态宜居的现代城镇体系，走出一条绿色低碳智能的新型城镇化道路。

43. 建设沿江绿色生态廊道

建设沿江绿色生态廊道是指在长江流域开展森林、湿地等自然生态系统和生物多样性保护与修复，形成具有保护生物多样性、涵养水源、防止水土流失、调控洪水、过滤污染物等生态服务功能的线状或带状区域，是长江经济带战略的一项重要内容。

“十三五”期间，将坚持生态优先、绿色发展的战略定位，把修复长江生态环境摆在压倒性位置。力争到2020年，长江流域森林覆盖率

重庆市长江小三峡

达到43%，湿地面积不低于96万公顷。一是实施好长江防护林体系建设、天然林资源保护、岩溶地区石漠化综合治理、退耕还林还草、水土保持、河湖和湿地生态保护修复等工程，增强水源涵养、水土保持等生态功能。二是提升长江流域森林质量。严格保护天然林生态系统，有序停止天然林商业性采伐，大力开展森林抚育，加强退化林和人工林的改造培育，增加复层异龄混交林比重。三是提升湿地生态系统功能。加强对区域内三江源、若尔盖、三峡水库、丹江口水库、江汉平原湿地、洞庭湖、鄱阳湖、巢湖、太湖、洪泽湖以及长江口等沿江重要湿地保护和修复，建立重要水库闸坝生态水量联合调度机制，大力实施退耕退垸还湖还湿，改善河湖连通性，修复长江沿线湖泊湿地生态功能。

44. 推进长江上中游水库群联合调度

随着以三峡、锦屏、溪洛渡、向家坝、亭子口等一批综合利用水利枢纽投入运行，长江上中游逐渐形成了以三峡为核心的水库群。这些水库工程在长江流域防洪、水资源配置、发电、航运、生态环境保护等方面发挥了重要作用。水库群的形成，改变了原来单库的水力条件，加之除汛期由防洪主管部门统一调度外，其他时段主要由不同发

■ 湖北省三峡大坝景色

电企业调度，不利于协调防洪、蓄水、发电的关系，不利于妥善处理江湖关系，不利于水资源综合利用效益的发挥。因此，实施长江上中游水库群联合调度，合理安排水库群的蓄、泄水时机，协调兴利与防洪及生态的关系十分必要。

推进长江上中游水库群联合调度，就是要根据雨情、水情、汛情、旱情变化，统筹考虑防洪、供水、发电、航运、生态等目标，协调上下游、左右岸、干支流、调出调入区关系，按照兴利服从防洪、区域服从流域、电调服从水调的原则，对以三峡水利水电枢纽为核心的长江上中游干支流控制性水库群，通过科学制定调度方案，统筹安排“拦、分、蓄、滞、排”各项措施，实行水库群和梯级水库联合调度，优化调度方案，妥善处理好江湖关系，充分发挥水利水电工程群整体经济效益、社会效益和生态环境效益。

45. 推进兴边富民行动

2000 年以来，国家在边境重要地区启动实施了兴边富民行动，通过加大对边境地区的投入和对广大边民的帮扶，使边境地区尽快发展起

■ 内蒙古自治区乌兰察布市风电场

来，边民尽早富裕起来，最终达到富民、兴边、强国、睦邻的目的。实施范围包括陆地边境县（旗、市、市辖区）和新疆生产建设兵团58个边境团场。兴边富民行动实施以来，紧紧围绕“基础设施、民生改善、产业发展、沿边开放、团结稳边”五个方面的内容，不断加大了对边境地区的支持力度，极大改善了边境地区各族群众生产生活条件，有力地推动了边境地区发展。

“十三五”时期，国家将坚持把改善民生、凝聚人心作为边境地区经济社会发展的出发点和落脚点，重在“保基本、补短板”，主要围绕全力保障和改善民生、强力推进基础设施互联互通、大力发展特色优势产业、着力提升沿边开发开放水平、努力维护民族团结和边防稳固等任务，重点实施安居守边、强基固边、兴业富边、开放睦边、团结稳边等工程，确保到2020年使边境地区同步全面建成小康社会。

46. 自然岸线保有率不低于35%

自然岸线保有率是指沿海地区自然岸线长度占海岸线总长度的比例。海岸线资源是海洋资源的重要组成部分，是海洋经济发展的主要载体，是海陆生态环境保护的关键区域。2012年国务院批复实施的《全国海洋功能区划（2011—2020年）》中明确提出“严格控制占用海岸线的开发利用活动，至2020年，大陆自然岸线保有率不低于35%”。

“十三五”时期将制定自然岸线标准技术规范、建立依托海域动态监管系统的自然岸线年度统计调查工作制度、加强自然岸线保有率相关制度建设、节约集约利用海岸线资源、完善公共海岸线管理、统筹海岸线整治修复、强化海岸线保护与利用的监督管理，确保目标的实现。

47. 实施“南红北柳”湿地修复工程

“南红北柳”湿地修复工程计划通过在南方以种植红树林为代表，海草、盐沼植物等为辅；在北方以种植柽柳、芦苇、碱蓬为代表，海草、湿生草甸等为辅，有效恢复滨海湿地生态系统。“十三五”期间，将把生态修复和海岸防护作为主要任务，把人工治理和自然修复作为主要手段，通过湿地植被的栽培和移种，筑牢海岸带绿色生态屏障，恢复滨海

"南红北柳"景色

湿地污染物消减、生物多样性维护、生态产品提供等重要生态功能，全面推广滩涂、滨海湿地、河口区生态恢复与景观重建，形成绿色海岸和红滩芦花景观。

48. 推动形成以"七区二十三带"为主体的农业战略格局

《全国主体功能区规划》明确了我国以"七区二十三带"为主体的农业战略格局。"七区"指东北平原等七个农产品主产区，"二十三带"指七区中以水稻、小麦等农产品生产为主的二十三个产业带。具体包括：一是东北平原主产区，建设以优质粳稻为主的水稻产业带，以籽料与青贮兼用型玉米为主的专用玉米产业带，以高油大豆为主的大豆产业带，以肉牛、奶牛、生猪为主的畜产品产业带。二是黄淮海平原主产区，建设以优质强筋、中强筋和中筋小麦为主的优质专用小麦产业带，优质棉花产业带，以籽料与青贮兼用和专用玉米为主的专用玉米产业带，以高蛋白大豆为主的大豆产业带，以肉牛、肉羊、奶牛、生猪、家禽为主的畜产品产业带。三是长江流域主产区，建设以双季稻为主的优质水稻产业带，以优质弱筋和中筋小麦为主的优质专用小麦产业带，优质棉花产业带，"双低"优质油菜产业带，以生猪、家禽为主的畜产品产业带，以淡水鱼类、河蟹为主的水产品产业带。四是汾渭平原主产区，建设以

新疆生产建设兵团万亩棉花创高产

优质强筋、中筋小麦为主的优质专用小麦产业带，以籽料与青贮兼用型玉米为主的专用玉米产业带。五是河套灌区主产区，建设以优质强筋、中筋小麦为主的优质专用小麦产业带。六是华南主产区，建设以优质高档籼稻为主的优质水稻产业带，甘蔗产业带，以对虾、罗非鱼、鳗鲡为主的水产品产业带。七是甘肃新疆主产区，建设以优质强筋、中筋小麦为主的优质专用小麦产业带，优质棉花产业带。

49. 推动形成以"两屏三带"为主体的生态安全战略格局

以"两屏三带"为主体的生态安全战略格局是指以青藏高原生态屏障、黄土高原—川滇生态屏障、东北森林带、北方防沙带和南方丘陵山地带以及大江大河重要水系为骨架，以其他国家重点生态功能区为重要支撑，以点状分布的国家禁止开发区域为重要组成部分的生态安全战略格局。

"十三五"时期，青藏高原生态屏障，重点保护好多样、独特的生态系统，发挥涵养大江大河水源和调节气候的作用；黄土高原—川滇生态屏障，重点加强水土流失防治和天然植被保护，发挥保障长江、黄河

河北省张家口市打造京津冀生态屏障

中下游地区生态安全的作用；东北森林带，重点保护好森林资源和生物多样性，发挥东北平原生态安全屏障的作用；北方防沙带，重点加强防护林建设、草原保护和防风固沙，对暂不具备治理条件的沙化土地实行封禁保护，发挥“三北”地区生态安全屏障作用；南方丘陵山地带，重点加强植被修复和水土流失防治，发挥华南和西南地区生态安全屏障的作用。构建“两屏三带”生态安全战略格局，对这些区域进行切实保护，使生态功能得到恢复和提升，这对于保障国家生态安全，实现可持续发展具有重要战略意义。

50. 建立健全区域流域横向生态补偿机制

流域横向生态补偿机制是流域上下游共同研究流域保护与治理问题的机制之一。核心是下游对上游地区保护生态的成本作合理分担，同时上游地区对水质予以保障，主要由上下游地方政府协商推进。近年来，除省级层面开展上下游水环境补偿实践外，北京、山东、江西、江苏、山西、浙江、辽宁、河南等省均在省内开展了跨界水环境补偿的实践和探索。

■ 贵州省威宁草海湿地修复和保护

■ 甘肃省石羊河流域重点治理

"十三五"时期，将推进生态补偿的政策法规制度建设，扩大生态补偿试点范围，鼓励流域上下游地方政府探索多元化生态补偿方式，鼓励流域上下游探索用水权和排污权出让、转让、租赁的交易机制，吸引社会资本参与跨界水污染防治和生态保护。开展区域流域水环境横向补偿标准研究。

51. 建立资源环境承载能力监测预警机制

资源环境承载能力是指在自然生态环境不受危害并维系良好生态系统前提下，一定地域空间可以承载的最大资源开发强度与环境污染物排放量以及可以提供的生态系统服务能力。在技术水平既定的条件下，资源环境承载能力具有客观性，在一个时期内相对稳定。建立资源环境承载能力监测预警机制，有利于更加清晰地认识不同区域国土空间的特点和属性，把适宜开发的国土空间高效集约利用好，把需要保护的国土空间切实有效保护好，促进人口、经济和资源环境相协调；有利于根据不同地区的自然条件，明确资源利用上限、环境容量底线和生态保护红线，有效控制开发强度，切实改变盲目开发局面，将经济社会发展活动建立在资源环境承载能力基础之上；有利于科学评价特定区域资源环境超载问题的根源，科学设计并有效实施相关限制性措施，为空间开发管控、环境治理提供基础依据。

建立资源环境承载能力监测预警机制的总体思路是在对资源承载能力、环境容量、生态功能等单要素进行动态监测评价的基础上，形成科学合理的评价指标体系和技术方法，建立综合主要资源环境承载能力影响要素、分级分区分类评价的监测预警机制，以及相互配合的政策引导机制和空间开发风险防控制度，对水土资源、环境容量和海洋资源超载区域实行预警提醒制度，研究建立有针对性的激励约束机制，推进监测预警的规范化、制度化，引导各地按照资源环境承载能力谋划经济社会发展。

52. 实施全民节能行动计划

全民节能行动计划是指运用行政、法律、经济、市场等手段，通过落实节能目标责任制、强化法律法规标准约束、实施节能重点工程、健全经济激励政策、建立市场化节能机制、培育全民节能意识等措施，构建全民重视节能、参与节能的行动框架，推动工业、建筑、交通、公共机构、重点用能单位等领域能效水平提升。具体包括能效领跑者引领行动，节能“三大”倍增（节能服务产业产值、节能产品推广量、绿色建筑面积）行动，工业能效赶超行动，建筑能效提升行动，交通节能推进行动，公共机构节能率先行动，重点用能单位节能低碳行动，节能重点工程推进行动，市场化节能机制推进行动和节能能力意识提升行动。

“十三五”时期，通过实施全民节能行动计划，到2020年全国万元国内生产总值能耗比2015年降低15%；主要高耗能行业能效水平达到世界领先，工业能耗力争2020年达到峰值；建筑、交通、公共机构等重点领域能效水平大幅提升；2020年能源消费总量控制在50亿吨标准煤以内。

53. 推行节能低碳电力调度

节能低碳电力调度是指在保障电力可靠供应的前提下，按照节能、经济的原则，优先调度可再生发电资源，按机组能耗和污染物排放水平由低到高排序，依次调用化石类发电资源，最大限度地减少能源、资源消耗和污染物排放。“十二五”期间，各省先后结合自身情况以差别电量和发电权交易形式实施节能电力调度。近年来，受用电需求增速下降、

■ 哈密南—郑州 ±800 千伏特高压直流输电工程（新疆维吾尔自治区段）

国内清洁能源发电装机规模加大、用电负荷特性变化等因素影响，节能低碳电力调度在部分试点省份政策落实不到位，开展节能低碳电力调度引起的利益调整得不到有效补偿，缺乏明确的市场补偿机制。

“十三五”时期，结合电力体制改革和市场化进程，根据电力行业发展需要，进一步推进节能低碳电力调度，在电力供需宽松背景下优化节能低碳调度工作。

54. 实施全民节水行动计划

全民节水行动计划是为推动形成节水型生活生产方式、消费模式而制定的一项国家行动计划。“十三五”时期，主要开展以下几个方面的工作：一是完善节水产品认证与标识制度。完善节水产品认证制度，加快制定节水认证标准体系。二是建立健全节水激励机制，鼓励居民家庭选用节水器具。三是开展节水洁水宣传教育，组织开展多种形式的节水洁水公益宣传活动。加强水效领跑者宣传。四是全面加强载体建设，继续开展节水型企业、节水型单位、节水型小区建设，以节水载体建设为重点开展节水型社会综合示范。

55. 建立水效标识制度

水效标识是用水效率标识的简称，用来反映用水产品水效等级。水效标识制度，是指国家对节水潜力大、使用面广的用水产品实行水效标识管理，采用统一的国家强制性水效标准、实施规则和标识样式。实行水效标识制度，可以有效推动生产者改进产品节水性能，引导消费者购买先进实用的节水产品，进一步规范用水产品生产和销售，推广普及节水器具，提高全社会的用水效率，推进节水型社会建设。

“十三五”时期，要加快建立并实施水效标识制度，认真做好宣传引导及相关配套政策制定修改工作，推动制定实行水效标识的产品目录和相应的实施规则，发布水效标识样式。授权水效标识制度实施机构开展用水产品水效标识的备案、核验和信息公告等工作。加强水效标识制度实施的监督管理。

56. 用水总量控制在6700亿立方米以内

用水总量是指各类用水户取用的包括输水损失在内的毛水量之和，按生活用水、工业用水、农业用水和生态环境补水四大类用户统计，不包括海水直接利用量。全国用水总量是在对全国水资源调查评价和综合规划基础上，根据水资源可利用量和供需平衡分析，为实现水资源可持续利用而确定的一项控制性指标。“十二五”期间，以落实最严格水资源管理制度为抓手，严格用水总量控制，取得显著成效。2011—2014年全国用水总量分别为6107亿立方米、6131亿立方米、6183亿立方米、6095亿立方米，预计2015年用水总量可控制在6200亿立方米以内，“十二五”年均增长率为0.5%。随着我国人口不断增长，工业化和城镇化深入发展，在未来较长一段时间内，我国对水资源的需求依然强劲，实现用水总量控制目标面临较大压力。

“十三五”期间将主要采取以下措施，确保到2020年，全国用水总量控制在6700亿立方米以内。一是严格用水总量控制指标管理。落实最严格水资源管理制度，实施水资源消耗总量和强度双控行动，把用水总量控制指标落实到流域和行政区域。二是强化水资源承载能力刚性约束，强化水资源承载能力对经济社会发展的引导和约束作用，坚持以水定产、以水定城。三是大力推进重点领域节水，落实节水优先方针，大力推进农业、工业和生活节水。四是加强地下水超采区综合治理，推行地下水取用水总量和水位控制管理，实现对全国地下水动态监测。五是加快水资源监控能力建设。六是建立水资源督察与责任追究制度，促进各项用水总量控制措施落到实处。

57. 单位国内生产总值建设用地使用面积下降 20%

单位国内生产总值建设用地使用面积下降，是在一定时期内，建设用地规模与国内生产总值比值的下降幅度，反映经济发展水平和土地节约集约利用水平的变化情况。落实国内生产总值建设用地使用面积下降目标，是实行最严格的节约集约用地制度的内在要求和重要抓手，是综合考量调整经济结构、优化产业布局、加快经济转型和转变土地利用方式、提高土地利用效率效益的重要体现，对于提升土地资源对经济社会可持续发展的保障能力具有重要意义。“十二五”时期全国单位国内生产总值建设用地使用面积下降 24.65%。按照年均国内生产总值增速 6.5%、年均建设用地增速 1.7% 的水平进行测算，“十三五”期间单位国内生产总值建设用地使用面积下降率为 20.59%。在综合考虑“十二五”时期各地区土地利用实际、年均净增建设用地规模以及经济增长速度等因素的基础上，为确保单位国内生产总值建设用地下降目标对各地区的土地利用及各级政府的土地利用管理行为形成有效约束和压力，促进土地节约集约利用，“十三五”规划将单位国内生产总值建设用地使用面积下降目标设定为 20%。

58. 建立健全用能权初始分配制度

用能权是指用能单位在一年内，经确认可消费各类能源量的权利，也就是一年内按规定可以消费的能源总量。用能权初始分配制度是指在能源消费总量控制管理下，主管部门按照既定原则、规则和方式，结合节能评估审查、能源审计等措施，确认各用能单位（包括新上项目）用能权的初始配额，并进行免费或有偿分配的制度。

“十三五”时期，建立用能权初始分配制度，开展用能权交易，主要任务包括：一是分解目标，将全国能源消费总量目标分解到各地区。二是发挥能评作用，将能评与能源消费总量目标相挂钩，实施能评暂缓审批、能耗等量或减量替代后有条件审批。三是确权和使用，对用能单位特别是新上高耗能项目初始用能权进行确权。用能单位免费获得或有偿申购初始用能权，对超额使用部分实行差别价格。四是开展交易，制定交易规则，搭建平台，培育市场，强化监管，推动用能单位之间开展以用能权为标的的二级市场交易；或在初期，设立国家或省级用能指标池子，先启动一级市场。五是加强统筹协调，指导地方开展交易（试点）工作，加强基础能力建设。

59. 主要江河湖泊水功能区水质达标率达到 80% 以上

水功能区达标率是指水质达标的水功能区占评价的水功能区比例。水功能区是为满足水资源合理开发和有效保护的需求，在相应水域按其主导功能划定并执行相应质量标准的特定区域。2011 年国务院批复了《全国重要江河湖泊水功能区划（2011—2030 年）》，共划分全国重要江河湖泊水功能区 4493 个，区划河长 18 万公里。其中一级区分四类，即保

江西省鄱阳湖

护区、保留区、开发利用区、缓冲区，二级区是在一级区划的开发利用区内，分为饮用水源区、工业用水区、农业用水区、渔业用水区、景观娱乐用水区、过渡区、排污控制区七类，主要是明确水域使用功能类型及功能，协调不同用水行业间的关系。水功能区水质目标按水功能二级区划执行相应的水质标准。

目前，我国水资源保护和水污染防治依然面临严峻形势。2014 年全国重要江河湖泊水功能区水质达标率 67.9%，污染物排放居高不下，严重威胁水体安全。每年全国废污水排放量达 770 亿吨以上，加之面源污染，许多河流污染物入河量超过水域纳污能力，要实现 2020 年水质达标率目标，污染物入河量还应大幅削减。实现到 2020 年全国主要江河湖泊水功能区水质达标率提高到 80% 以上的目标，需要采取以下措施：一是完善水功能区管理制度，二是加大水源地保护力度，三是推进江河流域综合整治，四是加强河湖水生态保护与修复。

60. 全国挥发性有机物排放总量下降 10% 以上

挥发性有机物（VOCs）来源广泛，涉及工业固定源、机动车尾气排放源和日常生活源。工业固定源是主要生产和产生源，贡献率达 68.2%，其中石油炼制、有机化工、工业涂装、印刷、电子制造等行业排放量较大。由于认识、技术标准等方面的原因，长期以来，我国未将 VOCs 纳入重点控制污染物的范畴，人为源 VOCs 排放量逐年快速上升，对复合型大气污染影响日益突出。《大气污染防治行动计划》提出将 VOCs 列入重点防控的大气污染物，新修订的大气法要求对 VOCs 与其他主要大气污染物实施协同控制，对 VOCs 有了较为明确的污染防治要求。

"十三五"期间，实现全国 VOCs 排放总量下降 10% 的目标，要以大工程带动大治理，突出重点行业和重点区域，全面实施 VOCs 总量控制。在全国层面，全面推进石化、化工、工业涂装、印刷、交通源、电子信息等行业 VOCs 排放控制。京津冀鲁、长三角、珠三角等重点地区和全国其他地区重点城市还应结合自身产业特点，开展其他行业挥发性有机物控制工作。

61. 城市污水集中处理率达到 95%

城市污水集中处理率是指城市市区经过城市集中污水处理厂处理且达到排放标准的污水量与城市污水排放量的百分比，反映一个城市污水集中收集处理设施的配套程度，是评价一个城市污水处理工作的标志性指标。“十二五”期间，我国城镇生活污水处理事业实现跨越式发展，新增污水处理能力 3493 万吨 / 日、污水管网 10.94 万公里、中水回用能力 1132 万吨 / 日。目前，城镇污水处理方面还存在污泥处理处置设施和再生水利用设施建设滞后，县城和建制镇污水处理能力不足，不同地区之间的污水处理差距较大等问题。根据中央《建议》“实现城镇生活污水垃圾处理设施全覆盖和稳定运行”的要求，将“十三五”城市污水集中处理率目标设置为 95%。“十三五”时期，将进一步推进城市污水处理设施升级改造，力争实现建制镇污水处理设施全覆盖，进一步提高城镇污水处理能力等措施，确保目标如期实现。

62. 实行排污许可“一证式”管理

排污许可制度是依法对固定污染源的排污行为提出具体要求并以书面形式确定下来，作为排污单位守法、执法单位执法、社会监督护法依据的一种环境管理制度。排污许可制的核心是排污者必须持证排污、按证排污，实行这一制度，有利于将国家环境保护的法律法规、总量减排责任、环保技术规范等落到实处，有利于环保执法部门依法监管。

实行排污许可“一证式”管理，主要是整合环境影响评价、主要污染物总量控制、排污申报、排污权交易等固定源环境管理相关制度，将许可制度与前置审批、过程监管、违规处罚等相衔接，实现制度关联衔接、目标措施一体，一企一证、分类管理，强化证后监管与处罚。落实企业主体责任，实行企业自主申请、举证、监测、公开的管理制度。建设国家排污许可数据库，构建国家统管、四级联网、面向公众、社会公开的信息平台。在实施步骤上，坚持先易后难、分步实施，选择污染物排放量较大、管理基础较好的行业和地区开展试点，逐步向其他行业、地区扩展，深入健全和完善排污许可制度，争取在“十三五”末实现对所有固定污染源的全覆盖。

63. 实行领导干部环境保护责任离任审计

根据新环保法，地方各级政府对辖区内环境质量负责，各类产污主体负有污染防治责任。党政领导干部环境保护责任审计适用于离任这一特殊阶段，主要目的是用以评价党政领导干部任职期间的环境保护责任履行情况。目前，仍处在试点阶段。

“十三五”时期，将探索并逐步完善领导干部环境保护责任离任审计制度，形成一套比较成熟、符合实际的审计规范，保障审计工作深入开展，推动领导干部守法、守纪、守规、尽责，切实履行生态环境保护责任，促进生态环境安全、提高生态环境质量。主要任务包括：一是制定《领导干部环境保护责任离任审计试点方案》；二是建立重点环境领域的领导干部环境保护责任离任审计的技术指南；三是开展 3—5 个地区领导干部环境保护责任离任审计试点工作；四是形成一支相对成熟的环境保护责任审计工作队伍；五是初步建立相对完善的环境保护责任离任审计工作体系与制度体系。

64. 开展大规模国土绿化行动

发动全社会力量大规模植树增绿，集中连片建设森林，定向定点营造培育乡土绿化美化树种，加快建设国家储备林，打通连接各生态空间的绿色廊道，形成以生态功能区为重要节点，沿路、沿江、沿湖（库）、沿海、沿边的国土绿化网格，建设城市、乡村大尺度绿色生态保护空间。“十二五”期间，围绕以生态建设为主的林业发展战略，坚持数量与质量并重、发展与保护并重，全面推进国土绿化进程。全国累计完成造林 3000 万公顷，义务植树 126 亿株，完成森林抚育 4086 万公顷。全国森林覆盖率由 20.36% 提高到 21.66%，森林面积达到 2.08 亿公顷，森林蓄积达到 151 亿立方米。但是，我国森林覆盖率仍远低于世界平均水平，人均森林面积只有世界人均的 1/4，人均森林蓄积仅为世界人均的 1/7，我国仍然是一个缺林少绿的国家，需要开展大规模国土绿化行动，维护森林生态安全，补齐生态文明建设的短板。

黑龙江省大兴安岭

“十三五”时期，重点任务是：一是贯彻落实“一带一路”建设、京津冀协同发展、长江经济带发展“三大战略”，加快构建稳固的生态安全屏障。二是加强重点生态工程建设。大力实施天然林资源保护、京津风沙源治理、岩溶地区石漠化综合治理、“三北”等防护林体系工程，扩大新一轮退耕退牧还林还草规模，集中连片建设森林，建设大尺度绿色生态保护空间和连接各生态空间的绿色廊道，形成国土绿化网络。坚持全民义务植树活动，开展大规模植树造林。三是引导社会主体自觉参与国土绿化。充分发挥国有林区林场在国土绿化中的带动作用。充分发挥政府引导和市场调节作用，推动国土绿化向集约化、专业化和适度规模化方向发展。四是完善相关扶持政策。完善公共财政支持政策，建立健全以公共财政投入为主导、社会投入为补充、全方位多渠道的国土绿化投入机制。

65. 探索编制自然资源资产负债表

自然资源资产负债表是用资产负债表的方式，将全国或一个地区的所有自然资源资产进行分类加总形成的报表，以显示某一时点上自然资源资产的“家底”，反映一定时间内自然资源资产存量的变化。十八届三中全会提出探索编制自然资源资产负债表的改革任务以来，有关部门

浙江省武义县俞源乡俞源村自然风光

高度重视，积极开展相关工作。

"十三五"时期，开展对试点地区的监督指导，收集、整理和评估有关数据，拟定国家自然资源资产负债表编制制度，试编全国土地、林木和水资源资产账户，探索扩大账户编制范围。根据试点经验，研究扩大自然资源资产负债核算范围，2018 年底前编制出自然资源资产负债表。研究探索主要自然资源资产负债价值量核算技术。

66. 推行合同能源管理、合同节水管理和环境污染第三方治理

合同能源管理是一种市场化的节能服务机制，具体运行模式是，节能服务公司与用能单位以契约形式约定基于节能项目的节能目标，节能服务公司为实现节能目标向用能单位提供必要的服务，用能单位以节能效益支付节能服务公司的投入及其合理利润，具体类型包括节能效益分享型、节能量保证型、能源费用托管型、融资租赁型、混合型等。"十二五"以来，国家大力推广合同能源管理，我国节能服务产业步入快速发展轨道，为推动我国节能减排事业发挥了重要作用。"十三五"时期，将加强节能宏观管理，强化节能法规标准约束，健全节能激励和

约束机制，强化政策支持，加快推进合同能源管理，推动节能服务产业持续健康发展。

合同节水管理是指节水服务公司与用户以契约形式约定节水目标，为用户提供节水评价、融资、改造、管理等服务，用户以节水效益支付节水服务公司的投入及其合理利润的节水服务机制。推行合同节水管理，可以有效降低用户的用水量和节水改造风险，充分调动节水积极性，促进节水服务产业发展。到 2020 年，合同节水管理成为实施节水改造的主要方式之一，培育一批具有专业技术、融资能力强的节水服务企业，一大批先进适用的节水技术、工艺、装备和产品得到推广应用，节水服务市场竞争有序，发展环境进一步优化。

环境污染第三方治理是排污者通过缴纳或按合同约定支付费用，委托环境服务公司进行污染治理的新模式，是推进环保设施建设和运营专业化、产业化的重要途径，是促进环境服务业发展的有效措施。到 2020 年，重点领域环境污染第三方治理取得显著进展，污染治理效率和专业化水平明显提高，社会资本进入污染治理市场的活力进一步激发，高效、优质、可持续的公共服务市场化供给体系基本形成，第三方治理业态和模式趋于成熟。

67. 发展外向型产业集群

“十二五”时期，我国外向型产业集群发展取得积极进展。一方面，外贸转型升级基地建设加快。稳步推进外贸转型升级示范基地建设，依托现有特色产业区推动国家级外贸转型升级示范基地建设。另一方面，加工贸易转型升级和梯度转移稳步推进。东部地区加工贸易转型升级步伐加快，珠三角全国加工贸易转型升级示范区和加工贸易转型升级试点城市建设取得积极进展，加工贸易国内采购和增值比重不断提高。中西部承接加工贸易梯度转移成效初现，重点承接地形成若干产品生产基地，产业配套不断完善。

“十三五”时期，将加大外贸转型升级基地建设力度，以改革管理体制、完善政策支持、推动梯度转移、加快转型升级为重点，研究制定差异化政策，支持东部加工贸易优先向中西部梯度转移。

中国（上海）自由贸易试验区

68. 实施优进优出战略

改革开放30多年来，我国对外贸易持续高速增长，出口占国际市场份额达到13%左右，成为世界货物贸易第一大国。但近几年进出口增速不断下降，这既有国际环境的原因，也反映出传统的外贸发展方式难以为继。“十三五”时期，实施优进优出战略，推动外贸向优质优价、优进优出转变，就是要从我国长远和根本利益出发，有选择地进口紧缺先进技术、关键设备和重要零部件；在提高出口商品档次和附加值产品的同时，推动产品、技术、服务的“全产业链出口”。

重点抓好以下工作：一是提高传统优势产品竞争力，鼓励企业提高产品科技含量和附加值，加强营销和售后服务网络建设，鼓励跨境电子商务、市场采购贸易、外贸综合服务企业等新型贸易方式发展。二是壮大装备制造等新的出口主导产业，大力推进国际产能和装备制造合作，积极营造资本和技术密集型产业出口新优势。三是大力发展服务贸易，进一步落实和完善促进服务贸易发展的政策措施，在稳定和拓展运输、旅游、劳务等传统服务贸易的同时，重点培育通信、金融、会计等新兴服务贸易，提高服务贸易比重，实现服务贸易与货物贸易融合发展、相互促进。四是积极扩大进口，完善进口促进政策，扩大先进技术设备、关键零部件进口，稳定能源资源产品进口，合理增加一般消费品进口，引导境外消费回流。

69. 服务贸易占对外贸易比重达到 16% 以上

“十二五”期间，我国服务贸易快速发展，规模跃升为全球第二，成为对外贸易新亮点和转型升级新引擎。5 年时间突破 4 个千亿美元大关，从 2010 年的 3624 亿美元增加到 2015 年的 7130 亿美元，年均增长 14.5%，为同期世界服务贸易平均增速的两倍。结构渐趋优化，培育新兴服务贸易初见成效。

“十三五”时期，我国服务贸易发展面临诸多有利条件。体制改革全面深化，对外开放水平不断提高，经济结构加快调整，互联网、物联网等技术迅速发展，服务业比重和水平持续上升，都将为服务贸易发展营造良好的环境。预计我国服务贸易增速仍将高于全球平均水平，到 2020 年服务进出口额将突破 1 万亿美元，年均增长 10% 以上；贸易结构更加优化，“中国服务”的国际竞争力稳步提高。

70. 对外资全面实行准入前国民待遇加负面清单管理制度

准入前国民待遇是指境外投资者在准入前阶段享有的待遇不低于境内投资者。负面清单通常是指东道国在投资协定中保留的不符合国民待遇等义务的措施。准入前国民待遇加负面清单管理制度是外资管理的一种模式，强调外资政策法规的稳定性、透明度。根据十八届三中全会关于探索对外资实行准入前国民待遇加负面清单管理模式的部署，近年来主要开展了如下工作：一是修订《外商投资产业指导目录》；二是将外资项目管理由全面核准改为普遍备案与有限核准相结合的管理方式；三是在自由贸易试验区进行外资负面清单管理模式试点。

“十三五”时期，我国要对外资全面实行准入前国民待遇加负面清单管理制度。一是深入实施新一轮高水平对外开放，扩大金融、文化、

政务服务大厅“一站式”服务

电信、医疗、商贸物流等服务领域开放，进一步开放制造业。二是全面改革外资管理体制，加大简政放权力度，简化管理程序，加强事中事后监管。三是完善外资政策法规体系，研究制定外资基础性法律，对于外资企业组织形式、经营活动等，按照内外资一致原则，适用统一的法律法规。同时，适时调整《外商投资产业指导目录》，更好地体现负面清单特点。

71. 健全本外币全口径外债和资本流动审慎管理框架体系

全口径的跨境融资宏观审慎管理框架是建立在宏观审慎监管规则下，基于微观主体资本或净资产的跨境融资约束机制，具有本外币管理一体化、逆周期调节、总量与结构调控并重等特点，规则统一、公开、透明、市场化，有利于拓宽融资渠道，提高跨境融资自主性和资金利用效率。

“十三五”期间，我国将进一步健全全口径外债的总量控制、结构优化和运行监测制度和政策体系，促进跨境融资便利化，切实有效防范外债风险。健全宏观审慎管理框架下的资本流动管理体系，用好反洗钱、反恐怖融资等制度和手段，探索新的政策工具，综合施策维护金融稳定。

继续加强金融宏观审慎管理制度建设，加强统筹协调，有效支持微观主体跨境融资，防范宏观金融风险，守住不发生系统性、区域性金融风险的底线。

72. 建设 15.2 万公里通建制村沥青（水泥）路

农村公路是我国公路网重要组成部分，是广大贫困地区农村最主要的运输方式。建设畅通的农村公路，将提高群众出行的舒适度和安全水平、解决农村“出行难”问题，有助于改变农村落后面貌、促进农村产业发展、加快新农村建设、推进农村公共事业完善。按照《中共中央国务院关于打赢脱贫攻坚战的决定》要求，加快推进以贫困地区特别是集中连片特困地区为重点的农村公路建设。为解决 680 个集中连片特困地区县和 152 个片区外国家扶贫开发工作重点县中未实现通沥青（水泥）路目标建制村的农村公路建设问题，共需建设约 15.2 万公里通建制村沥青（水泥）路，其中少数建设条件困难、交通需求小、特殊气候条件的地区，建设弹石路、砖铺路等硬化路。

73. 宽带网络覆盖 90% 以上的贫困村

2015 年底我国贫困村通宽带比例约为 60%。到 2020 年，我国 90% 以上的贫困村将实现宽带网络覆盖，面临的主要问题：一是贫困村网络建设成本增大，网络覆盖难。目前，我国未通宽带的约 5 万个行政村，基本都是位置相对比较偏远、经济发展水平落后和居民消费能力较低的地区，5 年内的电信业务收入低于运维费用支出，建设投资回收很难。二是农村用户信息技能较低，宽带用户和应用普及难。目前我国农村人口老龄化严重，留守农村的多为老年人和小孩，这部分用户信息化技能缺乏，难以分享宽带发展带来的效益。

“十三五”时期，将进一步完善电信普遍服务机制，逐步形成系统性工作方案，解决好贫困地区宽带基础设施建设和后期运行维护的投入问题。具体举措包括：一是持续加大中央财政资金的投入，同时鼓励地方政府加大支持力度；二是推动国有电信企业承担普遍服务任务；三是在贫苦地区开展应用技能培训和推广，加快培育信息消费需求。

74. 完善贫困地区资源开发收益分享机制

贫困人口分享贫困地区资源开发收益，是资产收益扶贫的一项重要内容，是通过制度性安排增加贫困人口财产性收入的一种方式。按照资产收益扶贫的理念，贫困地区资源开发收益分享的基本机制是，将贫困村或贫困户的土地、资金及资产等股权化，在水电、矿产等资源开发企业占有一定股份，贫困村或贫困人口根据其股份享有资源开发收益。完善贫困地区资源开发收益分享机制的重点是管理监督机制、风险防范机制以及利益分配机制。

75. 鼓励设立产业投资基金和公益信托基金参与扶贫

引导中央企业、民营企业分别设立贫困地区产业投资基金，采取市场化运作方式，重点投向央企定点帮扶的贫困县和革命老区，以股权投资或融资引导撬动基金的方式为这些地区脱贫攻坚提供投融资支持。目前，基金的规模、运营方式、管理机构等正在抓紧研究。

扶贫公益信托是近年出现的社会力量参与扶贫开发的一种新形式，一般由有条件的企业或组织作为委托人捐资设立，由信托公司等作为受托人管理信托资产并实现保值增值，信托的本金和收益用于为扶贫开发提供资金支持，信托的受益人是贫困人口。目前国内公益信托的实践主要有两种形式：一种是有预期收益率，将部分收益捐献给合作的公益基金会。另一种则是将本金和收益都委托给信托并最终捐助的项目。

76. 加快基本公共教育均衡发展

基本公共教育均衡发展，就是按照普惠性、保基本、均等化、可持续的公共服务原则，保障所有适龄儿童、少年享有平等受教育的权利。"十三五"期间，要重点抓好以下几方面工作：

一是推动义务教育均衡发展。主要是从统筹城乡义务教育发展、全面改善贫困地区义务教育薄弱学校基本办学条件、做好进城务工人员子女教育、巩固免试就近入学成果、提升义务教育治理水平、加强义务教育均衡督导等方面，探索推进市（地）域义务教育均衡发展。

■ 新疆维吾尔自治区喀什疏附县小学师生做早操

二是办好特殊教育。基本形成布局合理、学段衔接、普职融通、医教结合的特殊教育体系，残疾儿童、少年义务教育全面普及，残疾人接受非义务教育的比例显著提高，特殊教育条件保障和教育教学质量进一步提升。

三是困难学生资助全覆盖。将农村义务教育“两免一补”政策扩大到全国所有义务教育学校学生；率先从建档立卡的家庭经济困难学生实施普通高中免除学杂费。

77. 义务教育巩固率提高到 95%

九年义务教育巩固率是指初中毕业班学生人数占该年级入小学一年级时学生人数的百分比。2015 年全国义务教育巩固率为 93%。

为实现“十三五”时期义务教育巩固率提高到 95% 的目标，将主要开展以下工作：一是加强监测，精准施策。依托全国中小学生学籍信息管理系统，全面加强义务教育辍学监测工作，“一县一案”制订控辍保学方案。二是完善机制，加强管理。推动各地落实主体责任，加强控辍保学专项督导，建立约谈制度和通报制度。三是加大投入，改善条件。保留并办好必要的村小和教学点，加快义务教育学校标准化建设。四是深化改革，提高质量。深化乡村义务教育课程教学改革，加强乡村教师队伍建设，着力提高乡村义务教育质量。五是精准扶贫，加大资助。深入开展教育扶贫行动。六是加强宣传，助力施策。加强义务教育法治文化建设，完善义务教育入学通知书制度，强化家长和学生的法律意识。

78. 学前三年毛入园率提高到 85%

学前三年毛入园率是指全国在园幼儿总数占 3—5 周岁适龄儿童总数的比例。2015 年全国学前三年毛入园率为 75%。“十二五”时期，实施了两期学前教育三年行动计划，学前教育资源快速扩大，“入园难”问题有所缓解，回应了老百姓的热切期盼。但目前学前教育仍是教育体系的薄弱环节，存在诸多的困难和问题。学前教育资源依然不足。中西部农村地区特别是集中连片特殊困难地区入园率比较低。农村留守儿童、城镇流动人口等“入园难”问题依然突出。随着全面两孩政策的落实和城镇化的推进，资源不足的矛盾会进一步加剧。

■ 陕西省汉中市宁强县幼儿园欢度“六一”

到2020年学前三年毛入园率提高到85%。需要基本建成覆盖城乡、布局合理、公益普惠的学前教育公共服务体系。一是继续扩大普惠性资源。充分考虑人口政策调整和城镇化进程，科学布局新建、扩建一批幼儿园。二是提高普惠性幼儿园覆盖率。构建广覆盖、保基本的学前教育服务网络。建立扶持企事业单位、集体办园的长效机制。三是构建普惠性幼儿园成本分担机制。逐步解决普惠性幼儿园的运行和教师工资待遇问题。四是提高幼儿园保教质量。建立幼儿园保教质量监测评估体系，坚决防止和纠正“小学化”倾向。

79. 高中阶段教育毛入学率达到90%以上

高中阶段教育毛入学率是指高中阶段在校生总数占15—17岁年龄组人口数的百分比。高中阶段在校生总数为普通高中、成人高中、中等职业教育（普通中专、职业高中、成人中专和技工学校）在校生数总和。根据国际通行标准，高中阶段毛入学率达到90%以上，即实现了普及高中阶段教育。“十二五”时期，全国高中阶段教育毛入学率从82.5%持续提高到87%。2020年高中阶段毛入学率将达到90%，我国高中阶段教育普及水平将进入发达国家行列。

实现全国普及高中阶段教育目标的关键在于中西部地区特别是贫困地区。“十三五”时期，以中西部贫困地区为重点，实施高中阶段教育普及攻坚计划，确保贫困地区未升入普通高中的学生能够进入中职学校就读。推动建立以生均拨款制度为核心的经费保障机制，落实逐步分类推进中等职业教育免除学杂费，率先在建档立卡的家庭经济困难学生实施普通高中免除学杂费。

80. 建立个人学习账号和学分累计制度

这是在国际上逐步通行并日趋成熟的一种新型教育教学管理制度。建立个人学习账号，就是要在全民终身学习背景下，政府和相关机构为促进全民终身学习，建立学分银行，为全社会每一位学习者提供一个能够记录、存储自己学习情况或学习成果的个人档案。建立学分累计制度，就是要按照一定的计算方式和规则，将学习者的学习情况或学习成果量化为一个可以统计、累计的具体数值的制度，包括正规学习、非正规学习和各级各类学习的情况和成果。通过建立学分银行，可以使各个阶段各种途径获得的学分得到积累或转换，并据此作为获取学历证书、职业资格证书或培训证书的凭证。

“十三五”期间，要以“建立个人学习账号和学分累计制度，畅通继续教育、终身学习通道”为目标指向，一是研究提出建立国家学分银行的工作方案，出台政策措施，组织各类学校和教育培训机构共同参与，在部分地区率先开展试点，逐步推动以点带面、全面实施。二是支持国家开放大学在学分银行上先行先试，为建立国家学分银行制度提供理论和实践依据。

81. 制定国家资历框架

国家资历框架在国际上通常称为国家资格框架，是继续教育各级各类学习成果的共同参照系，根据知识、技能和能力的要求，构建成一个连续的、可被认可的资格阶梯。学习成果框架提升了不同类型学习成果之间的透明性和可比性，可以促进学历教育学习成果、非学历教育学习成果和无定式学习成果之间的沟通衔接。以国家资历框架为基础，通过建立个人账号、学分累计制度以及相关的认证、积累与转换制度，可以将个人账号中的学分根据一定的规则，转换成不同的学分或证书、文凭等学习成果，畅通继续教育、终身学习通道，搭建终身学习“立交桥”。

“十三五”时期的主要任务：一是多部门共同组建国家资历框架管理机构，研究发布国家资历框架，组织行业、院校和社会培训机构制定统一的学习成果认证标准。二是建立国家资历框架认证平台，建设国家学习成果转换管理网、学习成果认证服务体系等基础设施，为学习者建立终身学习成果档案。三是推进同层次或不同层次学校之间，学校与行业、企业、培训机构之间，区域之间以协议联盟方式实现学习成果互认。

82. 加快实施“三通两平台”建设工程

“三通两平台”是对教育信息化“宽带网络校校通、优质资源班班通、网络学习空间人人通，建设教育资源公共服务平台和教育管理公共服务平台”核心任务的高度概括。“十二五”以来，“三通两平台”进展顺利。“宽带网络校校通”取得重大进展，全国中小学互联网接入率达到87%，多媒体教室拥有率达到80%。“优质资源班班通”取得显著成效，全国中小学中35%的学校建有校本资源，42%的学校实现全部班级应用数字教育资源开展教学。“网络学习空间人人通”实现跨越式发展，全国各级各类学校中超过36.5%的学校开通了学校空间，师生实名空间开通数量增加到5822万个。国家教育资源公共服务平台2012年底上线运行，教育管理公共服务平台全面应用。

“十三五”时期的主要任务：一是全面深化“三通两平台”，全面提升教育信息化基础支撑能力，优先提升教育信息化促进教育公平、提高教育质量的能力。二是加快推动信息技术和教育融合创新，在“一带一路”、网络强国、“互联网+”、大数据等国家战略中发挥作用。从课堂集中学习拓展为以网络学习空间支撑的泛在学习，统筹推进实名制、组织化、可管可控的网络学习空间建设；从推进教学改革拓展为支撑面向未来的高素质人才培养，促进教学理念、方式和内容改革；从提高管理效率拓展为全面提升教育治理能力，提高教育决策、管理和服务水平。

83. 全面推进公立医院综合改革

公立医院综合改革是深化医药卫生体制改革、切实缓解群众“看病难、看病贵”问题的关键环节。“十二五”时期，县级公立医院综合改革全面推开，扩大到全国所有县（市），城市公立医院综合改革试点扩大到100个城市。公立医院综合改革的关键环节和重点领域取得重要进展，医疗服务体系持续完善，医疗服务能力和效率有所提高，医务人员积极性得到调动，医药费用过快上涨势头得到初步遏制，老百姓就医负担有所缓解。

“十三五”时期的主要目标是：现代医院管理制度基本建立，医疗卫生服务体系进一步完善；县级公立医院看大病、解难症水平明显提升，基本实现大病不出县；城市三级医院普通门诊就诊人次占医疗卫生机构总诊疗人次的比重明显降低；医药费用不合理增长得到有效控制，卫生

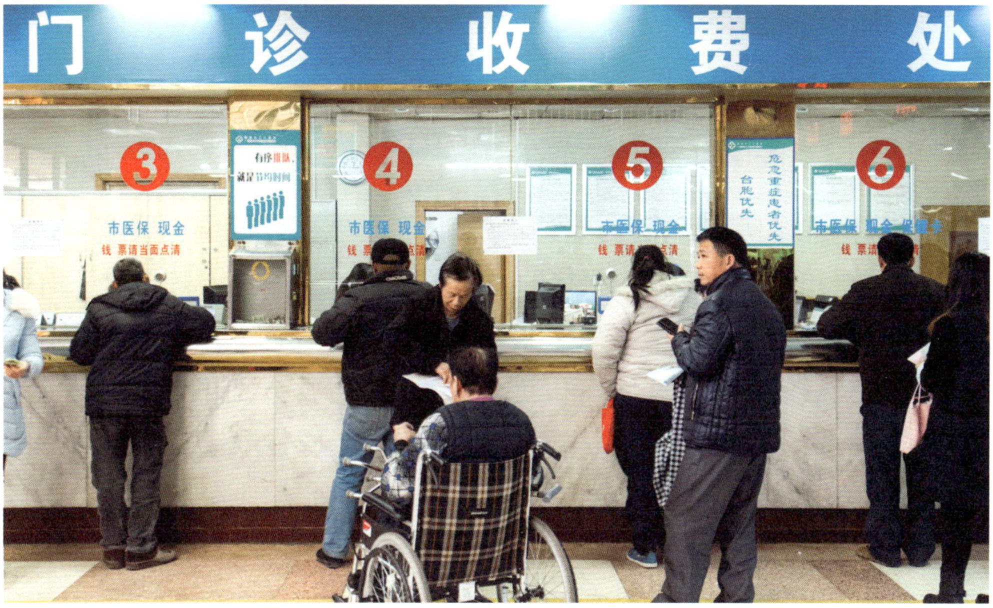

广西壮族自治区柳州市工人医院门诊大厅

总费用增幅与本地区生产总值的增幅相协调；群众满意度明显提升，就医费用负担明显减轻。

84. 建立现代医院管理制度

建立现代医院管理制度主要包括以下几个方面：一是建立和完善法人治理结构，探索建立以理事会为主要形式的决策监督机构，实行院长负责制和院长任期目标责任考核制度；二是优化医院内部运行管理，鼓励探索建立医疗和行政分工协作的运行管理机制；三是完善考核机制，建立以公益性质和运行效率为核心的公立医院绩效考核体系，考核结果与院长任免、奖惩和医院财政补贴、医院总体工资水平挂钩。“十二五”时期，各地逐步建立了公立医院管理委员会等治理机构，合理界定政府作为出资人的举办监督职责和医院作为事业单位的自主运营管理权限，推进落实公立医院独立法人地位和经营管理自主权，逐步建立以突出功能定位、公益性职责履行、合理用药、费用控制、运行效率和社会满意度等为核心的公立医院绩效考核制度，健全公立医院内部管理制度，完善医院内部决策和制约机制。按照国务院的要求，到 2017 年，现代医院管理制度初步建立。“十三五”时期，将加快政府职能转变，推进管办分开，完善法人治理结构和治理机制，合理界定政府、公立医院、社会、患者的责权利关系。

85. 城乡医保参保率稳定在95%以上

城乡医保参保率是指年末参加城镇职工基本医疗保险、城镇居民基本医疗保险和新型农村合作医疗的总人数与年末全国总人口之比。目前，覆盖城乡全体居民的基本医疗保障制度已初步形成，城镇职工基本医疗保险、城镇居民基本医疗保险和新型农村合作医疗分别覆盖城镇就业人口、城镇非就业人口和农村人口。截至2015年底，城镇基本医疗保险参保人数达到6.66亿人（其中，职工医保2.89亿人，居民医保3.77亿人），加上新农合参合人员，三项基本医疗保险参保总人数达到13.34亿人，参保率比“十一五”期末提高了4个百分点，稳定在95%以上。

“十三五”时期，重点是巩固扩大基本医保覆盖面，稳步提高保障水平，完善基本医疗保险服务管理，减少和避免重复参保、重复补贴、重复领取待遇等问题，促进基本医疗保险制度可持续发展。

86. 实施慢性病综合防控战略

慢性病是严重威胁居民健康的一类疾病，已成为影响国家经济社会发展的重大公共卫生问题。实施慢性病综合防控战略，要坚持以人民为中心，强化政府责任，以健康需求和解决人民群众主要健康问题为导向，以控制慢性病危险因素为重点，以健康促进和健康管理为手段，将全民健康融入各项公共政策。“十二五”时期，覆盖全国的慢性病防治服务网络和综合防治工作机制进一步健全，建成265个国家慢性病综合防控示范区，全民健康生活方式行动覆盖率达到80%。但慢性病患者逐年增多，全社会对慢性病防控的重视程度仍然较低，相关工作尚未形成合力，群众自我保健意识薄弱，重治轻防现象比较突出。

“十三五”时期，主要目标是慢性病防控环境显著改善，降低因慢性病造成的过早死亡，30—70岁人群心脑血管疾病、癌症、慢性呼吸系统疾病和糖尿病的总死亡率相对降低10%，逐步提高人民群众健康期望寿命。主要任务：一是要建立慢性病综合防控协调机制；二是有效降低慢性病相关危险因素；三是提高服务管理水平和患者治疗效果；四是加强慢性病防治机构和队伍建设；五是创新驱动健康服务业发展。

87. 肺结核发病率降至 58/10 万

结核病以肺结核为主，通过呼吸道传播，传染病人数多，疾病负担重，社会影响大，是影响人民生活的重大公共卫生问题和民生问题，也是贫困人群脱贫的制约因素之一。"十二五"期间，全国共发现并治疗管理活动性肺结核患者 430 万，年均报告患者呈逐年下降趋势。但是，我国结核病防治形势依然严峻，发病人数位居全球第 3 位，面临着疾病负担重、医疗保障不足，因病致贫、因病返贫情况较为普遍，公众防范意识薄弱等问题和挑战。

"十三五"时期，将主要采取以下措施：一是完善服务体系，提高防治能力。二是开展重点人群主动筛查，多途径发现患者。三是规范诊疗，提高保障水平。各级定点医疗机构要根据诊疗规范、临床路径等有关技术指南的要求进行规范诊疗。将贫困地区结核病防治纳入健康扶贫重点救治疾病范围，贫困结核病患者全部纳入重特大疾病救助范围。

88. 婴儿死亡率降为 7.5‰、5 岁以下儿童死亡率降为 9.5‰、孕产妇死亡率降为 18/10 万

婴儿死亡率是指出生至不满 1 岁的活产婴儿死亡人数与活产数之比。5 岁以下儿童死亡率是指年内未满 5 岁儿童死亡人数与活产数之比。孕产妇死亡率是指年内每 10 万名孕产妇的死亡人数。我国婴儿死亡率、5 岁以下儿童死亡率和孕产妇死亡率已处于较低水平，进入下降相对缓慢的"平台期"。全面两孩政策实施后，高龄、高危产妇和高危新生儿比例增高，孕产妇死亡率和儿童死亡率反弹风险增大。

"十三五"期末，全国婴儿死亡率、5 岁以下儿童死亡率、孕产妇死亡率分别降至 7.5‰、9.5‰、18/10 万。为确保目标实现，拟实施以下项目：一是为全国所有农村孕产妇住院分娩给予人均 500 元补助。二是继续对全国 35—64 岁农村妇女开展"两癌"检查。三是为所有孕产妇尽早免费提供艾滋病、梅毒和乙肝筛查检测。四是为全国准备怀孕的

农村妇女免费增补叶酸。五是为贫困地区6—24月龄婴幼儿提供辅食营养补充品（简称营养包），改善贫困地区儿童营养和健康状况。

89. 实行食品药品全产业链可追溯管理

近年来，各地区和有关部门在加强食品药品全产业链条监管、督促企业落实全程生产经营信息记录基础上，加快推进食品药品追溯体系建设，推动物联网、云计算等现代信息技术应用，提升企业质量管理能力、促进监管方式创新、保障消费安全，并取得初步成效。

在食品可追溯管理方面。新修订的《中华人民共和国食品安全法》明确规定，“国家建立食品安全全程追溯制度。食品生产经营者应当依照本法的规定，建立食品安全追溯体系，保证食品可追溯。国家鼓励食品生产经营者采用信息化手段采集、留存生产经营信息，建立食品安全追溯体系。国务院食品药品监督管理部门会同国务院农业行政等有关部门建立食品安全全程追溯协作机制”。“十三五”期间，将督促和指导生产企业依法建立质量安全追溯体系，切实落实质量安全主体责任，推动追溯链条向食品原料供应环节延伸，实行全产业链可追溯管理。

在药品可追溯管理方面。截至2015年底，全国31个省（自治区、直辖市）食品药品监管部门均已入网；已入网生产企业3797家，批发企业14371家，基本实现全覆盖；涉及药品批准文号40922个。“十三五”期间，将以推进药品全品种、全过程追溯与监管为主要内容，健全完善药品追溯体系。在完成药品制剂类品种电子监管的基础上，逐步推广到原料药（材）饮片等类别药品。抓好经营环节电子监管全覆盖工作，推进医疗信息系统与国家药品电子监管系统对接，形成全品种、全过程完整追溯与监管链条。

90. 建立基本养老金合理调整机制

基本养老金合理调整机制，是指根据物价上涨、职工平均工资增长等情况，适时调整退休人员基本养老金水平的机制。“十二五”期间，我国逐步形成了“定额调整+挂钩调整+适当倾斜”的结构化调整办法，企业退休人员基本养老金每年以10%的比例调整，由2010年的月人均

1362 元提高到 2015 年的月人均 2200 多元。但是，目前仍存在养老金调整尚未实现科学化和规范化、调整办法激励作用体现不充分、企业与机关事业单位退休人员待遇调整双轨制等问题。

“十三五”时期，要推动建立兼顾企业、机关、事业单位各类退休人员的基本养老金合理调整机制，一是进一步总结调整企业退休人员基本养老金工作经验；二是结合机关事业单位养老保险制度改革，探索统筹调整各类退休人员基本养老金；三是推动建立城镇职工退休人员基本养老金正常调整机制。

91. 实施社会保障卡工程

社会保障卡工程的主要内容包括：广泛发行和应用社会保障卡，实现社会保障一卡通，持卡人数达到 12 亿人以上，覆盖率达到 90%；建成联通全国的社会保障卡应用平台和覆盖广泛的用卡终端环境，实现一卡多用、全国通用；建立社会保障卡便民服务体系、规范管理和安全保障体系。“十二五”期间，社会保障卡推广工作取得显著成效。截至 2015 年底，全国社会保障卡持卡人数达到 8.84 亿人，覆盖全国总人口

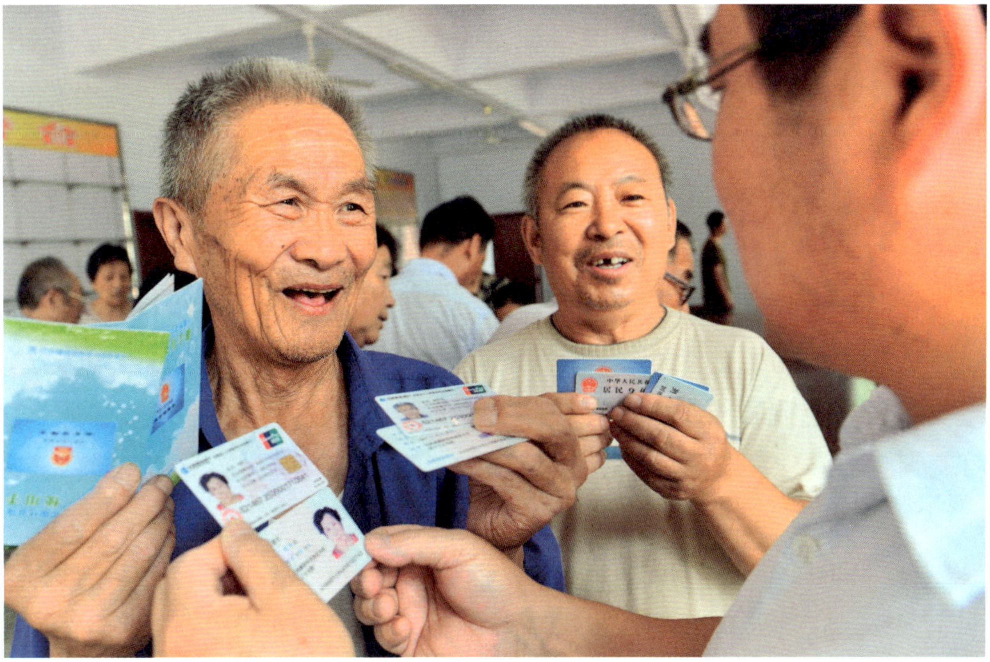

■ 河南省濮阳市普及发放社会保障卡

的 64.6%。全国基本形成养老保险和医疗保险领域普遍用卡的格局，并积极向政府其他公共服务领域拓展用卡。

“十三五”时期，将大力发行社会保障卡，建设全国社会保障卡持卡人员基础信息库，实现社会保障卡终端服务基本全覆盖，建立社会保障卡应用平台，实现社会保障一卡通。同时，进一步完善社会保障卡便民服务体系、规范管理和安全保障体系。

92. 开展“救急难”综合试点

《国务院关于全面建立临时救助制度的通知》（国发〔2014〕47 号）明确提出，要选择有特点、有代表性的区域进行“救急难”工作综合试点。“十二五”时期，全国确定了 300 个单位为“救急难”综合试点单位。相关制度体系逐步完善，工作机制日益健全，社会力量参与社会救助服务的形式日渐多样，资金投入不断加大，成效初步显现。但还存在“救急难”托底保障功能发挥不足、社会救助基层经办服务能力不足、社会力量参与亟须加强支持和引导等突出问题。

“十三五”时期，要深入推进“救急难”综合试点，力争探索出一批试点成果，打造出一批典型样板，摸索出一套试点方法，明确“救急难”的实现路径、工作机制和保障措施。一是加大“救急难”综合试点推进力度，及时总结、交流经验和做法，在机制创新、体制改革、提升救助综合效益等方面取得明显成效。二是做好“救急难”综合试点评估工作，推动试点工作深入开展。三是加大“救急难”资金投入，鼓励地方多渠道、多方式筹集资金。四是支持社会力量积极参与，制定并落实好相关财政补贴、税收优惠、费用减免等政策，充分调动社会积极性。五是加强基层社会救助经办能力建设，探索通过政府购买社会救助服务等方式，充实基层社会救助工作力量。

93. 开展应对人口老龄化行动

截至 2014 年底，我国 60 岁以上老年人口已超过 2.12 亿，占比达到 15.5%。应对人口老龄化是一项长期艰巨的战略任务。开展应对人口老龄化行动，是在充分分析评估人口老龄化对经济社会全面影响的基础

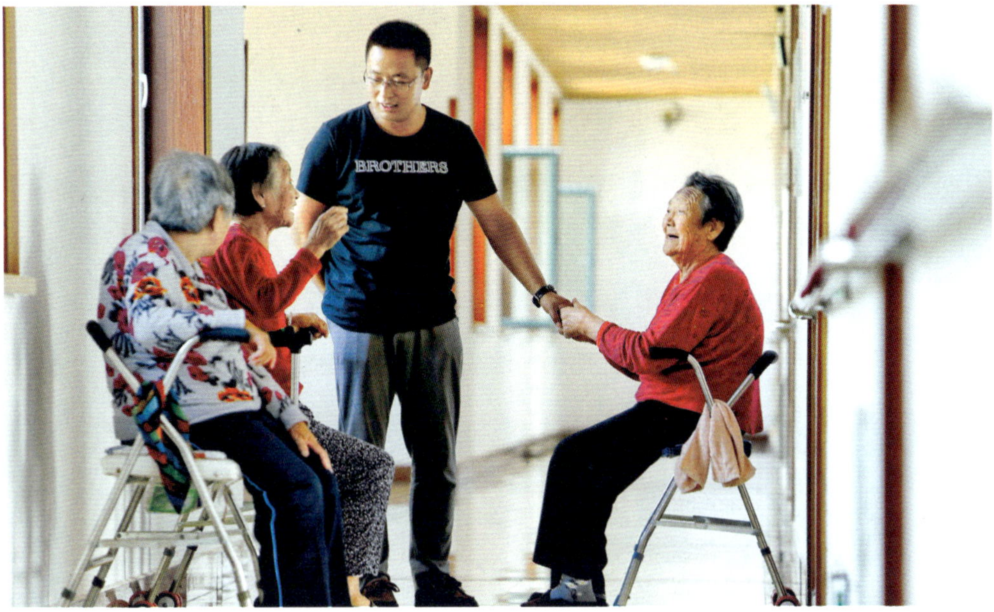

吉林省敦化市民办养老院

上，统筹提出有效应对策略，做到及早应对、科学应对、综合应对，及时化解人口老龄化过程中的系统性风险，并为长期应对人口老龄化夯实基础。

“十三五”时期是我国应对人口老龄化的重要战略窗口期，要坚持问题导向，深入研究分析人口、社保、养老等方面的苗头性、倾向性、潜在性问题，加强顶层设计，研究提出科学应对人口老龄化战略格局，在人力资源、社会保障、养老服务体系、老年友好环境建设等方面统筹提出有效应对策略，确保在一些重要领域取得重大突破和实质性进展。

94. 建立健全人口与发展综合决策机制

建立健全人口与发展综合决策机制，就是要在政策制定过程中，统筹考虑人口发展内部各要素之间，人口发展与经济社会、资源环境之间的互动关系，推动建立人口政策与经济社会政策协同联动、综合协调的决策机制，实现人口与经济增长良性互动、与社会进步协调促进、与资源环境和谐共生的发展目标。

“十三五”时期要抓好以下几方面任务：一是推动人口政策与经济社会政策有效衔接。立足全局提出中长期国家人口发展的总体要

福建省福州市家长带小孩游玩

求、主要目标和战略任务，并加强人口发展规划与新型城镇化、区域发展、公共服务等相关规划的有机衔接，促进人口发展有机融入国家战略。二是积极发挥人口大数据作用。加快推进国家人口基础信息库建设，建立人口信息共享机制，探索建立人口预测预报制度，为研究制定人口与经济社会发展政策提供决策支撑。三是引导人口与经济产业合理布局。根据经济社会发展战略和资源环境承载能力，制定差异化的功能性人口政策，合理规划和配置基本公共服务资源，促进人口合理流动和有序布局。

95. 实施渐进式延迟退休年龄政策

实施渐进式延迟退休年龄政策，是在明确目标的前提下，采取小步慢提、渐进实施的方式，每年延迟几个月，用较长的时间将退休年龄逐步延迟至目标年龄。同时，采取预先公告的方式，提前公布延迟退休年龄的具体方案，便于参保人员合理确定职业规划和安排退休后生活。

延迟退休年龄是适应我国人口老龄化和劳动年龄人口不断下降的趋势，根据人均预期寿命和劳动者受教育年限不断延长的实际状况，对劳动力供求与代际负担进行的必要调整，也是促进养老保险制度可持续发展的必然选择。我国现行男60周岁、女干部55周岁、女工人50周岁的退休年龄，是在20世纪50年代颁布《劳动保险条例》后实施的，当时我国人均寿命不足50岁。随着经济社会发展以及人均寿命的延长，退休年龄偏低的问题越来越突出。一是目前我国城镇人均预期寿命已达76岁，与建国初期确定的低退休年龄形成强烈反差。二是女性退休年龄大大低于男性且实行两种退休年龄的矛盾更为突出。三是退休年龄偏低造成了人力资源的严重浪费。四是目前我国城镇职工基本养老保险制度的抚养比已突破3∶1，老龄化趋势的不断加快，会直接加剧社保基金的支付压力，影响养老保险事业的健康长远发展。

96. 建设"内容+平台+终端"的新型传播体系

"内容+平台+终端"的新型传播体系是伴随当前云计算、大数据、互联网和移动通信等新技术和新型传播手段的不断发展演进应运而生的现代传播体系，它有别于传统单向封闭的传播体系，呈现出运用互联网思维、以用户为中心的服务理念和融合发展的总体趋势。"内容建设"、"平台建设"和"终端建设"的"三位一体"构成了新型传播体系。

建设"内容+平台+终端"的新型传播体系，就是要坚持一体化、融合化的发展理念，顺应互联网传播移动化、社交化、视频化、互动化的趋势，推动传统媒体与新兴媒体深度融合，有效整合各种媒介资源、生产要素，提高数据收集、存储、管理、分析和运用能力，改进媒体采编方式，提高信息传输效率，实现信息内容、技术应用、平台终端、人才队伍的共享融通，广泛吸引用户，不断提升传播力影响力。

97. 开展新闻出版传媒企业特殊管理股试点

特殊管理股是依照公司法，在一般规定的普通种类股份之外，另行规定的其他种类股份，其股份持有人在特定事项上具有相对普通股股东较多的表决权，在其他方面拥有与普通股股东相同的法定权益，但在公司解散或破产清算时，其剩余财产分配权排在普通股股东之后。特殊管理股的试点范围包括从事互联网新闻信息服务、网络出版、信息网络传

■ 北京图书订货会现场

播视听节目服务等须取得行政许可业务的互联网企业，以及从事对外专项出版业务的企业。按规定转制的非时政类报刊、出版社、重点新闻网站等重要国有传媒企业，经批准可探索吸纳社会资本，开展特殊管理股试点。

党的十八届三中全会提出，对按规定转制的重要国有传媒企业探索实行特殊管理股制度。2015 年 12 月，国务院印发了《关于新闻出版传媒企业开展特殊管理股试点的指导意见》（国发〔2015〕70 号）。“十三五”时期，将制定信息网络传播视听节目服务企业特殊管理股试点工作方案，制定信息网络传播视听节目服务领域开展特殊管理股试点的管理意见，指导试点工作加快开展。

98. 建立国家人口基础信息库

国家人口基础信息库作为国家人口信息资源库先导工程启动建设，目标是以国家电子政务网络为依托，整合相关人口信息，建立覆盖全国人口、以公民身份号码为唯一标识的国家人口基础信息数据库，建立信息共享和校核机制，初步实现共建部门人口信息资源的实时共享，为准确掌握人口底数和人口流动、变化情况，提高政府宏观决策、社会管理和公共服务水平提供信息支持。“十二五”时期，国家人口基础信息库建设取得了初步成效，建立了包含公民身份号码、姓名、性别、民族、出生日期、出生地、户籍地址、照片、服务处所、学历、婚姻状况、实际居住地址、死亡标识13项指标数据的信息数据库，建立了数据维护机制、共享接入门户和服务平台，有力促进了人口信息整合，提高了人口数据质量。但也还存在一些问题，主要是纳入的信息指标有限、与共建单位业务系统未完全实现无缝衔接、相关支撑条件还有待加强等。

“十三五”时期，要在充分总结经验基础上，启动国家人口基础信息库二期工程建设，重点是扩大共建范围，丰富和充实国家人口基础信息数据库，开发扩充查询、人口轨迹查询、数据挖掘等应用功能，提升共享服务平台支撑能力和决策分析能力等。

99. 完善城乡社区治理体制

到2020年，初步形成以城乡社区党组织为核心、自治组织为骨干、居民群众为主体、社区社会组织和驻社区单位共同参与的社区治理格局，

■ 湖北省宜昌市政务服务走进乡村

初步形成以城乡社区为平台、社会组织为载体、社会工作专业人才为支撑的社区工作机制。主要任务：一是推进城乡社区治理政策创新。二是加强城乡社区服务体系建设，编制相关规划。三是推进城乡社区信息化建设，逐步提高社区公共服务综合信息平台建设覆盖率，推动向农村社区延伸。四是深化农村社区建设试点，提升农村社区服务效能。

100. 注册志愿者人数占居民人口比例达到 13%

注册志愿者人数占居民人口比例，是指全国注册志愿者人数占全国居民人口的比例，是衡量社会发展和文明进步的重要指标之一。“十二五”时期，我国志愿者队伍不断发展壮大，全国注册志愿者已达 6600 多万。

“十三五”时期，注册志愿者人数占居民人口比例将提高到 13%，主要采取七方面举措：一是加强宣传倡导，开展形式多样、载体多元、深入持续的社会宣传，形成人人争当志愿者的社会氛围。二是规范招募注册，明确志愿者注册的条件、内容、组织机构和程序，引导规范志愿者进行实名注册，提高志愿者注册信息的准确性和真实度。三是深化教育培训，建立健全基础培训、特定技能培训等多层次培训体系。四是加

云南省昭通市环保志愿者到林区捡拾垃圾

强记录管理，将志愿服务记录与志愿者使用、培训、评价、保障、奖励挂钩，完善志愿服务记录运用机制。五是完善激励评价。六是推动志愿服务信息化发展，建设全国志愿服务信息系统，尽快实现各地各类信息系统与全国志愿服务信息系统的连接交换、互联互通。

101. 完善涉法涉诉信访依法终结制度

近年来，一些涉法涉诉信访事项终而不结、无限申诉，反复启动信访处理程序，是困扰政法机关的一个难题，耗费了大量司法资源，也加重了信访人自身的负担。为此，《关于依法处理涉法涉诉信访问题的意见》强调，完善涉法涉诉信访依法终结制度，要求中央政法机关按照修改后的刑事诉讼法、民事诉讼法和相关法律法规，修改完善涉法涉诉信访终结办法。对涉法涉诉信访事项，已经穷尽法律程序的，依法作出的判决、裁定为终结决定。对在申诉时限内反复缠访缠诉，经过案件审查、评查等方式，并经中央或省级政法机关审核，认定其反映问题已经得到公正处理的，除有法律规定的情形外，依法不再启动复查程序。

102. 全面实施统一社会信用代码制度

统一社会信用代码制度是构建完善我国社会信用体系建设的重要基础制度之一，包括公民统一社会信用代码制度及法人和其他组织统一社会信用代码制度。公安部已于 2014 年将《公民社会信用代码制度建设方案》报请国务院同意，明确以公民身份号码作为公民统一社会信用代码。根据国务院批准发展改革委等部门《法人和其他组织统一社会信用代码制度建设总体方案》（以下简称《方案》），新的法人和其他组织统一社会信用代码以组织机构代码为基础，共 18 位，与公民身份号码相对应，保证在全国唯一和终身不变。工商部门自 2015 年 10 月 1 日起已开始实施“三证合一，一照一码”改革，为新的登记注册主体赋予新的统一社会信用代码，机构编制、民政部门也于 2015 年底前按时实施。

“十三五”期间，将贯彻落实好《方案》有关要求，全面建立和实施全国统一社会信用代码制度，即推动出台统一社会信用代码条例，加快推动存量代码转换和增量代码公示工作，推动建立新旧登记代码映射关系，并通过“信用中国”网站向社会公开。

103. 完善全国信用信息共享平台

全国信用信息共享平台是覆盖全部信用主体、所有信用信息类别、全国所有区域的信用信息共享“总枢纽”，是实现信用信息资源整合、加强多部门业务协同与联合奖惩的重要手段。平台于 2015 年 9 月正式启动建设先导工程，并于 10 月底开展试运行。截至 2015 年底，全国信用信息共享平台已联通 37 个部门和 31 个省（自治区、直辖市）及新疆生产建设兵团，累计归集各部门各地方自然人、法人和其他社会组织基础信息、行政许可和行政处罚信息、红黑名单信息、企业信用分类管理信息等各类信用信息 2 亿多条，信用共享目录 4191 条。

“十三五”期间，将继续推进国家共享平台、全国信用信息基础数据库及与其互联互通的各部门信用信息系统、各省级共享平台和“信用中国”网站等的建设。

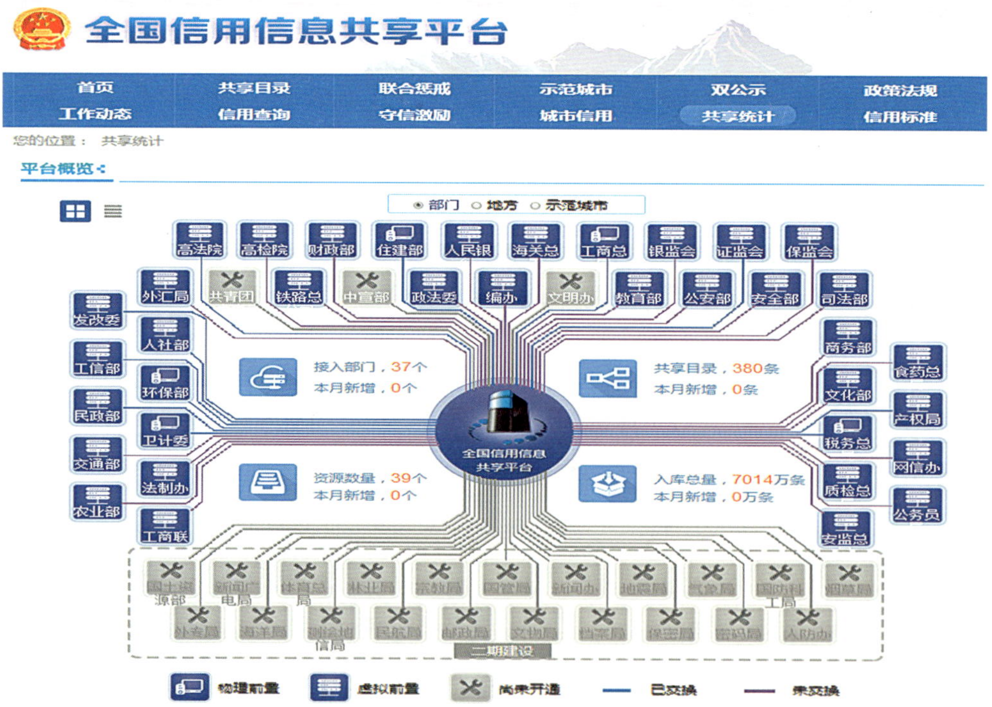

■ 全国信用信息共享平台概览

104. 健全多部门、跨地区、跨行业联动响应和联合惩戒机制

2014 年 6 月，国务院发布《社会信用体系建设规划纲要（2014—2020 年）》，将构建守信激励和失信惩戒机制作为社会信用体系建设的三大基础性措施之一。国家发展改革委、人民银行会同社会信用体系建设部际联席会议各成员单位，大力推进失信行为多部门联合惩戒工作，探索建立跨地区、多部门联合惩戒机制，构建以信用为核心的新型监管机制。

截至目前，已经出台对重大税收违法案件当事人、失信企业、违法失信上市公司、失信被执行人共四个联合惩戒备忘录。在全国信用信息共享平台上开发了守信联合激励与失信联合惩戒子系统。建立健全失信联合惩戒触发、响应、反馈机制，并实现联合惩戒所涉部门间信用信息的共享交换。“十三五”期间，将继续加大失信联合惩戒工作力度，不断健全跨地区、多部门联合惩戒机制。

105. 实施全民安全素质提升工程

安全生产关系千家万户，关系人民群众切身利益，也涉及全社会方方面面，涉及每个公民、每个岗位、每个环节。当前，全国安全生产形势依然严峻，事故总量较大，重特大事故时有发生，重要原因之一就是全民安全素质特别是从业人员安全素质不高，有必要通过实施全民安全素质提升工程，营造全社会关注安全生产、追求安全生产、维护安全生产的良好环境和氛围。

“十三五”时期，一是大力开展安全生产公益文化活动，营造浓厚的安全生产氛围。二是推进安全文化建设示范企业创建活动，使企业的安全文化创建质量明显提高。三是开展安全发展示范城市创建活动，增强全社会的安全生产保障。四是积极创作喜闻乐见的安全文化产品。五是持续开展安全社区建设活动，把安全宣传文化建设落实到构建“平安社区”、“平安乡镇”、“平安企业”、“平安校园”等“双基”工程上来。六是开展安全教育示范基地建设，模拟演练事故预防和自救互救方法，学习有关安全科普知识和防范技能。七是建设学校安全生产教育平台。

■ 湖南省娄底市消防宣传进校园

106. 建设社会治安立体防控体系

立体化社会治安防控体系是平安中国、法治中国的基础性工程，是在各级党委、政府领导和综治组织协调下，充分发挥各部门齐抓共管作用，以提高动态化、信息化条件下驾驭社会治安局势能力为核心，以确保公共安全、提升人民群众安全感为目标，以信息化为引领，以基础建设为支撑，科学整合各种社会资源，综合运用多种手段措施，实现对社会治安有效防控的科学高效、运转协调的系统工程。

“十三五”期间，要创新思路理念，提升社会治安防控体系的整体效能，抓住防控体系运行的重点环节。一是更加注重信息关联共享，突出一体化运作，特别是推进信息资源一体化、推进打防管控一体化、推进网上网下一体化，着力增强防控体系的合力。二是更加注重核心能力提升，突出专业化建设，特别是提高情报预警能力、提高实战指挥能力、提高科技应用能力，着力提高防控体系的效率。三是更加注重基层节点和战略支撑点建设，突出常态化维护，特别是强化针对性服务、强化精细化管理、强化战略性支撑，着力激发防控体系的活力。

海南省成立国内首支旅游警察队伍

107. 完善应急志愿者管理

志愿者是我国应急工作的重要力量。志愿者参与应急服务主要有部门指导发展应急志愿者队伍、现有志愿者组织开展应急志愿服务和临时志愿者组织参与应急志愿服务三种形式。近年来，在各有关方面的大力支持下，我国应急志愿者队伍快速发展，初步形成“政府引导、志愿者自我组织、全社会广泛参与”的运行格局，在协助开展隐患排查、科普宣教、应急救援、灾后恢复重建等方面发挥着日益重要的作用。

当前，我国应急志愿服务呈现出蓬勃发展的态势，但也面临着缺乏统一规范的组织管理、应急志愿服务缺乏法律保障、尚未形成促进应急志愿者组织发展的长效机制等困难和问题。“十三五”时期，要着力从以下几个方面完善应急志愿者管理：一是界定应急志愿服务范围，适当限制从事危险性应急志愿服务。二是加强应急志愿服务法规制度建设，促进应急志愿服务工作规范化，明确应急志愿者队伍建设的指导思想、基本原则、总体要求和工作目标。三是加强对应急志愿者组织的指导，强化志愿者自救互救知识培训，增强服务技能。四是建立志愿者参与应急服务的激励和约束机制，加大对应急志愿者宣传报道力度，对表现突出的志愿者和志愿者组织给予必要的奖励。

108. 健全国家安全审查制度和机制

目前安全审查和监管的范围涉及国家经济、社会、文化发展的各个领域，特别是国防、军事、防核扩散以及科技、通信、电子信息等领域，包括外资并购，军品出口、军民两用物项和技术出口，重要国家机关、军事设施、重点科研单位和军工单位的周边建设项目，电信基础设施等事项。对上述领域和事项开展国家安全审查，是统筹安全与发展的重要举措，是从源头上预防和化解国家安全风险和隐患的重要方面。

109. 加快军民通用标准化体系建设

军民通用标准化体系包括法规体系、工作体系和标准体系 3 部分内容。加快军民通用标准化体系建设，目的是贯彻落实军民深度融合发展战略，支撑保障国防建设和经济建设统筹协调发展。“十三五”期间，军民通用标准化体系建设工作将全面贯彻落实习近平总书记关于经济建设和国防建设融合发展、深入实施军民融合发展战略系列重要讲话精神，以标准融合为抓手，全面促进军民技术、产品和产业的深度融合，推动形成经济建设全面支撑国防建设、国防建设助力经济转型升级的良好格局。重点做好以下工作：建立军民标准融合发展协调推进机制，持续推进民标军用、军标转民、军民通用标准制定工作，推动军民通用标准开放共享，形成军民标准融合发展的长效机制。

第四部分

名词解释

1. 主体功能区制度

主体功能区制度是推进主体功能区建设的一系列制度安排，是我国国土空间开发保护的基础制度，是生态文明制度体系的重要组成部分。主体功能区是根据不同区域的资源环境承载能力、现有开发强度和开发潜力，统筹谋划人口分布、经济布局、国土利用和城镇化格局，确定不同区域的主体功能，并据此明确开发方向，完善开发政策，控制开发强度，规范开发秩序。按开发方式，将我国国土空间分为优化开发区域、重点开发区域、限制开发区域和禁止开发区域；按开发内容，分为城市化地区、农产品主产区和重点生态功能区。推进形成主体功能区，有利于推进经济结构战略性调整，缩小地区间基本公共服务差距，促进资源节约和环境保护，加强和改善区域调控。建立健全主体功能区制度，需要健全保障形成主体功能区布局的法律法规、体制机制、规划和政策及绩效考核评价体系。

2. 国际货币基金组织特别提款权 (SDR) 货币篮子

SDR 是国际货币基金组织（IMF）于 1969 年创设的一种补充储备资产，含义是兑换“可自由使用”货币的权利，与黄金、外汇等其他储备资产一起构成国际储备。SDR 也被 IMF 和一些国际机构作为记账单位。

2015年11月30日，IMF执行董事会讨论并通过了《SDR定值方法审查报告》，决定将人民币纳入SDR，SDR货币篮子相应扩大至美元、欧元、人民币、日元、英镑5种货币，人民币在SDR货币篮子中的权重为10.92%，美元、欧元、日元和英镑的权重分别为41.73%、30.93%、8.33%和8.09%，新的SDR篮子将于2016年10月1日生效。IMF决定将人民币纳入SDR货币篮子，这是国际社会对中国改革开放成就的认可，有利于助推人民币逐步国际化进程，促进我国在更深层次和更广领域参与全球经济治理，实现合作共赢。

3. 非传统安全

非传统安全与传统安全相对应，是指除了军事、政治和外交等领域以外的新安全领域中的全球安全、国家安全和人的安全。新安全领域包括经济金融、网络信息、资源环境、公共卫生、恐怖主义、跨国犯罪等领域。

■ 广西壮族自治区桂林市小学网络安全教育

4. 全要素生产率

全要素生产率（TFP）是经济增长理论中用来衡量技术进步贡献份额的指标。通常将劳动力、资本等有形要素对经济增长的贡献扣除之后的剩余部分理解为全要素生产率增长率，即全要素生产率对经济增长的贡献。影响全要素生产率的因素主要包括制度创新、技术进步和人力资本增加等。一般认为，通过改革、技术创新、加强教育投入等手段可以提高全要素生产率。全要素生产率是分析经济增长源泉的重要工具，也是政府制定长期可持续增长政策的重要依据。估算全要素生产率有助于识别经济是投入型增长还是效率型增长，确定经济增长是否有可持续性。

5. 基础性制度体系

基础性制度是指带有根本性、全局性、稳定性和长期性的制度。一系列具有内在联系的基础性制度，按照合理逻辑和必然秩序，组成的系统完备、科学规范、运行有效的一整套制度体系，称为基础性制度体系。从作用看，基础性制度能起到决定、派生或制约、影响其他制度的作用。基础性制度及其体系的建设情况，决定了经济社会发展的基本制度框架，对其他层面的制度运行和体制机制改革产生决定性影响。在社会主义市场经济体制框架内，经济领域基础性制度体系主要包括保护产权、维护契约、统一市场、平等交换、公平竞争、有效监管、科学调控等方面的制度安排。

6. 制度性话语权

全球经济治理中的制度性话语权是指一国在国际经济政策、规则制定以及国际机制等方面的影响力和决策权。随着综合国力上升，我国在全球经济治理中的制度性话语权不断提高，更加全面、深入地参与国际经济金融事务，在联合国、二十国集团（G20）、亚太经合组织（APEC）等全球和区域经济治理平台以及国际货币基金组织（IMF）、世界银行等国际金融机构的地位和作用大幅增强。“十二五”期间，我国积极参与 G20 宏观经济政策协调，推动国际金融体系改革取得实质性成果。我国在世界银行投票权升至 4.42%（排第 3 位），在 IMF 份额增加至 6.394%（排第 3 位）。

7. 基础研究

基础研究以认识自然现象、揭示自然规律，获取新知识、新原理、新方法和培养高素质创新人才等为基本使命，是科学之本、技术之源，是创新驱动发展的根本动力，是一国创新能力的重要组成部分。主要包括：科学家自由探索和国家战略任务的定向性基础研究；对基础科学数据、资料和相关信息进行采集、鉴定、分析、综合等科学研究基础性工作。“十二五”期间，我国基础研究持续快速发展，学科布局进一步发展和优化，科研力量和基础条件建设进一步加强，整体科研实力和原始创新能力显著提高，国际影响力空前提升，进入世界领先或先进水平的领域不断增多，取得了一批具有世界影响的重大原创成果。

■ 蛟龙探海

■ 雪龙探极

8. 原始创新

原始创新是指前所未有的重大科学发现、关键技术发明等创新成果，意味着在研究开发方面，特别是在基础研究和高技术研究领域取得独有的、领先的发现或发明。原始创新是最根本的创新，是最能体现智慧的创新，是一个民族对人类文明进步作出贡献的重要体现。原始创新与其他类型的创新活动相比，最大的区别在于首创性，即一定是前所未有、与众不同的发现、发明；其次，原始创新一般应具有突破性，需要在原理、技术、方法、研究对象等某个或多个方面实现重大变革，在同领域研究中产生重要影响；最后，原始创新往往具有带动性，这种带动性一方面体现为对相关研究和科技自身发展产生的重大牵引作用，另外还有可能对经济结构和产业形态带来重大变革，在微观层面上引发企业竞争态势的变化，在宏观层面上可能导致社会财富的重新分配、竞争格局的重新形成。

9. 颠覆性技术

颠覆性技术一般指通过科学或技术的创新和突破，对已有传统或主流的技术、产品、工艺流程、设计方法进行一种另辟蹊径的革新，并产生重塑人类生活、工业生产、商业消费模式乃至全球经济的革命性、突变式进步。颠覆性技术旨在强调技术所带来的颠覆性效应。回顾技术发展的历史，蒸汽动力、集成电路、数码相机、无线电、核能利用、互联网等是得到广泛认同的典型颠覆性技术。

10. 智能制造

智能制造是基于新一代信息技术，贯穿设计、生产、管理、服务等制造活动各个环节，具有信息深度自感知、智慧优化自决策、精准控制自执行等功能的先进制造过程、系统与模式的总称，具有以智能工厂为载体、以关键制造环节智能化为核心、以端到端数据流为基础、以网络互联为支撑等特征，可有效缩短产品研制周期、降低运营成本、提高生产效率、提升产品质量、降低资源能源消耗。《中国制造 2025》将智能制造作为制造业发展的主攻方向。“十三五”期间， 我国将实施智能制造工程，攻克关键技术装备，夯实智能制造基础，培育推广智能制造新模式，推进重点领域智能制造成套装备集成应用，持续推动传统制造业智能转型，为构建我国制造业竞争新优势、建设制造强国奠定扎实基础。

■ 安徽省芜湖市汽车焊接机器人

■ 上海市国产大型客机（C919）

11. 宇宙演化

宇宙是人类所面对的最巨大客体，“上下四方曰宇，往古来今曰宙”，宇宙的定义本身就蕴含着空间和时间两个方面的统一。目前宇宙可被观测部分的大小超过百亿光年，因为光的传播速度有限，我们观测到的不同距离处的宇宙事实上是处于不同历史时期的宇宙，比如说距离地球一百万光年距离处天体发的光，到达地球就需要一百万年，我们看到的是一百万年前的天体。因此，天文观测不仅在发现和揭示宇宙的状态，也同时在重现宇宙的演化历史。对宇宙的研究一般分为两个层次：一是宇宙物理性质，即宇宙的物质成分（如真空能、暗物质、暗能量、重子物质、光、中微子等），各物质成分的状态、物质组成比例，以及与之相对应的时空特性；二是宇宙中暗物质和重子物质所形成的结构（暗物质晕、星系团、星系、黑洞、恒星、行星、分子云、星际介质等）特性。宇宙演化包含了这两个层次的时间变化，以及它们间的相互影响模式与过程。

12. 物质结构

物质结构是在分子、原子的基础上，深入到电子层次，研究物质的原子空间排列、原子和分子间相互作用及其与宏观性能关系的科学，以量子化学理论为基础对气、液、固三种形态的物质进行研究，从源头上阐明分子、超分子、生物大分子以及纳米等凝聚态体系的结构构成规律。物质结构是现代科学技术发展的先导，也是化学、物理、材料、医学、生命、环境、能源、信息、天文等学科的基础，通过揭示物质结构与物质性能之间的关系规律，指导功能物质的设计与制备。当前，物质结构的研究手段不断丰富，研究对象不断扩展，从单分子、分子聚集体、纳米到凝聚态，从化学键到分子间相互作用，借助物理化学实验手段和理论方法，获取从基态到激发态、从稳态到瞬态的分子结构以及动态变化的信息。

13. 生命起源

生命起源的研究是一个综合交叉领域，涉及地质学、古生物学、分子细胞生物学、化学、物理学甚至天文学等学科。地球的年龄约为46亿年，地球生命形态最初大约出现在35亿年前，对于地球上生命起源的各种可能性，科学家们已经争论了多年。目前被多数学者接受的是化学起源说，认为地球上的生命是在地球温度逐步下降以后，在极其漫长的时间内，由非生命物质经过极其复杂的化学过程，一步一步地演变而成的。这一过程包括从无机物到有机小分子、从有机小分子到有机大分子、从有机大分子到原始单细胞生命的演化。

■ 新疆维吾尔自治区鄯善县恐龙化石修复车间

14. 产业技术创新联盟

产业技术创新联盟是指由企业、大学、科研机构或其他组织机构，以企业的发展需求和各方的共同利益为基础，以提升产业技术创新能力为目标，以具有法律约束力的契约为保障，形成的联合开发、优势互补、利益共享、风险共担的技术创新合作组织。联盟主要任务是组织企业、大学和科研机构等围绕产业技术创新的关键问题，开展技术合作，突破产业发展的核心技术，形成产业技术标准；建立公共技术平台，实现创新资源的有效分工与合理衔接，实行知识产权共享；实施技术转移，加速科技成果的商业化运用，提升产业整体竞争力；联合培养人才，加强人员的交流互动。

15. 新型研发机构

新型研发机构是以促进科技与经济结合、支撑区域产业转型升级为宗旨，从事行业共性技术研发和服务的公益性组织。具有以下三大特征：多主体共建的非营利组织、具备独立法人资格并采用理事会治理模式、面向产业需求开展产业共性技术研发和服务。近些年，我国各地迎来了一轮新型研发机构爆发式发展，珠三角、长三角地区尤为活跃，涌现出一批新型研发机构，规模不断扩大，发展势头迅猛。

16. 全面创新改革试验

2014 年 8 月 18 日，习近平总书记主持召开中央财经领导小组第七次会议，专题研究创新驱动发展战略，要求抓紧研究在一些省区市系统推进全面创新改革试验。2015 年 3 月，中共中央、国务院发布《关于深化体制机制改革加快实施创新驱动发展战略的若干意见》，提出把科技创新摆在国家发展全局的核心位置，统筹推进科技体制改革和经济社会领域改革，推进全面创新改革试验。根据党中央和国务院的决策部署，2015 年 8 月中办和国办联合发布实施《关于在部分区域系统推进全面创新改革试验的总体方案》，确定在京津冀、上海、广东、安徽、四川、武汉、西安和沈阳 8 个区域，授权开展知识产权、科研院所、高等教育、人才流动、国际合作、金融创新、激励机制、市场准入等改革先行先试，努力在重要领域和关键环节取得新突破，发挥示范和带动作用，促进有条件的区域率先实现创新转型，并及时向全国推广。

17. 政府创业投资引导基金

政府创业投资引导基金是由各级政府通过预算安排，以单独出资或与社会资本共同出资设立并按市场化方式运作的政策性基金，主要通过扶持创业投资企业发展，引导社会各类资本投资经济社会发展的重点领域和薄弱环节。创业投资引导基金既可以发挥乘数效应，又可利用专业力量进行市场化运作，是市场经济条件下政府支持产业发展的重要政策工具。近年来，中央财政先后设立了国家科技成果转化引导基金、科技型中小企业创业投资引导基金，正在加快设立国家新兴产业创业投资引导基金。这些基金将对促进企业创新创业、培育发展新兴产业发挥重要作用。各级财政也设立了一些创业投资引导基金，部分基金已有较好的运营经验。

18. 众创众包众扶众筹

■ 江苏省南京市众创联盟

众创、众包、众扶、众筹是基于互联网等方式出现的创新创业新型支撑平台。其共同特点是通过“互联网 +”手段实现劳动、信息、知识、技术、管理、资本等各类要素以最低成本集聚，实现最大化利用。众创是指通过创新创业服务平台聚集全社会各类创新资源、大幅降低创新创业成本、开展双创活动的新模式；众包是指借助互联网等手段，将传统由特定企业和机构完成的任务向自愿参与的所有企业和个人进行分工的经济活动；众扶是指通过政府和公益机构支持、企业帮扶援助、个人互助互扶等多种方式，共助小微企业和创业者成长；众筹是指通过互联网平台向社会募集资金，灵活高效满足新产品开发、初创企业成长和个人创业融资需求的直接融资模式。

19. 股权众筹

股权众筹是指创新创业者和小微企业通过股权众筹融资服务机构互联网平台公开募集股本的活动。股权众筹必须通过股权众筹融资中介机构进行，具有“小额、大众”的特征，可以公开宣传，面向公众投资者，融资效率高，社会影响大，是直接融资的一种新形式。发展股权众筹融资，有利于解决小微企业融资难、融资贵问题；有利于发展普惠金融，提升金融服务的深度和广度；有利于丰富投资工具，满足社会大众多元化的投资需求；有利于增加适合科技创业企业发展的金融服务模式；有利于促进互联网金融健康发展。

20. 非共识创新

非共识创新是一种全新构思的创新，其与权威论断可能相悖，甚至带有“离经叛道”的色彩。其可能包含新的科学思想、新的研究方法或新的研究领域等，一时还不能被按常规规律前进的人们所理解、认识、接受。对这种非共识性的创新，从它诞生、成长，以至达到为人们所共识，有一个长期艰苦的过程。但这类创新一旦获得成功，往往会带来巨大的社会效益或经济效益。支持非共识创新项目，是在基础研究领域对这些未取得共识的研究项目给予经费上的支持，从制度、政策和物质条件上给科学家自由探索创造好的条件。

21. 工匠精神

工匠精神的实质是有工艺专长的匠人对产品锲而不舍、精雕细琢、追求极致的理念。一般来说，工匠精神有三点内涵：一是精益求精，孜孜不倦，追求完美和卓越；二是一丝不苟，确保每个部件的质量，不达要求绝不轻易交货；三是专注坚持，心无旁骛，不断完善工艺设计、材料选用和生产流程，坚持不懈地打造本行业最优质的产品。工匠精神在企业生产经营中有着重要价值。特别是针对当前一些企业追求投资少、周期短、见效快，注重眼前利益、忽略产品品质的现象，更需要大力弘扬工匠精神。

22. 社会横向和纵向流动

社会横向流动主要是指社会成员在同一职业或阶层内的流动，社会纵向流动是指社会成员在地位、职业向上或向下跨越阶层的流动，都是社会自我调节的重要方式。

23. 科学家工作室

科学家工作室是在我国具有相对优势的科技前沿领域或国家发展战

略需求重点领域，以具有国际影响力的杰出人才为核心，凝聚一支高水平研发团队，通过建立依托工作室持续稳定支持模式和相关领域的体制机制创新，为科学家提供潜心研究的环境，开展探索性、原创性、前沿性的重大科技问题研究，产出高水平的创新成果，出大师、出机制、出成果。在《国家中长期人才发展规划纲要（2010—2020 年）》确定的“创新人才推进计划”、2012 年开始实施的《国家高层次人才特殊培养支持计划》（又称“万人计划”）中，均将科学家工作室有关工作作为重要任务。到 2020 年，将建设 100 个左右的科学家工作室，培养和造就相关领域的世界级科技大师及高水平创新团队，同时形成具有示范带动作用的人才培养使用、稳定支持、自主管理的体制机制。

24. 技能大师工作室

技能大师工作室主要依托中华技能大奖获得者，部分在技能含量较高的行业和大中型企业工作的高技能人才，以及部分掌握传统技能、民间绝技的技能大师而建设，目的是发挥高技能领军人才在带徒传技、技能攻关、技艺传承、技能推广等方面的重要作用，通过开展培训、研修、攻关、交流等活动，培养和造就一批具有精湛技艺、高超技能和较强创新能力的高技能人才队伍。到 2020 年底，国家重点支持一批技能大师工作室建设，基本形成覆盖重点行业、特色行业的技能传承与推广网络。

25. 新型消费

随着收入水平提升和人口结构变化，我国居民消费加快从生存型消费向发展型、享受型消费转变，个性化、多样化消费渐成主流。新型消费具有消费主体大众化、消费产品绿色化、消费行为文明化、消费环境生态化等特征。我国新型消费的发展方向主要体现在六大方面：一是与人的全面发展和人力资本积累相关的教育、健康、文化、养老、旅游等服务消费。二是电子商务、

安徽省凤阳县村民上网消费

网络文化、分享经济、可穿戴设备、智能家居等基于信息技术迅速发展和广泛应用的信息消费。三是有机食品、空气净化器、绿色家电、绿色建材等生态文明理念和绿色消费观念牵引的绿色消费。四是满足不同群体特别是年轻一代需要的时尚消费。五是适应居民更高质量需求的品质消费，主要是更加安全实用、更为舒适美观、更有品味格调的品牌消费。六是梯度追赶型的农村消费，重点是农村居民在交通通讯、文化娱乐和主要耐用品持有方面的消费。

26. 国际消费中心

国际消费中心是指能够提供丰富服务和商品，有宜人环境和富有美感的建筑，能提供良好医疗和教育等公共服务的国际化城市。目前世界公认的国际消费中心有伦敦、东京、纽约和香港等城市。联合国世界旅游组织提出国际消费中心具有五大特点：商品的多样性、目的地到达的便利性和安全性、目的地具有独特的吸引力、能提供世界一流的服务、本地消费繁荣等。培育发展国际消费中心是打造面向全球的国际消费市场的重要手段，对于积极顺应和把握消费升级大趋势、实现消费结构升级、增强消费拉动经济作用、引导海外消费回流，具有十分重要的作用。

27. 在岸、离岸服务外包

服务外包是指专业服务供应商通过契约的方式，为组织（企业、政府、社团等）提供服务，完成组织内部现有或新增业务流程中持续投入的中间服务的经济活动。本质上是发包方利用外部专业服务商的智力资源，承担自身经营环节中需要投入的中间业务流程或职能，以达到降低成本、提高效率、提升竞争力等目的。在岸服务外包是指境内企业承接境内组织发包，离岸服务外包指境内企业承接境外组织发包。

28. 商业类国有企业和公益类国有企业

根据国有资本的战略定位和发展目标，结合不同国有企业在经济社会发展中的作用、现状和发展需要，将国有企业分为商业类和公益类两类。商业类国有企业以增强国有经济活力、放大国有资本功能、实现国有资产保值增值为主要目标，按照市场化要求实行商业化运作，依法独立自主开展生产经营活动，实现优胜劣汰、有序进退。其中，主业处于关系国家安全、国民经济命脉的重要行业和关键领域、主要承担重大专项任务的商业类国有企业，要以保障国家安全和国民经济运行为目标，重点发展前瞻性战略性产业，实现经济效益、社会效益与安全效益的有机统一。公益类国有企业以保障民生、服务社会、提供公共产品和服务为主要目标，必要的产品或服务价格可以由政府调控。

29. 国有资产出资人监管权力清单和责任清单

国有资产出资人监管权力清单和责任清单，是以清单形式列明国资监管权责及其依据、行使主体、运行流程等，推进国资监管权责依法公开，强化权力监督和制约。主要有以下作用：一是实现政企分开、政资分开、所有权与经营权相分离。国有资产监管机构专司国有资产监管，不行使政府公共管理职能，不干预企业自主经营权。二是实现职权法定。根据法律法规确定出资人监管事项。三是简政放权。调整、精简、优化国资监管职能，依法将应由企业自主决策的事项归位于企业，将延伸到子企业的管理事项原则上归位于一级企业，将配合承担的公共管理职能归位于相关政府部门和单位。四是实现权责对等。国资监管机构既行使出资人权利，也依法承担相应出资人监管责任。五是公开透明。列入清单的事项明确办理流程、适用对象、办理时限等，并进行公示。

30. 国有资本经营预算管理制度

国有资本经营预算是国家以所有者身份依法取得国有资本收益，并对所得收益进行分配而发生的各项收支预算。具体内容包括制订国有资本经营预算各项法规、制度和办法，依法编制国有资本经营预决算、组织和监督预算执行，收取国有资本收益和开展预算绩效评价等。

31. 农村集体产权权能

农村集体产权，是农村集体财产所有权关系的总和，包括集体资金、资产和资源所有权，具体体现为土地承包经营权、宅基地使用权和集体收益分配权。土地承包经营权权能，包括农民对承包地的占有、使用、收益、流转权及经营权的抵押、担保权能；宅基地使用权权能，主要表现为农民住房财产权的抵押、担保、转让权能；集体收益分配权权能，包括农民对集体资产股份的占有、收益、有偿退出及抵押、担保、继承权能。

32. 不动产统一登记

不动产统一登记是指不动产登记机构依法将土地、海域以及房屋、林木等定着物的不动产权利归属和其他法定事项记载于不动产登记簿的行为。“十三五”期间将根据《物权法》、《不动产登记暂行条例》和《国务院机构改革和职能转变方案》，加快形成权界清晰、分工合理、权责一致、运转高效、法治保障的不动产统一登记体系，保障不动产交易安全，有效保护不动产权利人的合法财产权，为建立健全社会征信体系和国家自然资源资产管理体制创造条件。

江苏省徐州市发出全国首本不动产权证书

33. 自然资源资产产权

自然资源资产产权是关于自然资源资产所有权归属及其占有、使用、收益和处分等的权利束。自然资源资产产权制度，是生态文明制度体系的基础性制度。健全完善自然资源资产产权制度是加强资源源头保护、节约利用、有效修复的内在要求和重要保障，是生态文明体制改革的重要内容。根据党的十八届三中全会《决定》，要形成归属清晰、权责明确、监管有效的自然资源资产产权制度。中央《生态文明体制改革总体方案》明确提出，2018 年要出台《自然资源产权制度改革方案》，并主要涉及以下重要任务：建立统一的确权登记系统、建立权责明确的自然资源产权体系、健全完善自然资源资产有偿使用制度、健全自然资源资产产权保护制度、完善自然资源资产产权监管制度、完善自然资源资产产权法律体系、健全国家自然资源资产管理体制、探索建立分级行使所有权的体制等。

34. 生态环境性权益交易制度

生态环境性权益交易制度是指企业依法取得排污权、碳排放权等生态环境性权益，并对有关权益进行交易的制度。排污权指排污单位经核定、允许其排放污染物的种类和数量。碳排放权指依法取得的向大气排放温室气体的权利。建立生态环境性权益交易制度，是生态文明制度建设的重要内容，旨在充分发挥市场在资源配置中的决定性作用，建立环境成本合理负担机制和污染减排激励约束机制，有利于在全社会树立环境资源有价的理念，促进生态文明建设。

35. 知识产权强国

知识产权强国是具有强大知识产权硬实力和软实力的国家，通常具备知识产权拥有量等硬实力和知识产权文化、制度规则以及在国际上拥有的话语权、影响力等软实力。知识产权硬实力和软实力是知识产权强国竞争优势的主要支点，也是知识产权强国全球影响力的核心要素。

湖南省长株潭自主创新示范区

36. 公平竞争审查制度

公平竞争审查是指政府部门在制定有关政策措施时，要考虑其可能对市场竞争的影响，确保政府相关行为符合公平竞争要求和相关法律法规，在实现政策目标的同时，防止排除和限制竞争，保障市场配置资源的决定性作用得到充分发挥，保障各类市场主体平等使用生产要素、公平参与市场竞争、同等受到法律保护。实施公平竞争审查是成熟市场经济国家和地区的普遍做法。实施公平竞争审查制度，对于增强政府部门的公平竞争意识、全面规范政府行为、从源头上理顺政府与市场的关系、充分激发市场主体活力、促进创新驱动发展和经济转型升级具有重要意义。

37. 商事制度

河北省企业登记全面推行“三证合一”

商事制度指规范市场主体和商事活动的法律规章和政策总和，是对市场主体准入、交易和退出等市场活动的制度和政策规定。商事制度改革指依法推进工商注册制度便利化，对规范市场主体和商事活动的法律规章和政策进行修改或调整，使市场主体准入、交易和退出等市场活动的制度和政策规定满足经济社会发展需要，实现公平开放透明的市场规则而进行的改革。重点是：一方面推进工商登记制度改革，改革注册资本登记制度，改“先证后照”为“先照后证”，全面推行“三证合一、一照一码”登记模式，放宽住所（经营场所）登记条件，推进全程电子化登记和电子营业执照应用，实行市场准入负面清单制度等。另一方面坚持以“谁审批、谁监管，谁主管、谁监管”为原则，构建以信息归集共享为基础、以信息公示为手段、以信用监管为核心的新型监管制度，加强事中事后监管。

38. 政府性基金预算

政府性基金预算是对依照法律、行政法规的规定在一定期限内向特定对象征收、收取或者以其他方式筹集的资金，专项用于特定公共事业发展的收支预算。

39. 一般公共预算

一般公共预算是对以税收为主体的财政收入，安排用于保障和改善民生、推动经济社会发展、维护国家安全、维持国家机构正常运转等方面的收支预算。

40. 社会保险基金预算

社会保险基金预算是指根据国家预算管理和社会保险相关法律法规编制，经法定程序审批、具有法律效力的年度基金财务收支计划。社会保险基金预算由收入预算和支出预算组成。社会保险基金通过预算实现收支平衡。“十三五”时期，继续完善社会保险基金预算制度，强化社会保险基金预算与一般公共预算、政府性基金预算、国有资本经营预算的有机衔接。

41. 政府资产报告制度

政府资产报告制度是对政府各类资产进行计量、汇总、分类和上报等的制度性安排，是政府资产管理应遵循的原则、方法和程序的总称。政府资产包括行政事业单位占有使用资产、政府经管资产、企业国有权益等。政府资产报告通常包括政府资产报表和政府资产分析报告两部分。建立政府资产报告制度对全面掌握政府家底、夯实政府资产管理基础、反映政府资产管理绩效、推进政府资产管理与预算管理结合、加强地方政府性债务管理具有重要意义。

42. 政府综合财务报告

政府综合财务报告由各级政府财政部门在合并各部门财务报告的基础上编制而成，主要反映各级政府整体财务状况、运行情况和财政中长期可持续性。报告主要包括政府资产负债表、收入费用表等财务报表和报表附注，以及以此为基础进行的综合分析等。“十三五”时期，将加快建立权责发生制政府综合财务报告制度。全面开展政府综合财务报告编制工作，力争在2020年前建立具有中国特色的政府会计准则体系和权责发生制政府综合财务报告制度。

43. 财政库底目标余额管理

财政库底目标余额管理是现代财政国库管理制度的重要内容，是由财政部门在科学预测国库现金流量基础上，对存放中央银行的财政资金设定确保财政支出支付需求的最低目标余额，并通过运用一系列安全的短期投融资工具实施国库现金管理操作，使库底资金保持稳定的目标余额，实现盘活财政库款存量、提高财政资金使用效益、完善货币流动性管理、促进经济发展的目的。实施财政库底目标余额管理主要遵循以下原则：一是借鉴国际成熟经验、立足我国实际；二是保障库款安全性、流动性和效益性；三是注重实施操作与货币流动性管理的协调性；四是统一制度规范、分步推进实施。主要内容包括：一是建立国库现金流量预测制度，以预测为基础，合理确定财政库底目标余额；二是完善国库现金管理银行账户、资金清算及核算体系；三是健全完善国库现金管理投融资运行机制；四是完善国库现金管理风险监控管理机制。实行库款管理分级预警机制，建立对国库单一账户、资本性账户资金的动态监控体系。

44. 宏观税负

宏观税负是指一国在一定时期政府收入占经济总量的比重，体现政府在国民收入分配中所占的份额，及政府与企业、居民个人之间占有和支配社会资源的关系，也反映政府职能的广度和深度，以及政府在经济社会生活中的地位和作用。按照国际货币基金组织的统计口径，我国政府财政收入包括公共财政收入、扣除国有土地使用权出让收入之后的政府性基金收入、国有资本经营预算收入和社会保险基金收入，同时扣除四本预算中的交叉重复部分。

45. 环境保护税

环境保护税是防治污染、保护生态的重要经济手段。基本思路是通过实施费改税，将现行排污费改为环境保护税。主要内容是结合现行排污收费项目，设置大气污染物、水污染物、固体废物、噪声等税目；将排放量作为主要计税依据；综合考虑现行排污费收费标准、实际治理成本、环境损害成本等因素设置税率。

46. 库款管理

库款是财政部门存放在国家金库中的财政性资金，不仅是财政运行的基础和保障，也是宏观经济运行的反映和重要调控工具。库款管理是涵盖库款收支管理、核算统计分析、资金调度管理、资金效益管理、风险防范管理等一系列管理职能的统称。

47. 股票发行注册制

股票发行注册制是对核准制的进一步改革与完善，是市场化程度较高的股票发行监管制度。其基本特征：一是只要不违背国家利益和公众利益，企业能否发行、发行时间、发行价格，均由企业和市场自主决定。二是实行以信息披露为中心的监管理念，要求企业必须向投资者披露充分和必要的投资决策信息，政府不对企业的资产质量和投资价值进行判断和背书。三是各市场参与主体归位尽责，发行人是信息披露第一责任人，中介机构承担对发行人信息披露的把关责任，投资者依据公开披露信息自行作出投资决策并自担投资风险。四是实行宽进严管，政府职责重在事中事后监管，严惩违法违规行为，保护投资者合法权益。推进股票发行注册制改革对于进一步理顺政府和市场关系，扩大资本市场包容性和覆盖面，提高直接融资比重，激发创新创业活力，促进我国经济平稳增长和转型升级具有重要意义。

48. 创业板

创业板又称二板市场，即第二股票交易市场，于 2009 年 10 月正式上市，是主板市场以外的全国性证券发行、上市及交易场所。创业板作为多层次资本市场体系的重要组成部分，主要目的是促进自主创新企业及其他成长型创业企业的发展，为具备一定的盈利基础、拥有一定的资产规模，且需存续一定期限、具有较高成长性的企业提供直接融资渠道，是对主板市场的重要补充。

49. 新三板

天津市滨海新区

新三板是全国中小企业股份转让系统的简称，是经国务院批准设立的全国性证券发行、上市及交易场所，主要为创新型、创业型、成长型中小微企业提供股份交易服务，受证监会监管。三板市场原名“代办股份转让系统”，于2001年7月正式开板，主要为原STAQ、NET系统（即两网公司，原有的证券交易场所，于1999年关闭）和退市公司提供急需流通的场所，俗成“老三板”。2006年1月，为解决高科技成长性企业的股份转让问题，经国务院批准，允许具备条件的中关村科技园区非上市股份有限公司进入代办股份系统进行转让试点，俗称“新三板”。2012年8月，“新三板”试点范围从中关村科技园区扩容至上海张江、天津滨海和武汉东湖三家高新区。2012年9月，经国务院批准设立。全国中小企业股份转让系统有限责任公司，作为新三板交易市场的管理机构，负责非上市股份公司股份的公开转让、融资、并购等，新三板的正式名称也更名为“全国中小企业股份转让系统”。

50. 区域性股权市场

区域性股权市场是省（区、市）人民政府批准设立的主要服务于所在地省级行政区域内中小微企业的私募证券市场，是多层次资本市场体系的重要组成部分。区域性股权市场由省级人民政府负责日常监管和风险处置，证监会负责制定监管规则，并对省级人民政府的监管工作进行指导、协调和监督，对跨省经营的区域性股权市场进行备案管理。目前区域性股权市场总体运行规范，在服务中小微企业私募融资、股权转让，帮助其获得银行信贷资金、引入专业投资机构、提升公司治理与规范运作水平等方面发挥了积极作用。

51. 债券发行注册制

债券发行注册制是指由发行人向监管部门提交注册文件，监管部门对文件的齐备性和信息披露的充分性进行确认后予以注册并允许债券发行的一种发行监管方式。这是对核准制的改革与完善，是一种市场化水平更高、以信息披露为中心的发行监管制度。债券发行注册制具有四个基本特征：一是企业拥有发行债券融资的基本权利，只要不违背国家利益和公众利益，企业能否发行债券由企业和市场自主决定。二是实行以信息披露为中心的监管理念，要求企业必须向投资者披露充分和必要的投资决策信息，政府监管部门不对企业的资产质量、偿债能力进行判断和背书。三是各市场参与主体归位尽责，发行人是信息披露第一责任人，中介机构承担对发行人信息披露的把关责任，投资者依据信息披露自行做出投资决策并自担投资风险。四是政府的职责重在加强事中事后监管，保护投资者合法权益。

52. 国家金库工程

在当前国库信息系统的基础上，充分结合未来国库业务的发展方向，融合近几年最新科技成果，借鉴国有大型商业银行系统建设经验，对现有系统进行全面诊断与分析，建设性能更优越、功能更完善、运行更稳定、共享性更好、兼容性更强的新一代国库信息化系统，即国家金库工程。国家金库工程主要由一个现代化网络、八大业务子系统、两个综合服务平台以及数据仓库和灾难备份系统构成。一个现代化网络是从人民银行总行延伸到省（区、市）、地市、县三级分支机构的业务网为主干的系统内纵向网络和以人民银行省级以上分支机构通过金融业网间互联平台与各金融机构、财政、税务、海关等外部单位相连通的系统外横向网络。八大业务子系统包括横向联网子系统、会计核算子系统、风险监管子系统、统计分析子系统、国债管理子系统、国库现金管理子系统、辅助支撑子系统和总库业务子系统。两个综合服务平台是指国库信息共享服务平台和地方特色服务平台。同时，国家金库工程还应建设完备的灾难备份系统和功能强大的数据仓库，以保证国库业务安全高效运行。

53. 金融业综合统计

金融业综合统计是指对金融部门的资产负债和损益情况以及影响金融系统健康和稳定因素的统计，包括金融性公司资产负债统计、稳健情况统计、利率体系统计、对外金融统计和金融发展情况统计等内容。这是一项重要的综合化金融基础设施，对金融数据开展综合统计及分析，为制定宏观经济政策、维护金融体系稳定、开展金融监管活动提供依据。

54. 人民币汇率指数

2015 年 12 月 11 日，中国外汇交易中心（CFETS）在中国货币网正式发布 CFETS 人民币汇率指数。该指数参考 CFETS 货币篮子，具体包括中国外汇交易中心挂牌的各人民币对外汇交易币种，样本货币权重采用考虑转口贸易因素的贸易权重法计算而得。样本货币取价是当日人民币汇率中间价和交易参考价，指数基期是 2014 年 12 月 31 日，基期指数是 100 点。CFETS 人民币汇率指数的公布，为市场转变观察人民币汇率的视角提供了量化指标，能够更加全面和准确地反映市场变化情况，将有助于引导市场改变过去主要关注人民币对美元双边汇率的习惯，逐渐把参考一篮子货币计算的有效汇率作为人民币汇率水平的主要参照系，有利于保持人民币汇率在合理均衡水平上的基本稳定。

55. 疏通本外币政策传导渠道

货币政策传导机制是指中央银行根据货币政策目标，运用货币政策工具，通过金融机构的经营活动和金融市场传导，影响企业和居民的生产、投资和消费等行为，最终对需求产生影响的过程。货币政策的传导渠道主要有信贷传导、利率传导、资产价格传导、汇率传导等，具体传导效率与微观主体的定价能力和利率敏感性、金融市场的成熟程度、金融监管体制、金融生态环境、市场预期等都有关系。

56. 金融安全审查

金融安全审查是指对金融领域内影响及可能影响国家安全的外商投

资活动进行安全审查。审查范围包括：外国投资者投资可能对境内金融机构形成实际控制；投资达到一定持股比例，可能对境内金融机构产生重要影响；投资涉及敏感主体、敏感对象、敏感地域，或可能对金融市场和金融关键服务、技术、信息产生重要影响等情形。

57. 目标利率

目标利率是指中央银行货币政策调控时所"锚定"的一个或多个利率品种，是中央银行进行利率调控的重要目标变量。从国际上看，在以价格型货币政策工具为主的货币政策调控框架下，中央银行多会选择具有基准性质的短期市场利率，作为其调控的目标利率，例如美联储的联邦基金利率、欧央行的欧元隔夜平均利率指数（EONIA）、韩国的银行间隔夜拆借利率等。目标利率作为中央银行利率调控的主要对象，一般充当中央银行货币政策调控的中间目标，是中央银行利率调控体系的重要组成部分。中央银行通过开展公开市场操作、再贷款再贴现等货币政策工具，引导目标利率在中央银行设定的目标水平附近波动，向市场释放中央银行的货币政策调控意图。同时，目标利率对其他市场利率具有重要的指标性意义，目标利率的变动也会影响货币市场、债券市场和信贷市场等各类市场利率，从而将中央银行的调控意图传导下去，直至影响实体经济，实现货币政策调控目标。

58. 利率走廊机制

利率走廊机制是指中央银行通过向商业银行等金融机构提供存贷款便利，从而依靠设定的存贷款便利利率操作区间来稳定市场利率的调控方法。其中，贷款便利利率和存款便利利率分别形成利率走廊的上下限，其利率一般在政策利率基础上加减点生成，市场利率在走廊范围内波动。在利率走廊机制下，商业银行等金融机构在中央银行账户上的超额准备金存款可以获得利息，即存款便利。商业银行等金融机构在流动性不足时，可向中央银行进行借贷，即贷款便利。在商业银行能以既定利率从中央银行获得贷款的情况下，就没有银行会在市场上以高出利率走廊上限的利率拆入资金；与此类似，当商业银行的超额储备能以存款便利利率存入中央银行，就不会有商业银行在市场上以低于利率走廊下限的利率水平拆出资金。通过上述制度安排，理论上保证了市场利率在走廊范围内波动，同时中央银行通过提供和吸收流动性，也实现了对银行体系流动性的有效调节。

59. 现代统计调查体系

建立现代统计调查体系是统计工作全面贯彻创新、协调、绿色、开放、共享五大发展理念，适应、反映经济发展新常态，更好服务“四个全面”战略布局的重要举措。现代统计调查体系着眼于统计思想观念、制度方法、体制机制、技术手段和行为规范的现代化，涵盖统计和调查工作的各个方面和各个环节，主要包括六大系统，即领域完整、指标完善、方法科学、标准健全的统计调查制度系统；立足国情、接轨国际、科学规范、健全统一的国家经济核算系统；获取直接、手段先进、操作友好、运行安全的统计数据采集处理共享系统；法律完备、普法深入、执法严格、惩戒严肃的统计法治系统；领导有力、机构健全、分工合理、运作高效的统计组织系统；内容丰富、准确可靠、方式多样、获取便捷的统计服务系统。

60. 并联核准制度

并联核准制度是改革创新企业投资项目核准制度后形成的一种全新的项目核准模式，是相对于传统的串联核准制度而言的，具有以下特征：一方面，串联改并联。只保留规划选址、用地预审（用海预审）以及重特大项目环评（海洋环评）审批作为项目核准前置审批。其他确需保留在项目开工前完成的审批事项，与项目核准实行并联办理。另一方面，实行网上办理。在政府外网上部署建设“横向联通”、“纵向贯通”的投资项目在线审批监管平台，按照公开透明的要求制定发布工作规则、办事指南，并公开受理情况、办理过程、审批结果等，主动接受社会监督。

61. 特许经营

特许经营一般指基础设施和公用事业特许经营，是政府采用竞争方式依法授权中华人民共和国境内外的法人或者其他组织，通过协议明确权利义务和风险分担，约定其在一定期限和范围内投资建设运营基础设施和公用事业，提供公共产品或者公共服务，并获得收益的一种经营模式。主要有以下特点：特许经营是政府和社会资本长期合作提供公共服务的协议安排；政府通过公开招标等竞争方式，择优遴选具备相应能力的社会资本，签订特许经营协议；特许经营旨在发挥社会资本专业技术和经营管理优势，提高公共服务质量效率；特许经营者可以通过以下渠道获得收益：使用者付费、合理且必要的政府补贴、与特许经营项目相关的其他开发经营权益；政府承担公共服务提供的托底责任，在特许经营项目遇到危机时确保公共服务的持续稳定提供。

62. 藏粮于地、藏粮于技

耕地是粮食生产的命根子。实施藏粮于地战略，就是大规模推进集中连片、旱涝保收、稳产高产、生态友好的高标准农田建设；持续加强耕地质量保护与提升，巩固提升粮食产能；建立合理耕地轮作制度，实现种地养地相结合，促进资源永续利用和可持续发展，夯实国家粮食安全基础。粮食生产的根本出路在科技进步。实施藏粮于技战略，就是大力推进种业科技创新，加快选育适宜机械化生产、高产优质多抗广适的新品种； 推进技术集成创新，推广高产高效、资源节约技术模式，走依靠科技提高单产的内涵式发展道路。

63. 林下经济

林下经济分为四类：一是林下种植，利用林下资源和空地，间种、套种作物等，主要包括林菌、林药、林果、林草、林花、林粮、林菜等模式。二是林下养殖，利用林下空间发展立体养殖，主要包括林禽、林畜、林蜂、林驯等模式。三

■ 河南省商丘市林下温棚

是相关产品采集加工，利用林下产品进行采集加工、处理、包装，延长产业链，提高经济效益，主要包括对林下菌类、中草药、竹笋、山野菜、藤芒等林下产品进行采集加工。四是森林景观利用，充分发挥林区山清水秀、空气清新、生态良好的环境优势，大力开展观光休闲、生态体验、度假养生等服务。同时积极开发富有地方特色的森林食品、果品、饮料等森林旅游商品，逐步形成特色突出、体系完善的森林旅游精品，包括森林公园、自然保护区、城郊林家乐、森林人家、森林休闲山庄、生态休闲旅游等。

64. 体验农业

广西壮族自治区罗城生态庄园游客

体验农业是指以农业生产过程、生产技术、生产设施、农村生活和传统农耕文化等为基础，开发设计并提供娱乐、科教、劳作、采摘等产品和服务，以满足消费者休闲、教育、娱乐等方面需求，让消费者了解农业生产过程、熟悉农村生活、享受乡土情趣、感受农耕文化的一种休闲农业经营方式。具体表现形式有以下几种：一是自然观光型。立足农业生产技术、设施、场地、农产品及自然环境等多样化资源，让消费者观光学习，增进其对农业农村农产品的直观认识和感受。二是科普教育型。将农业生产与农业科普教育融为一体，让消费者根据不同季节体验播种、管理、收割过程，感受了解农村生产过程。三是文化感受型。利用特有的民俗风情、传统工艺、农耕节庆等，让消费者参与传统农耕民俗文化活动，体验感受传统文化的深厚底蕴。

65. 创意农业

创意农业是以创意创新为核心，以提升附加值为目标，将科技、文化、艺术创意融入农业产前、产中、产后，给农产品和农业生产过程赋予文化内涵和价值，使农产品、农事景观、农村饮食等具有更高的附加值和观赏性，从而实现拓展传统农业功能，整合优化农业资源配置的一种休闲农业经营方式。主要有以下几种模式：一是农产品创意模式。通过新种植技术的研发运用，使农产品本身或以农产品为原料的工艺产品具有一定的文化特质，体现创意特色，提升附加值。二是农业景观创意模式。通过对不同品种农作物的设计与搭配，在较大的空间上形成可观性强的景观，使农业的生产性、可持续性同审美性结合起来。三是农村饮食创意模式。开发创新具有地方特色的农食文化，使饮食具有文化创意特质，满足大众文化需求，增强吸引力。

66. 测土配方施肥

测土配方施肥是以土壤测试和肥料田间试验为基础，根据作物对土壤养分的需求规律、土壤养分的供给能力和肥料效应，在合理施用有机肥料的基础上，提出氮、磷、钾及中微量元素肥料的施用数量、施用时期和施用方法的一套施肥技术体系。

■ 山东省临沭县开展测土配方施肥

67. 农业面源污染

农业面源污染，是相对于工业点源污染而言的，又叫非点源污染，主要是指由于种植、畜禽养殖和水产养殖等农业生产过程中，肥料、农药、农膜等投入品的不合理使用以及废弃物的不合理处置产生的污染物，在降水（融雪）或灌溉等过程中，通过径流或淋溶作用汇入受纳水体而引起的污染。

■ 辽宁省北镇市农民将秸秆变废为宝

68. 耕地轮作休耕

耕地轮作指在同一块田地上，有顺序地在季节间或年度间轮换种植不同作物或复种组合的种植方式，包括粮豆轮作、粮经轮作、粮饲轮作、水旱轮作等。耕地休耕是指在同一块耕地上暂时停止种植农作物，直到地力恢复再行种植的耕作方式，包括季节性、年度性、多年性休耕。综合考虑我国资源禀赋、农业生产基础和农产品供需形势，应坚持生态优先、轮作为主、休耕为辅、自然恢复的方针，以保障国家粮食安全和不影响农民收入为前提，突出重点区域、加大政策扶持、强化科技支撑，重点在地下水漏斗区、重金属污染区、生态严重退化地区开展试点。休耕不能减少耕地、搞非农化、削弱农业综合生产能力，应确保急用之时粮食能够产得出、供得上。

69. 土地托管

土地托管是指承包农户或土地流入方将土地委托给拥有农机等物质装备的企业、组织或个人，由其承担耕种管理的主要环节或全部环节，但农户仍保留种植决策权和农作物收获权的行为。2014年，中办国办《关于引导农村土地经营权有序流转发展农业适度规模经营的意见》（中办发〔2014〕61号）明确提出，积极推广既不改变农户承包关系，又保证地有人种的托管服务模式，鼓励种粮大户、农机大户和农机合作社开展全程托管或主要生产环节托管，实现统一耕作，规模化生产。近年来，土地托管在山东、江苏等省发展迅速，主体更加多元、形式不断创新、内容不断丰富。

70. 家庭农场

家庭农场是以农民家庭成员为主要劳动力，以农业经营收入为主要收入来源，利用家庭承包土地或流转土地，从事规模化、集约化、商品化农业生产的新型农业经营主体。其主要特征：一是家庭经营。家庭农场最鲜明的特征是以家庭成员为主要劳动力，以家庭为基本核算单位。家庭农场在要素投入、生产作业、产品销售、成本核算、收益分配等环节，都以家庭为基本单位。家庭农场不排斥雇工，但雇工一般不超过家庭务农劳动力数量，主要为农忙时临时性雇工。二是务农为主。家庭农场以提供商品性农产品为目的开展专业化生产，其专业化生产程度和农产品商品率较高，主要从事种植业、养殖业生产或种养结合的农业生产模式。三是集约生产。家庭农场经营者具有一定的资本投入能力、农业技能和管理水平，能够采用先进技术和装备，经营活动有比较完整的财务收支记录。四是规模适度。经营规模与家庭成员的劳动能力相匹配，确保既充分发挥全体成员的潜力，又避免因雇工过多而降低劳动效率；经营规模与能取得相对体面的收入相匹配，即家庭农场人均收入达到甚至超过当地城镇居民的收入水平。

■ 广西壮族自治区融安县大良镇陈氏家庭农场

71. 新型职业农民

新型职业农民是指以农业为职业、具有一定的专业技能、收入主要来自农业的现代农业从业者，分为生产经营型、专业技能型和专业服务型。生产经营型职业农民主要包括专业大户、家庭农场主和农民合作社带头人等；专业技能型职业农民主要包括农业工人、农业雇员等；专业服务型职业农民主要包括农村信息员、农产品经纪人、跨区作业农机手、统防统治植保员、村级动物防疫员等农业社会化服务人员。

■ 福建省福安市闽韩新型职业农民互助中心

72. “绿箱”补贴

绿箱补贴是指对生产或贸易无扭曲或最小扭曲的支持政策，不具有对生产者提供价格支持的作用，没有数量上限的约束。主要包括政府一般性服务、粮食安全公共储备、国内粮食援助、不挂钩的收入支持、自然灾害救助、区域援助、环境计划下的援助、收入保险和收入安全网计划、通过生产者退休计划提供的结构调整援助、通过资源停用计划提供的结构调整援助和通过投资援助提供的结构调整援助等 11 项支持措施。

73. “黄箱”补贴

黄箱补贴是指对生产或贸易具有扭曲效应的支持政策，不得超过“微量允许”水平，即对特定农产品的黄箱补贴不超过该产品产值的 8.5%，对非特定农产品的黄箱补贴不超过农业总产值的 8.5%。主要包括农作物良种补贴、农机购置补贴、农资综合补贴等支持措施。

74. 分子设计育种

进入 21 世纪，生物组学和信息学融合推动分子设计等现代生物育种技术快速发展与产业化。作物分子设计育种是通过多种技术集成与整合，对育种程序的诸多因素进行模拟与优化，提出最佳育种目标基因型及选择方案，通过实践验证，创制和应用新品种。主要包含研究目标性状基因以及基因间相互关系，根据不同生态环境条件下的育种目标设计基因型，选育目标基因型和培育新品种。

75. 高效制繁种

高效制繁种是指在繁育制备大田用商品种子过程中，采用新型农艺技术、生物技术、机械化技术、信息技术等手段，实现提高繁育制备种子的产量和质量，降低投入成本等目标的技术体系。其技术内涵主要包括作物栽培、水肥管理、作物保护等农艺技术；亲本纯化、不育系配套、异交不亲和、不育化制种等生物技术；机械播种、机械去雄、机械收获等机械化技术；远程遥感、环境信息、物联网等信息技术。

76. 种子精深加工

种子精深加工是指对种子从收获到播种前采取的各种技术处理，改变种子的物理特性，改进和提高种子品质，获得具有高净度、高发芽率、高纯度和高活力的商品种子的技术过程。其内涵主要包括：通过种子的精深加工过程，提高种子的净度、发芽率等质量指标，一方面减少农业生产用种量，可降低农业生产成本，另一方面加工后的种子出苗多且苗壮，可提高农作物单位面积产量；通过种子的精深加工过程，可将种子按不同的用途及销售市场，加工成不同等级的种子，并实行标准化包装销售，提高种子的商品性；通过种子的精深加工过程，使得种子大小均匀并进行药剂包衣，使得作物生长整齐、抗性提高，有利于机械化播种和收获，提高农业生产效率。

77. 耕种收综合机械化率

■ 黑龙江省现代化大农业

耕种收综合机械化率也称耕种收综合机械化水平，指主要农作物机耕、机播、机收三项作业水平的加权之和，加权比例为0.4、0.3、0.3。机耕率指的是机耕面积占各种农作物播种面积中应耕作面积的百分比，机播率指的是机播面积占各种农作物播种总面积的百分比，机收率指的是机收面积占各种农作物收获总面积的百分比。耕种收综合机械化率反映了主要农作物关键作业环节机械对人畜力的替代程度。

78. 工业互联网

工业互联网是互联网和新一代信息技术与工业系统全方位深度融合所形成的产业和应用生态，是工业智能化发展的关键综合信息基础设施。工业互联网是网络，实现机器、物品、控制系统、信息系统、人之间的泛在联接；工业互联网是平台，通过工业传感器、工业云和工业大数据实现海量工业数据的采集、集成、处理与分析；工业互联网是新模式新业态，实现智能化生产、网络化协同、个性化定制和服务化延伸。在新一轮科技革命和产业变革背景下，工业互联网是实现智能制造并进而争抢全球制造业竞争优势的关键抓手，同时也对互联网的发展、竞争和国际治理产生深远影响。

79. 智能制造产业联盟

智能制造产业联盟是指由从事智能制造相关技术与产品的研究、开发、生产、应用的具有行业与领域代表性的企事业单位、大专院校、科研机构、服务机构及其他相关高端人才自愿组成的社会团体。联盟依靠成员企业和政府资助，搭建一个可交流、可交互的智能制造公共平台，聚集各方资源，整合智能制造全产业链资源，推动解决和掌控智能制造核心环节等共性基础问题，推出自主先进智能制造操作系统和针对重点行业的解决方案，开展评估和认证，实现关键技术装备产业化，促进自主创新，切实推进我国智能制造发展。

80. 产品全生命周期绿色管理

指在产品设计、原材料选择、加工技术工艺等全过程推进绿色制造、绿色产品、绿色工厂和绿色供应链，并推行年度发展报告制度，开展绿色评价，引导绿色生产和绿色消费。

81. 绿色制造

绿色制造是综合考虑环境影响和资源能源效率的现代制造模式，是制造强国的重要标志，是制造强国建设的战略任务，是生态文明建设的重要内容，也是工业转型升级的必由之路。主要包括传统行业绿色改造升级、新兴产业绿色发展、资源高效循环利用和构建绿色制造体系。

82. 市场出清

市场出清就是指在市场调节供给和需求的过程中，市场机制能够自动地消除超额供给（供给大于需求）或超额需求（需求大于供给），市场在短期内自发地趋于供给等于需求的均衡状态。

83. 流转税

流转税是指以货物生产、流通环节的流转额以及服务等非货物交易的营业额为征税对象的一类税收，主要包括增值税、营业税、消费税、关税等。

84. 制度性交易成本

制度性交易成本指企业在遵循政府制定的一系列规章制度时所需付出的成本，主要包括企业进行工商登记注册、投资项目审批、接受政府市场监管等所付出的时间、精力和货币成本。制度性交易成本与财务成本、物流成本、税费负担等共同构成实体经济企业成本。持续推动简政放权、优化政府服务、完善市场监管、健全社会信用体系，都有利于降低企业制度性交易成本，提高企业发展活力和后劲。

85. 国家融资担保基金

融资担保是破解小微企业和“三农”融资难融资贵问题的重要手段和关键环节，对于稳增长、调结构、惠民生具有重要作用。2015 年国务院印发《关于促进融资担保行业加快发展的意见》（国发〔2015〕43号），明确要求研究设立国家融资担保基金，推进政府主导的省级再担保机构基本实现全覆盖，构建国家融资担保基金、省级再担保机构、辖内融资担保机构的三层组织体系，有效分散融资担保机构风险，发挥再担保“稳定器”作用。

86. 大洋钻探

大洋钻探是为研究海底地壳结构和构造而对深海底进行的钻探活动。大洋钻探要按照海底组成物质的类型不同，采用不同方式进行海底钻探并取样，从而精确地掌握地壳结构和构造，发现新资源。大洋钻探在开展海底固体矿产资源勘探与评价、探采大洋深部生物圈基因资源等方面具有重要的科学意义和工程价值，同时对深海采矿重大装备和海洋工程装备也提出更高要求。“十三五”期间，我国将积极参加国际大洋发现计划（IODP），在探索海洋和大气的演变、探索海底下面的生物圈、揭示地球表层与地球内部的连接、研究导致灾害的海底过程等方面开展工作。

87. 深海空间站

深海空间站是指潜深大于1000米、能够在深海中或海底长期停留、携带站载感知系统、作业型潜水器和专用作业工具的载人运载作业平台。它和多功能深海探测作业装置、水面工作与保障平台（两辅）一起，构成深海空间站工程系统。深海空间站有基本通用型与功能专用型两类。

88. 大型浮式结构物

■ 山东省半潜式钻井平台

大型浮式结构物是指表面长度250—500米，宽度及深度在数十米以上的大型海洋空间结构物。大型浮式结构物的型式主要以大型船舶或海洋工程为基础进行设计或改装而成，有半潜船、半潜平台、单船体型、新概念海工装备等，具备海域海上船舶停泊、综合仓储及补给基地、临时居住、岛礁建设及能源供应等功能用途，在总体设计、建造与应用、核心设备等方面具有较大难度。随着我国在海洋油气资源开发、矿产资源、海洋能源开发利用、海洋渔业养殖、旅游等经济活动的深入开展，对后勤保障、综合服务功能的深远海大型浮式结构物需求日益迫切，开发大型结构物已经成为我国未来开发利用海洋的迫切需求。

89. 基础制造装备

基础制造装备特指用热加工和表面处理工艺对材料和零件进行成形、改性处理的装备和系统，主要包含大型数控成型冲压设备、重型锻压设备、清洁高效铸造设备、新型焊接设备与自动化生产设备、大型清洁热处理及表面处理设备、特种加工机床等。基础制造装备具有工艺与装备一体化、品种规格多、应用领域广、与客户需求紧密等特点。

90. 集成制造系统

集成制造系统全称计算机集成制造系统（Computer Integrated Manufacturing System，简称 CIMS），是信息技术、自动化技术与制造技术融合的产物，把分散在产品设计、制造过程中各个环节的自动化子系统有机地集成起来，实现设计、制造集成化和智能化的制造系统。从生产工艺和体系结构方面分，CIMS 可大致分为离散型制造系统、连续性制造系统和混合型制造系统三种。当前集成制造系统应用发展呈现集成化、数字化、网络化、柔性化、智能化、绿色化的特点。

91. 减速器

减速器是连接机器人驱动电机和连杆运动部件的中间装置，把高速电机的运转速度降低到适合的工作速度，并传递更大的转矩，是机器人关节精度的决定性因素。机器人用高精密减速器主要包括 RV 减速器和谐波减速器两种。RV 减速器主要在高速重载的工业机器人领域大量应用。谐波减速器主要在小负载机器人，特别是服务机器人中发展迅速。机器人在应用上具有长期连续运行的特点，减速器长期运行的可靠性是决定机器人可靠性和实际应用效能的关键环节。

92. 高速高性能控制器

机器人控制器是根据指令以及传感信息控制机器人完成一定的动作或作业任务的装置，它是机器人的心脏，决定了机器人性能的优劣。目前，世界上大多数商品化机器人控制器普遍采用上、下位机二级分布式结构。上位计算机负责整个系统管理、人机交互以及运动学计算、轨迹规划等。下位机由多个微处理器组成，每个微处理器控制一个关节运动，这些微处理器与主控计算机通过总线形式实现高速数据交换。工业机器人是一个十分复杂的多输入多输出非线性系统，具有时变、强耦合和非线性的动力学特征，测量和建模的不精确，再加上负载的变化以及外部扰动等不确定性的影响，带来了控制的复杂性。随着机器人控制技术的发展，针对结构封闭的机器人控制器的缺陷，开发“具有开放式结构的模块化、标准化机器人控制器”已成为机器人控制器的发展方向。

93. 伺服电机及驱动器

伺服电机及驱动器共同构成机器人关节伺服系统，其性能体现在：调速范围、定位精度、传动刚性、速度稳定性、快速响应、无超调、低速大转矩、过载能力、可靠性等。伺服电机可以将电压信号转化为转矩和转速以驱动控制对象，位置精度非常准确。伺服电机用于驱动机器人的关节，要求有大功率质量比、大扭矩惯量比、高启动转矩、低惯量、较宽广且平滑的调速范围，并具有较高的可靠性和较大的短时过载能力。目前，高启动转矩、大转矩、低惯量的交、直流伺服电动机在工业机器人中得到广泛应用。

伺服驱动器又称为“伺服控制器”、“伺服放大器”，是用来控制伺服电机的装置，其作用类似于变频器作用于普通交流马达，属于伺服系统的一部分，主要应用于高精度的定位系统。一般是通过位置、速度和力矩三种方式对伺服电机进行控制。目前主流的伺服驱动器均采用数字信号处理器（DSP）作为控制核心，可以实现比较复杂的控制算法，实现数字化、网络化和智能化。

94. 复式作业机具

复式作业机具是指按一定顺序、一次完成两项或两项以上作业的农机机具。常见复式作业机具有施肥旋耕复式作业机、施肥播种复式作业机、犁翻旋耕复式作业机、旋耕开沟复式作业机等。复式作业机具与传统的单一功能的农机具相比，有效率大幅提高、作业质量好、增强抗旱保墒能力等优点。

95. 精密播种机

精密播种机是指配置高精度排种器的播种机，可按预订的间距，将种子播入播穴或播行内，具有漏播、重播、破损率低等优点。目前，气吸式精密播种机是主要发展方向。气吸式精密播种机可以单粒点播、穴播和条播，排种盘吸孔直径根据作物种子尺寸确定，气室吸力可通过风机转速和进、出口风门大小来调节，通过调节排种盘转速或改变孔数来适应不同的株距的要求。主要用于玉米、大豆、甜菜、棉花等中耕作物的精密播种机上。

■ 安徽省蒙城卫星导航种玉米

96. 无创呼吸机

按照与患者的连接方式，呼吸机可以分为有创呼吸机（呼吸机通过气管插管连接到患者）和无创呼吸机（呼吸机通过罩面与患者接触）。无创呼吸机主要用于治疗睡眠呼吸暂停综合症（SAS），适用于轻、中度呼吸衰竭、慢性阻塞型肺疾病（COPD）、手术后呼吸衰竭和慢支肺气肿等，具有无需插管、可间歇通气、患者能正常吞咽等优势。

97. 全自动生化分析仪

全自动生化分析检测系统包含全自动生化分析仪及配套检测试剂两部分，全自动生化分析仪是体外诊断（IVD）产品中的重要组成部分，主要用于定量测定人的血清与其他体液的各种生化指标，以及检测肝功能、肾功能等生化指标，包括葡萄糖、血脂、酶、无机离子、特种蛋白等项目，具有测量速度快、准确性高、消耗试剂少等优点。

98. 高通量基因测序仪

基因测序仪是通过检测生物荧光信号强度进行 DNA 基因序列分析的仪器。主要用于肿瘤患者个性化用药的检测、肿瘤指标的早期筛查和遗传性疾病的筛查等，是精准医疗的发展关键。测序仪通量越高，一次测定的 DNA 分子数据更多，分析的准确度也就越高。

99. 医用加速器

医用加速器主要应用于图像引导放射治疗装置。图像引导放射治疗装置运用四维放射治疗技术，对肿瘤和人体器官实时监控，可根据器官位置变化调整治疗条件，使照射范围紧紧跟随病变区域，做到精确治疗肿瘤疾病。当前，国产低能加速器广泛应用，中能加速器开始量产，高能加速器处于空白。核心部件加速管、磁控管均可国产化。在放疗技术方面，处于静态调强向动态调强的发展中，国家科技支撑计划课题实时影像引导放疗系统已基本完成。国产设备可以满足常规、三维适形、静态调强、立体定向放疗的需要，但产品功能不够丰富，治疗精度、效率均有待加强。

100. 煤炭气化

煤炭气化是指以煤或煤焦为原料，以氧气（空气、富氧或纯氧）、水蒸气等作气化剂，在高温条件下通过化学反应将煤或煤焦中的可燃部分转化为气体燃料或下游原料的过程。气化过程发生的主要化学反应：$2C+O_2=2CO$；$C+H_2O=CO+H_2$，气化的目标产物是（$CO+H_2$），也称为合成气，可进一步作为原料（化工）或燃料（IGCC 发电）。煤炭气化技术发展历史长，技术种类多。工业上常按照煤和气化剂在炉内的运动状态，分为固定床、流化床、气流床三种。这三类技术又根据操作压力、进料方式、热回收方式、气化剂种类、排渣方式等，衍生出具有各自特色的煤气化工艺。目前，煤炭气化技术在我国应用广泛，工业化成熟度最高，技术种类最多，气化炉台数最多，在煤制氮肥、煤制甲醇、煤制烯烃、煤制油、煤制天然气、煤制氢气等煤化工和煤制燃料领域得到广泛应用。

101. 数字创意

数字创意指运用现代数字科技手段，以文化创意、设计服务等为核心，进行创作、生产、传播和服务的相关产业。互联网和数字技术的发展和广泛应用，带动了动漫游戏、网络文学、数字音乐、网络视频等文化创意产业，以及工业设计、服装设计、装饰设计、建筑设计和景观设计等设计服务的迅速兴起，上述数字创意相关产业各种新产品、新服务、新业态蓬勃发展，虚拟现实（VR）、增强现实（AR）、智能语音等新技术创新发展应用，推动数字创意产业与信息产业、文化产业、设计产业、电子商务、社交、旅游、教育、农业等领域加速融合发展。

102. 增材制造

■ 吉林省 3D 打印医学研发中心

增材制造始于 20 世纪 80 年代的快速成型技术，是以数字模型为基础，将材料逐层堆积制造出实体物品的新兴制造技术。基于不同的分类原则和理解方式，增材制造技术还有快速原型、快速成形、快速制造、3D 打印等多种称谓。增材制造体现了信息网络技术与先进材料技术、数字制造技术的密切结合，是先进制造业的重要组成部分，受到发达国家政府、研究机构、企业和媒体的广泛关注。经过多年创新发展，我国增材制造产业已具备良好的发展基础，2015 年我国增材制造产业规模已超过 20 亿元，涌现出一批在国际上具有一定竞争力的装备制造和服务企业。

103. 智能交通

智能交通是现有基础设施（包括道路、港口、机场和通信等）之上，将先进的信息技术、通信技术、控制技术、传感技术和系统综合技术有效地集成，并应用于地面运输系统，从而建立起大范围内发挥作用的、实时、准确、高效的运输系统。目前，我国汽车行业智能化、车联网，以及网上约车、拼车等服务快速发展。

104. 精准医疗

精准医疗是随着基因组测序技术快速进步以及生物信息与大数据科学的交叉应用而发展起来的新型医学与医疗模式，它是以个体化医疗为基础、本质是通过基因组、蛋白质组等组学技术和医学前沿技术，对于大样本人群与特定疾病类型进行生物标记物的分析与鉴定、验证与应用，从而精确寻找到疾病的原因和治疗的靶点，并对一种疾病不同状态和过程进行精确分类，最终实现对于疾病和特定患者进行个性化精准治疗的目的，提供疾病诊治与预防的效益。精准医疗作为下一代的诊疗技术，较传统诊疗方式有很大技术优势，突出体现在精准性和便捷性上，大幅减少患者由于尝试各种治疗方法和药物带来的成本和风险，从而提升治疗效果。

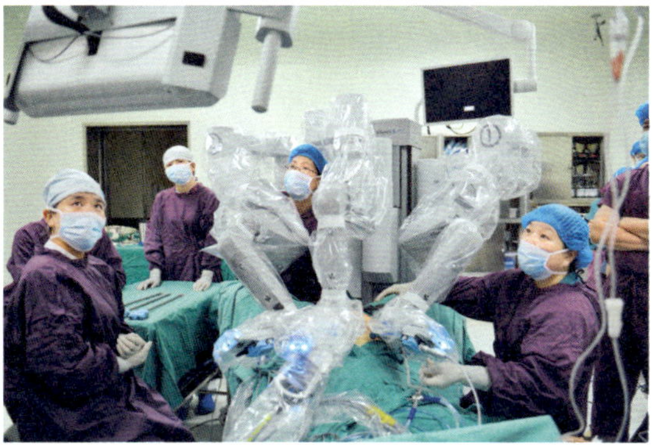
湖南省长沙市手术机器人

105. 高效储能与分布式能源系统

高效储能指通过装置或物理介质将能量高效的储存起来以便以后需要时利用。目前应用较多的有机械类储能、电气类储能、电化学类储能、热储能和化学储能等多种形式。分布式能源系统指利用小规模、环保的能源供应系统，如光伏发电、燃料电池等，并将这些装置安装在靠近用户侧，直接向单一、特定的用户供应能源。高效储能技术与分布式能源技术的应用发展是相互促进的关系，储能技术在很大程度上解决了新能源发电的随机性、波动性问题，可有效促进分布式能源发展。

106. 智能材料

智能材料是指能感知外部刺激，能够判断并适当处理且本身可执行的新型功能材料。智能材料是继天然材料、合成高分子材料、人工设计材料之后的第四代材料，是现代高技术新材料发展的重要方向之一。按照材料的组成可分为金属系智能材料、无机非金属系智能材料和高分子系智能材料三大系统，金属系智能材料主要指形状记忆合金；无机非金属系智能材料主要包括压电陶瓷、电致伸缩陶瓷、电（磁）流变材料；

高分子系智能材料主要有形状记忆高分子、智能凝胶、压电高分子、药物控制释放体系、智能膜等。

107. 虚拟现实与互动影视

虚拟现实（Virtual Reality，VR）是以计算机技术为核心，结合相关科学技术，生成与一定范围真实环境在视、听、触感等方面高度近似的数字化环境，用户借助必要的装备与数字化环境中的对象进行交互作用、相互影响，可以产生亲临真实环境的感受和体验。VR 的研究内容包括虚拟环境构造和应用过程的四个方面，即表达、感知、控制和作用，以及与之相关的人机交互设备。影视制作是虚拟现实技术的一个重要应用及发展领域，二者相互融合，密不可分。主要体现在：一是虚拟现实、增强现实技术已经开始在影视制作中有所应用，并随着技术的发展，实时交互虚拟化制作已成为技术发展趋势；二是虚拟现实技术的快速发展对影视制作方法及影视表现形式发生了重大的影响和变革。

108. 新型飞行器及航行器

新型飞行器及航行器泛指采用新技术研发的飞行器或航行器。飞行器是指由人类制造、能飞离地面， 并由人控制的在大气层内或大气层外空间（太空）飞行的飞行体。在大气层内飞行的称为航空器，其通过空气静浮力或机身与空气的相对运动获得空气动力升空飞行，包括飞机、直升机、飞艇、气球等。在太空飞行的称为航天器，其在运载火箭的推动下获得必要的速度进入太空，然后在引力作用下完成轨道运动，包括人造地球卫星、载人飞船、空间探测器、航天飞机等。航行器也称水下航行器，是航行于水下的航行体，包括载人水下航行器和无人水下航行器，能够完成水下勘探、侦测甚至是军事上的进攻防守等任务，在军民领域都扮演重要角色。

109. 新一代作业平台

新一代作业平台泛指采用新技术研发并且具有重大突破的作业平台。作业平台指携带特定设备或系统，完成特定功能的航空器、航天器

山东省出口的深水半潜式起重生活平台

或航行器。航空作业平台能够用于农林服务、工业生产服务、邮政速递、紧急救援、大气探测、资源勘探、渔情探测、救生抢险、石油管道巡查、架设电缆、公安巡逻、消防、交通管理、缉私和防暴等领域。航天作业平台能够用于通信、导航、遥感等领域；其中，遥感细分为陆地观测、海洋观测和大气观测，能够对地球陆地表面、海洋、大气等多种要素进行长期稳定综合观测；通信细分为固定通信广播和移动通信广播，满足远程教育、远程医疗、应急通信、电视直播、应急抢险救灾、远洋渔业、海外能源运输等需求。水下作业平台能够用于获得海底地貌、海洋气象、地质、水文和磁场等信息。

110. 空天一体化观测系统

空天一体化观测系统是综合利用航空遥感、航天遥感技术，实现对地物目标进行多维、立体、实时观测的信息感知系统，可突破航空、航天单一观测手段约束，实现国家利益的延伸和有效拓展，是面向信息经济社会空天技术服务信息化、服务对象公众化发展中的前沿热点。通过一体化组网观测系统，实现观测计划协同、观测调度协同、观测资源协同、观测产品协同、观测服务协同，有机结合航天长周期轨道观测、航空尤其是无人航空机动区域重点巡航观测获取优势，满足社会尤其是热点和边远地区对观测信息高频次、高精度、常态化持续获取的信息服务需求。我国空天技术发展迅猛，北斗系统已实现亚太地区服务能力，在对地观测数据获取的能力、数量和覆盖面上取得了跨越式发展。

111. 量子通信

量子通信是利用量子态和量子纠缠效应进行信息或密钥传递的新型

通信方式，是近30年快速发展的量子物理学与信息科学等前沿研究的交叉学科。目前，量子保密通信作为量子通信的起步应用在协议技术、系统器件和组网架构等多个方面初步成熟，产业化实现程度相对较高。我国在量子保密通信技术以及产业化预备方面已处于国际领先地位，首次实现了安全距离超过百公里的量子保密通信密钥传送，目前正在建设连接北京、上海的高可信、可扩展、军民融合的光纤量子保密通信骨干网“京沪干线”。

112. 物联网

物联网通过智能感知设备、全球定位系统等信息设备，通过各种传输技术，按约定的协议把物或者物理世界信息接入互联网，进行信息交换、通讯和处理，以实现智能化识别、定位、跟踪、监控和管理。物联网将物理世界信息接入网络，其基本特征体现在“全面感知、无缝互联、高度智能”，实现对人类生产生活的高效管理，合理利用和保护环境资源，带来新型的生产和服务模式。物联网是新一代信息技术的高度集成和综合运用，能够实现人与物、物与物信息交互和无缝链接，达到对物理世界实时控制、精确管理和科学决策目的。

113. 合成生物

合成生物是指根据特定需求，采用工程化设计理念，设计、改造乃至重新合成并赋予非自然功能的人工生物体系。合成生物集成和汇聚了生物、化学、物理、计算信息科学、工程学等多学科知识，对生物体以工程化的方式重新设计，形成功能强大、性能优越的生物元器件、基因线路、人工细胞以及人工复杂生物体系，能够克服自然进化的局限，不仅对揭示生命本质和探索生命活动基本规律具有重要科学意义，有望为破解人类面临的资源、能源、健康、环境、国防等领域重大挑战提供新的解决方案。我国在合成生物领域的专利申请量和科技论文发表量已位居世界第二，在人工合成细胞工厂、天然化合物药物合成的生物器件、医学合成生物学、固氮与抗逆线路构建等领域取得了一批创新成果。

114. 再生医学

再生医学指利用生物学及工程学的理论方法，创造丢失或功能损害的组织和器官，使其具备正常组织和器官的机构和功能。再生医学主要是对人体已经发生病变的组织、器官采用替换或再造的医疗策略，治疗目前尚无根治办法的器官组织缺失与衰竭、先天性遗传缺陷疾病、后天获得的退行性疾病等。再生医学汇集了生命科学以及转化医学等诸多学科前沿的成就，是21世纪医疗技术创新中具有重要科学意义和重大实际应用前景的一门新兴学科。近年来，我国再生医学相关领域研究发展迅速，取得了以组织工程皮肤产品注册、个体化组织工程骨临床应用、干细胞临床转化等代表的一批标志性成果。

115. 民用核分析与成像

民用核分析与成像是指非军事用途的，以核反应、核效应和核谱学为基础，以反应堆、加速器、辐射源和核辐射探测器为工具，结合图像理论和计算机技术的现代高新技术，其中以图像方式显示被探测目标的技术被称为核成像技术，有时也称为射线成像技术，广泛应用于医疗、环境、工业、农业等国民经济各个领域。例如：应用于医疗领域的正电子发射断层成像技术（PET）、单光子断层成像技术（SPECT）、X射线断层成像技术（CT）等；应用于环境及核安全领域的辐射监测及成像技术等；应用于工业和农业领域的辐照加工技术、无损检测及探伤技术等。

116. 智能硬件

智能硬件是物联网、人工智能等新一代信息技术不断突破，并与传统设备融合创新的智能化终端，具备信息处理和数据联接能力，可实现感知、交互和服务功能。继智能手机之后，智能可穿戴、智能家居、智能车载终端、无人机等新兴智能硬件是当前的发展重点。据统计2015年智能硬件终端全球出货量达到78.7亿台，年增长率约为30%。智能可穿戴、智能家居市场规模分别超过150亿美元和680亿美元。智能车机、OBD 盒子等新型智能车载产品不断出现；消费级无人机、机器人的市场规模也在快速增长。

117. 新型显示

新型显示主要包括液晶显示、柔性显示、透明显示、触控显示、3D 立体显示、投影显示等，目前处于多种技术路线并存、产业发展迅速的重要时期，并向高性能、高分辨率方向发展。其中，液晶显示成为当前市场主导的技术；柔性显示是最具发展潜力的新型显示技术。从市场应用看，电视和手机成为新型显示产业主要产品类型，以智能硬件为核心的车载、医用、工控、穿戴、拼接、公用、透明、镜面等八大新兴应用市场蓄势待发。

118. 第五代移动通信

浙江省乌镇“互联网之光”博览会

第五代移动通信（5G）是第四代移动通信（4G）的下一代移动通信技术，将依托大规模天线、超密集组网、新型多址、全频谱接入和新兴网络架构等关键技术，面向移动互联网和物联网应用场景形成优化技术方案，以满足 Gbps 级的用户体验速率和毫秒级时延、每平方公里数百万连接等多样化的业务需求。目前，5G 国际标准化逐渐拉开序幕，全球 5G 标准研究进程不断加快，将于 2020 年完成 5G 技术标准。2015 年 5 月，我国率先提出 5G 应采用统一、灵活、可配置的空口技术框架和智能、开放、高效的新型网络架构。2016 年 1 月，我国启动了 5G 技术研发试验，此外，我国计划于 2018 年下半年启动产品研发试验，并力争在 2020 年实现 5G 网络商用。

119. 可穿戴设备

可穿戴设备是能直接穿戴在身上或是整合进用户衣服、鞋帽等其他

福建省推出国内首款移动支付手环

配件中，集成了软硬件而具备一定计算能力的新形态终端设备。目前可穿戴设备多以低功耗蓝牙、Wi-Fi、NFC 等短距离通信技术来连接智能手机等终端的便携式配件形式存在，根据技术实现难易和功能特性大致可分为两类：一类是面向传感器应用的可穿戴设备，以智能手环、智能腕带等产品为代表；另一类是支持新型人机交互技术的可穿戴设备，除可实现基于传感器的应用，还可实现支持新型人机交互技术的应用，以智能手表、智能眼镜为主要代表。国际研究机构 IDC 数据显示，2015 年全球可穿戴设备出货量约 7610 万部，同比增长 163.6%。国内易观智库数据显示，2015 年国内市场规模约为 125.8 亿元人民币，同比增长 471.8%。

120. 基因组学

基因组学是研究生物基因组和如何利用基因的一门科学，主要包括两方面内容：以全基因组测序为目标的机构基因组学和以基因功能鉴定为目标的功能基因组学。作为伴随着人类基因组计划而发展起来的新兴学科，通过近十年的快速发展，基因组学已成为研究手段更新最快、投资最多、影响最广及未来对人类生活影响最大的学科之一。

121. 个性化医疗

个性化医疗是指以个人基因组信息为基础，结合蛋白质组、代谢组等相关内环境信息，充分注重人的个体差异，为病人量身设计出最佳治疗方法，采取优化的、针对性的治疗干预措施，以期达到治疗效果最大化和副作用最小化的一种定制医疗模式。个性化医疗大体分为前端个性化诊断和后端个性化治疗两个步骤。个性化诊断是基于基因序列的分子诊断技术，目前主要应用为基因测序。个性化治疗包括免疫治疗、干细胞治疗、组织工程等。从长远角度看，个性化医疗通过更精确的诊断，预测潜在疾病的风险，提供更有效、更有针对性的治疗，预防某种疾病的发生，比“治有病”更节约治疗成本。

122. 基因库

基因库是指把所有已知物种的基因资源进行系统的收集和整理，建立数据库系统，实现基因资源整合、数据汇交、存储、分析和共享的一体化平台。基因库主要由基因信息数据库、生物样本资源库和生物活体库组成。基因信息数据库旨在建立储存生物基因组、转录组和蛋白质组等信息的高性能数据管理系统，汇集核酸核蛋白数据信息。生物样本资源库旨在建立可溯源性的高效、规范的样本采集、保存管理体系，收集、整合人和动植物的组织、细胞、微生物菌株等各类生物资源，保存DNA、RNA、蛋白质和小分子样本等。生物活体库旨在以养种植、细胞应用等方式展示生物技术的综合应用。

123. 细胞库

细胞库是指收集、开发以及保藏人和动物的多种细胞系和细胞株资源的基础设施。为了满足生命科学和生物医药的战略发展需要，我国早在 20 世纪 80 年代起，就着手开展包括微生物菌种、细胞株等在内的生物资源的收集和保藏工作。目前，全国范围内已建有中国科学院细胞库、中国科学院昆明野生动物细胞库、中国典型培养物保藏中心、基础医学细胞资源中心、西安细胞工程基地实验细胞库、中国各民族永生细胞库以及四个干细胞资源库等细胞资源库。

124. 多模遥感

多模遥感是指利用卫星平台良好的承载能力、供电能力、姿态机动能力等，结合相应的有效载荷，实现卫星对地观测的多种探测模式，或多类探测手段的共同应用。例如，利用卫星平台的敏捷姿态机动能力，结合高分辨率光学相机，实现一轨内多目标成像、多角度 / 立体成像、区域拼幅成像、沿迹 / 非沿迹主动推扫成像等敏捷成像模式，即是多模遥感的一种典型代表。利用卫星平台的多载荷承载能力，在一颗卫星上同时配置多种有效载荷（或具有多种探测功能的有效载荷），实现可见光、红外、微波范围内多种探测谱段的信息多样化获取模式，也是多模遥感的一种典型代表。

125. 氢能与燃料电池

氢能是通过氢气和氧气反应所产生的能量。目前氢能的主要利用方式包括液态氢燃料、全烧氢汽车、氢气与汽油混烧掺氢汽车，以及氢能发电、氢燃料电池等。燃料电池是一种将存在于燃料与氧化剂中的化学能直接转化为电能的发电装置，燃料电池能效比相同用途的热机高出30%—50%，且可通过单元堆叠方式实现规模放大，便于移动和分布式发电。目前，我国在氢能燃料电池领域发表的SCI论文数量已成为全球第一，制氢规模已位居世界首位，在可再生能源制氢方面建立了太阳能聚光/光催化分解水制氢示范系统、生物制氢示范系统，在化石资源制氢方面建立了年产18万吨的世界最大规模的煤制氢及纯化装置。

■ 广东省首台氢燃料电池客车

126. 形状记忆合金

形状记忆合金即拥有记忆效应的合金，亦称形状记忆效应合金，是一种原子排列规则的相变合金，该合金在外力作用下产生变形，并在一定条件下可恢复原来形状。形状记忆合金的特征是：相变温度滞后小，晶体结构多为有序结构，相变结晶学的可逆性。形状记

■ 北京科技周记忆合金产品展示

忆合金可广泛应用于航空航天、机械电子、生物医疗、桥梁建筑、汽车工业及日常生活等多个领域，例如产业机械中的执行机构、自动装置（机器人）、热机、管接头等，汽车中的燃料蒸气排出控制装置、排气口等，医疗中的人工齿根、人工心脏等，家用电器中的空调风向控制装置等，以及日常生活中和休闲时钓鱼的用品等。

127. 自修复材料

自修复材料是一种在物体受损时能够进行自我修复的新型材料。这种材料被注入到塑料聚合物内，当物体开裂时，注入的材料会释放出来，对受损的物体表面进行自动修复，从而消除隐患、增强材料的强度和延长使用寿命。世界上已经有一些材料具备了自修复功能，比如一些高分子和陶瓷材料。这些自修复材料的核心是物质与能量补给。物质补给即通过在材料机体内分散或复合一些功能物质，这些功能性物质主要是负载有化学物质（修复液）的纤维或胶囊。当材料开裂时，注入的材料的修复液释放出来，通过一定的化学相互作用对受损的物体表面进行自我修复。能量补给则是通过加热等方式为机体提供能量，使材料发生结晶、在表面形成膜或产生交联等作用，从而实现自我修复。自修复材料可广泛应用于军用装备、电子产品、汽车、飞机、建筑材料等领域。

128. 超材料

超材料是指具有天然材料所不具备的超常物理性质的人工复合结构或复合材料。主要通过在天然材料多种物理结构上的设计来突破某些表观自然规律的限制，从而获得超常的材料功能。主要包括光子晶体、超磁性材料、声波超材料等。超材料技术是一个前沿性交叉科技，所涉及的技术领域包括电磁、微波、太赫兹、光学、半导体、通信、物理、数学、统计和先进的工程设计体系。超材料对电磁波高度灵活的控制特性使其具有广泛的应用价值，可应用于航空航天、国防工业、高端装备、信息通信、生物医疗等诸多领域，产生巨大的军用和民用价值。

129. 下一代半导体材料

下一代半导体材料是具备禁带宽度大、迁移率高、介电常数小、导电导热性能好、特殊光电特性、抗辐射等特点的新型半导体材料。目前全球研究重点集中在碳化硅、氮化镓、石墨烯等领域。碳化硅广泛应用于深井钻探、太阳能/风能逆变器、汽车电子、工业驱动以及轻轨牵引等需要大功率电源转换的应用中。氮化镓在高频率器件、功率转化器等方面具有重要应用，我国在硅衬底氮化镓技术上处于世界先进水平。石墨烯可应用于光电产品、能源技术、功能复合材料、微电子器件、生物医药和传感器等五大领域。我国石墨烯的制造技术处于全球领先水平，已成功制造出 7 英寸石墨烯触摸屏。

130. 新型结构材料

新型结构材料是以力学性能为基础，以制造受力构件所用材料，具有高比强度、高比刚度、耐高温、耐磨损、耐腐蚀等性能，主要包括高性能金属材料（主要包括先进钛、镁、锆及其合金、钽铌、硬质材料等，以及高端特殊钢、新型铝材等）、高性能无机结构材料（主要包括陶瓷、玻璃、水泥、耐火材料、搪瓷、磨料等）和高性能高分子及复合材料（包括特种工程塑料、有机硅材料、有机氟材料、高性能纤维、高性能合成橡胶、高性能树脂等）等。高性能结构材料是支撑航空航天、交通运输、电子信息、能源动力以及国家重大基础工程建设等领域的重要物质基础，是目前国际上竞争最激烈的高技术新材料领域之一。

131. 生物合成新材料

生物合成新材料是一类本身存在于微生物（细菌、蓝藻和古细菌等）细胞内/外的材料，通过现代系统生物技术（合成生物学、计算和化学生物学等）的方法为基础，让微生物在以碳源为基质的营养培育系统中能够通过人工调控的发酵工程和代谢工程等生物技术方法大量合成的产物。其中，生物合成有机高分子材料具有生物可降解性、生物相容性、光学性能、易加工成型等很多优良性质，但在耐热和机械强度方面还需要改进，而且成本较高，在包装，餐饮业、农业、纺织、电子、汽车及医疗等领域具有广阔的应用前景。生物合成纳米材料由于富含蛋白质、脂类、多糖等生物物质，在生物医学、疾病监测和预防及环境问题处理等方面有很好的应用价值。

132. 第三方物流

第三方物流是指独立于供需双方，为客户提供专项或全面的物流系统设计或系统运营的物流服务模式，是专业化、社会化分工的产物，有利于集约利用资源、提高物流效率。

133. 绿色物流

绿色物流是指以降低对环境的污染、减少资源消耗为目标，在物流过程中抑制物流对环境造成危害的同时，实现对物流环境的净化，使物流资源得到最充分利用。

134. 冷链物流

冷链物流是指采用综合设施和管理手段，使农产品、食品等从生产、流通、销售到消费者的各个环节中始终处于规定的温度环境下，保证产品质量和减少流通损耗的物流活动。

135. 网上丝绸之路

网上丝绸之路是我国与“一带一路”沿线国家加强信息领域合作的重要举措。通过共建信息基础设施、促进信息技术合作、推进网络经济创新发展、推进互联网经贸服务和加强人文交流，旨在与沿线国家共同发展更广范围、更宽领域、更深层次的信息经济，携手共建网络空间命运共同体。网上丝绸之路建设主要包含网络信息基础设施互联互通，推动网上文化交流，拓展电子商务、物流、信息技术合作等经济发展新渠道，推进“互联网 +”、智慧城市、远程医疗等领域创新发展。

136. 频谱资源

■ 解放军电磁频谱管理设备

频谱是指可用作传送信息的电磁波或振荡的频率集合。根据 ITU《无线电规则》的规定，无线电频谱是指频谱中 3000GHz 以下频率范围内发射无线电波的无线电频率的总称。无线电频谱是一种自然资源，受法律保护，能够为人们在生产和生活中所利用并创造财富。《中华人民共和国无线电管理条例》第四条规定“无线电频谱资源属国家所有。国家对无线电频谱实行统一规划、合理开发、科学管理、有偿使用的原则”。

137. 空间互联网

空间互联网是指通过网络技术创新来支持互联网向太空及外太空发展，满足地空互联、卫星（太空飞行器）互联和通信需求，通过在传输层增大数据分组的接受窗口、在网络层增加存储能力、在应用层增加数据校验能力，实现大时延、高损耗情况下的数据通信技术和网络。

138. 自主可控操作系统

自主可控操作系统是指具有自主知识产权的一系列操作系统平台及开发工具，具体包括高可信服务器操作系统、安全易用桌面操作系统、新型智能终端操作系统、可信云操作系统、实时工业操作系统等。研发的重点是进一步加强关键基础技术研发，着力推动移动互联和云计算环境下跨终端中间件、数据库和办公套件的研发和产业化，建设一批综合性强、功能完善、面向全球用户的开源社区，加快形成基于开源、开放模式的基础软件生态系统。

139. 高端工业软件

工业软件是指在工业领域里应用的软件，包括系统、应用、中间件、嵌入式等。一般来讲工业软件被划分为编程语言、系统软件、应用软件和介于这两者之间的中间件。高端工业软件分为研发设计类、业务管理类、生产调度和过程控制类。

140. “互联网 +”行动计划

“互联网 +”是把互联网的创新成果与经济社会各领域深度融合，推动技术进步、效率提升和组织变革，提升实体经济创新力和生产力，形成更广泛的以互联网为基础设施和创新要素的经济社会发展新形态。2015 年 7 月 1 日，国务院正式印发了《关于积极推进“互联网 +”行动的指导意见》（国发〔2015〕40 号）。“互联网 +”行动计划包括“互联网 +”创业创新、协同制造、现代农业、智慧能源、普惠金融、益民服务、高效物流、电子商务、便捷交通、绿色生态、人工智能等。

141. 云计算

云计算是一种通过网络统一组织和灵活调用各种信息通信资源，实现大规模计算的信息处理方式。云计算利用分布式计算和虚拟资源管理等技术，通过网络将分散的资源（包括计算与存储、应用运行平台、软件等）集中起来形成共享的资源池，并以动态按需和可度量的方式向用户提供服务。用户可以使用各种形式的终端（如 PC、平板电脑、智能手机甚至智能电视等）通过网络获取信息通信资源服务。

142. 云平台

云平台是云计算平台的简称，一般是指支撑云计算服务所需软件、硬件和机房基础设施等的总称。按照所提供云服务的属性，可分为公共云平台和专有云平台两大类。公共云平台是由服务商建设并维护，为多个其他用户提供服务的云平台，多个用户共享平台资源。专有云平台是专门为特定用户服务的云平台，用户独享平台资源，如某个城市政府的

■ 广东省广州市天河二号超级计算机

政务云平台。云平台的广泛深入应用大大降低了创业创新的技术门槛以及信息化成本。目前，云平台已成为我国互联网创新创业的基础平台，聚集了大量基于（移动）互联网的新应用、新业态、新模式的开发团队，带动就业能力明显，并取得了良好的经济效益。

143. 开环应用

开环应用指应用与应用之间、系统与系统之间在统一标准基础上实现广泛兼容。目前国内外物联网都处在快速发展的初期，物联网应用多是封闭且相互不兼容的系统。物联网中的开环应用强调通过兼容性强的统一标准，达到应用和物品之间的普遍性兼容，物物之间顺畅性连通。国内发展较快的工业物联网、智慧城市、智能家居中的物联网建设都在不断探索建立统一标准下各个传感器和物品可以兼容性的相互连接。

144. 分享经济

分享经济是通过互联网平台将社会个体的资产、技能、劳务等在闲置时的使用权分享给有需求的主体，并获取一定收益的商业模式。随着移动互联网在我国的快速普及，基于线上线下互动的生活服务新业态新模式快速兴起，成为近年来我国互联网发展的新热点。从实践中看，分享经济模式已经在交通、住宿领域产生颠覆性影响，行业格局正在加速重构。目前，分享经济正快速向各个细分行业领域渗透，除了已发展较为成熟的汽车分享、房屋分享之外，一批前沿的创业企业或项目也在积极实践技能经验、劳务时间、知识以及其他闲置资源的分享经济模式。分享经济已经成为我国大众创业万众创新热点领域和重要支撑平台。

145. 国家大数据平台

国家大数据平台是指为了推动经济发展、完善社会治理、提升政府服务和监管能力而建立的，由国家主导、服务全国的大数据平台，是国家重要基础信息设施。国家大数据平台包括数据共享交换、数据开放等基础支撑平台，以及数据汇聚分析等应用平台。2017 年底前，我国将构建跨部门的政府数据统一共享交换平台；2018 年底前，建成国家政府数据统一开放平台。通过统一的大数据平台支撑，统筹人口、法人、空间地理等国家基础数据资源，以及健康、就业、社保、能源、信用等重要领域信息资源，加强数据的汇聚整合和关联分析，形成国家治理大数据体系，为国家经济宏观调控、社会治理、公共服务提供数据支持。

146. 大数据产业

大数据产业是指围绕大数据生命周期，从事资源采集加工、大数据产品技术研发和大数据应用服务等活动的集合，主要包括大数据资源、技术产品和应用服务三个环节。我国大数据产业在数据资源、大数据技术产品创新、大数据应用等方面具备了良好的发展基础，大数据在重点行业和领域应用不断深化，产生了明显的经济社会效益。

147. 大数据产业链

大数据产业链指在大数据产业中，围绕数据资源生命周期相互配合形成的企业群体。我国已经形成了相对完备的大数据产业链。在数据资源采集、加工、交易方面，领先的互联网企业成为重要的数据服务提供者，出现了数据堂、聚合数据等一大批数据交易流通和数据加工企业。在大数据技术和产品方面，华为、浪潮、南大通用等在硬件、大数据平台基础软件和大数据分析挖掘应用软件也占有了一席之地。在大数据应用服务方面，形成了面向政府、行业和企业的数据运维、分析外包等服务型企业。

148. 数据可视化

数据可视化指通过计算机以图形、图像、动画等视觉表现手段，根据数据的内在联系对数据进行展现的一类技术，数据可视化可分为静态可视化、动态可视化和交互可视化。数据可视化可以用更清晰直观、更易理解的图形图表方式来呈现数据，实现对数据的深入挖掘，与信息图形、信息可视化、科学可视化以及统计图形密切相关。随着计算机图形图像技术快速发展，数据可视化技术从原来的静态二维图表，向交互式三维模式发展，视觉效果、交互性、直观性大大提升，应用越来越广泛，逐渐成为大数据分析结果展现、结论解释和互动应用中不可或缺的技术手段。

149. 网络空间治理

网络空间治理就是要坚持“正能量是总要求、管得住是硬道理”，加强网络舆论管理机制建设，规范网络新闻信息传播秩序，推进网络生态综合治理，使网络空间日渐清朗， 正能量日益充沛，网络意识形态安全得到有力维护，互联网成为国家创新驱动发展的先导力量。主要内容包括加快推进网上理论传播阵地建设，有效管控引导网上舆论，推进网络诚信体系建设；推进网上精神文明建设，强化国家关键信息基础设施保护，建立完善网络安全审查制度，深入推进网络空间法治化；积极推进互联网全球治理机制变革，全方位开展网络空间国际交流合作，推进网络安全和信息化军民融合深度发展。

150. 协同制造

协同制造是充分利用互联网、云计算、物联网等技术，实现企业内部、供应链内部，以及跨供应链的企业产品设计、制造、管理和商务等环节的合作，最终通过改变生产模式与商业模式达到优化资源配置、满足用户个性化需求的目的。协同制造打破了时间和空间的约束，通过互联网平台和多种协作软件工具，使企业内部不同系统之间实现有效对接，整个供应链上的企业与合作伙伴共享客户、设计、生产经营信息。在协同制造模式下，制造业企业将不再自上而下地集中控制生产，也不再从事孤立的设计与研发、生产制造或营销服务环节，而是从用户需求开始，到接受产品订单、寻求合作生产、采购原材料或零部件、共同进行产品设计和生产组装，整个环节都通过互联网连接起来并进行实时交互，从而确保最终产品满足用户的个性化需求。

151. 公共数据集

公共数据集是指一切负有公共事务管理服务职能的组织，包括政府部门、负有公共事务职能的公共机构、授权实施公共服务的企业单位，在社会公共事业活动中产生、收集、整理、传输、发布、使用、存储的，具有公共性、公益性、基础性和公开性等特征的可机器读取的、可再利用的电子化的数据集。2020 年底前，我国将逐步实现信用、交通、医疗、卫生、就业、社保、地理、文化、教育、科技、资源、农业、环境、安监、金融、质量、统计、气象、海洋、企业登记监管等民生保障服务相关领域的公共数据集向社会开放。

152. 国家基础信息资源库

国家基础信息资源库是国家重要的基础数据资源，主要包括国家人口信息资源库、法人单位信息资源库、空间地理信息资源库等。其中，人口库将重点建设和完善覆盖全国人口、以公民身份号码为标识、以居民身份证信息为主要内容的国家人口基础信息库。法人单位信息资源库将重点建设和完善以法人组织机构代码为标识的机关法人、事业法人、企业法人、社团法人及其他依法成立的各类机构单位基础信息库。空间地理信息资源库将重点建设和完善以测绘基础地理信息为主要内容的国家空间地理基础信息库。

153. 大容量公共交通

一般来说，大容量城市公共交通是指高峰小时旅客运输量超过 1 万人次 / 小时的公共交通方式，主要包括城市轨道交通（含地铁、轻轨、单轨、中低速磁浮、现代有轨电车等）、快速公交系统（BRT）。

■ 江苏省常州市快速公交

154. 定制交通

定制交通是利用互联网信息技术，通过搭建相应的网络平台，将分散的交通运输供需信息集中起来并即时联通，根据乘客的要求，为其提供个性化便捷交通运输服务的新型出行方式。定制交通具有如下特点：一是需求拉动，移动互联网推动运输需求碎片化，促进个性化、多样化、高品质运输市场空间不断扩大。二是服务导向，从供给主导型向服务主导型转变，专业化、柔性化、智能化服务成为新特征。三是技术引领，定制化服务需要更加快速和精准掌握用户需求，移动互联网等技术是定制交通发展的重要驱动力。

155. 零距离换乘

客运零距离换乘是指旅客在出行过程中，以最短距离实现在不同方式间和城市内外交通方式间的便捷换乘。零距离换乘是综合交通运输重要服务理念和发展目标，体现了交通运输以人为本、便捷高效、追求卓越的服务宗旨。通常以综合客运枢纽为载体来实现衔接，在实际操作中，一般要求将铁路、公路、民航等各种运输方式以及城市交通在枢纽站场中集中布局、一体化设计，通过同台换乘、立体换乘、通道换乘等方式，保障旅客不出枢纽且走行距离较短，即可实现换乘。

156. 货运无缝化衔接

货运无缝化衔接是指货物或载运装备设施在全程运输和作业过程中，在不同运输方式之间进行高效转换、连续作业的理想状态，要求不同运输方式站场设施能够以最短距离进行布局和衔接，并通过技术标准、作业流程等的统一，实现货物或载运装备设施在不同运输方式间的高效、快速流转，最大程度减少等待、装卸、搬运等成本，是提高运输效率、减少运输中间环节和成本、实现各种运输方式有效对接的重要途径和方式。

157. 联程联运

联程联运是指依托现代信息技术手段，采用先进的运输组织方式，实现旅客“一票制”、货物“一单制”的全程一体化运输。联程联运是一种集约高效的运输组织形态，是旅客联程运输和货物多式联运两个概念的统称。其中，旅客联程运输是指旅客在一次出行中，通过两种或两种以上运输方式，完成连续运输的一种旅客运输组织形式；货物多式联运是指按照多式联运合同，以至少两种不同的运输方式，通过使用标准化运载单位和实行一体化运输组织，由多式联运经营人将货物从接收到运至目的地并交付收货人的运输服务。

158. “四沿”通道

内蒙古自治区满洲里铁路口岸

“四沿”通道是指沿海、沿边境、沿长江、沿线综合运输大通道，是未来一个时期完善我国综合交通网主骨架的建设重点。沿海综合运输大通道由北至南连通我国东北地区及东部沿海地区，沿边境综合运输大通道连通我国沿边国家级口岸、开放试验区、边境城市、边境经济合作区和跨境经济合作区等沿边重点地区，沿长江综合运输大通道连通沿江九省二市，沿线综合运输大通道连通“一带一路”战略沿线地区，是我国实施“一带一路”战略的重要依托。“四沿”通道的建设对支撑东部地区率先实现现代化、保障我国国防安全、促进国际贸易和沿边地区发展、促进沿江地区经济和产业发展、打造新的交通经济带、加强我国与欧洲、中亚、东南亚、中东、非洲之间交通联系具有重要支撑作用。

159. 车联网

车联网概念引申自物联网，融合了现代信息通信技术、汽车电子、智能交通和车载信息服务等多领域技术和应用，涉及汽车工业、信息产业和交通运输行业，具有广泛的外延。根据《中国车联网产业技术白皮书》，车联网是指通过车辆电子标识、传感器、无线移动通信、卫星定位和海量数据处理等现代信息通信技术的应用，对所有在网车辆和道路交通基础设施的属性、静态和动态信息进行有效识别，并通过信息综合应用平台进行智能化管理和服务的信息网络系统，广泛应用于交通安全、交通服务、交通缓堵、节能减排、物流运输、应急救援、智能收费、城市管理和个人信息综合服务等领域。

160. 船联网

船联网是指通过船船联网、船舶内部联网、船岸联网、岸岸联网，实现船舶、港口、通航建筑物、货物等航运要素的互联互通，以智能航运信息服务为载体，促进水上航运安全、高效、绿色发展。船船联网主要是船舶间交换船舶动态信息；船舶内部联网主要是采集船舶内部信息，包括驾驶台、机舱、装卸货设备等各种仪器状态信息及危险货物状态信息；船岸联网主要是一方面将船舶内部采集的各种信息传输到岸上，实现监控服务，另一方面是将岸上的服务信息下达至船舶；岸岸联网有两个层次，较低层次是特定区域内通航建筑物（船闸、桥梁等）、港口、码头之间的联网，较高层次就是跨区域、跨行业之间的大流域乃至国家层面的信息共享。

161. 地热能

地热能是指蕴藏在地下的天然热能。我国直接利用地热资源量连续多年居世界首位。利用热泵的地热能供暖 / 制冷技术已比较成熟。除直接抽取地热水进行利用外，近年来还有一种利用中深层地热资源的无干扰地热能利用技术，可以实现取热不取水。截至 2015 年底全国浅层地热能供暖 / 制冷面积达到 3.92 亿平方米，中深层地热供暖面积达到 1.02 亿平方米。

162. 潮汐能

潮汐能是利用海水涨落及潮水流动所产生的能量利用形式。潮汐发电一般是利用海湾、河口等地形建筑堤坝，安装水轮发电机，利用潮汐涨落形成的能量发电。截至目前，我国已建设了 100 多座小型潮汐电站。由于电站技术水平、地方规划、运营管理等多种因素，目前在运行的潮汐电站只有浙江江厦潮汐试验电站，总装机容量 3.9 兆瓦，电站采用新型双向卧轴灯泡贯流式机组。

163. 煤层气

煤层气又称煤矿瓦斯，是赋存在煤层及煤系地层中的烃类气体，主要成分是甲烷，发热量与常规天然气相当。我国煤层气资源丰富，开发潜力巨大，据新一轮煤层气资源潜力评价结果，埋深 2000 米以浅煤层气地质资源量约 36.8 万亿立方米，与常规天然气相当。

164. 页岩油（气）

■ 重庆市武隆页岩气压裂现场

页岩气指赋存于富有机质泥页岩及其夹层中，以吸附或游离状态为主要存在方式的非常规天然气，成分以甲烷为主。目前，我国页岩气开发已取得突破，掌握 3500 米以浅页岩气勘探开发主体技术，核心技术和装备基本实现国产化，2015 年实现页岩气产量 46 亿立方米，2020 年预计可实现产量 300 亿立方米。

页岩油是指蕴藏在泥页岩层中自生自储的石油，类似于页岩气。但相比页岩气，页岩油渗透率更低，需借助水平井和分段压裂技术才能实现有效开发。目前，我国页岩油开发尚处于起步阶段。

165. 电力需求侧管理

电力需求侧是指电力用电侧，即需要用电的企业、居民等。电力需求侧管理是指在政府法规、政策支持下，有效激励和引导电网企业、能源服务企业、电力用户通过电能精细化管理平台，优化用电管理的电力调度与管理方式。需求侧管理能够在满足用户同等电力需求的情况下，达到减少电力消费，提高电力系统效率，实现节能提效与社会效益最优。

166. 能源互联网

能源互联网是一种互联网与能源生产、传输、存储、消费以及能源市场深度融合的能源产业发展新形态，具有设备智能、多能协同、信息对称、供需分散、系统扁平、交易开放等主要特征。在全球新一轮科技革命和产业变革中，互联网理念、先进信息技术与能源产业深度融合，正在推动能源互联网新技术、新模式和新业态的兴起。能源互联网是推动我国能源革命的重要战略支撑，对提高可再生能源比重，促进化石能源清洁高效利用，提升能源综合效率，推动能源市场开放和产业升级具有重要意义。

167. 背压式热电机组

背压式热电机组是一种将汽轮机的排汽加热热网循环水或直接对外供热、无冷源损失的热电联产机组。背压式热电机组具有能源利用效率高、供热能力强的特点，并严格按照“以热定电”的模式运行。两台50MW 容量的背压式热电联产机组的供热能力与一台 350MW 抽凝热电联产机组相当，但供电煤耗更低，年发电量和年燃煤量更少，污染物排放也更少，对于采暖期电力富裕但供热能力不足的地区，建设背压机组优势明显。

168. 热电冷多联供

热电冷多联供是指发电厂既生产电能，又利用汽轮发电机做功后的蒸汽满足供热和制冷需求，实现能源高效梯级利用的工艺系统。区域性建筑群或独立大中型建筑的热电冷多联供具有靠近用户侧、一次能源利用效率高、环境友好、能源供应安全可靠的特点。我国明确鼓励发展热、电、冷联产技术和热、电煤气联供，以提高热能综合利用率。

169. AP1000

AP1000 是西屋公司研发的先进非能动压水堆核电机组，电功率 125 万千瓦，是三代核电堆型的代表之一。它可利用自然界的物理规律，如重力、自然对流、惯性、热传递等原理，在应急情况下冷却和带走堆芯余热，安全功能的实现不需要依赖外部电源。目前我国正在浙江三门、山东海阳各建设 2 台示范机组。

170. 华龙一号

由中核、中广核集团在其 ACP1000 和 ACPR1000+ 技术基础上融合而来，采用 177 组燃料组件堆芯，能动加非能动安全系统，是具有自主知识产权的百万千瓦级第三代压水堆核电机组。目前正在福建福清、广西防城港各建设 2 台示范机组。

广西壮族自治区防城港核电二期工程

171. CAP1400

CAP1400 是在国家核电科技重大专项支持下，在 AP1000 基础上经过引进消化吸收再创新的大型先进非能动压水堆三代核电技术，电功率达到 150 万千瓦，具有自主知识产权，示范工程即将开工建设。

172. 非常规油气

非常规油气是指用传统技术无法获得自然工业产量、需用新技术改善储层渗透率或流体黏度才能经济开采、大面积连续或准连续型聚集的油气资源。非常规油气主要包括油页岩、油砂、页岩油（气）、煤层气、天然气水合物等。

173. 低阶煤中低温热解分质转化

低阶煤中低温热解分质转化是指低变质阶段的煤(主要为褐煤和低变质阶段烟煤)在隔绝空气或在惰性气体条件下持续加热至较高温度(500℃—800℃)时，所发生的一系列物理变化和化学反应。在此过程中煤会发生交联键断裂、产物重组和二次反应，最终得到气体（煤气）、液体（焦油）及固体（半焦）等产物。与煤直接燃烧相比，热解实现了煤中不同成分的梯级转化，是一种资源高效综合利用方法，具有减少燃煤造成的环境污染，提高低阶煤资源综合利用价值的优势，可创造显著的经济社会效益。

174. 超超临界燃煤发电

超超临界燃煤发电指采用发电机容量 600MW 等级及以上，主蒸汽压力达到 25 兆帕以上，温度达到 600℃及以上，并具有一次再热或二次再热循环的燃煤发电技术。超超临界燃煤机组采用高蒸汽参数提高发电效率，具有良好的运行灵活性和负荷适应性，被认为是目前技术上可行、经济上有竞争力的洁净发电技术。

175. 第三代核电

第三代核电是满足美国核电用户要求文件（URD）和欧洲核电用户要求文件（EUR）提出的安全和设计要求，具备处置严重事故能力的先进核电机组，经济性和安全性优于二代核电站。

176. 第四代核电

第四代核电是满足安全经济可持续发展、极少的废物生成、燃料增殖的风险低、防止核扩散等基本要求的先进核电机组，代表了先进核能系统的发展趋势和技术前沿。

177. 智慧城市

智慧城市是指通过互联网、物联网、云计算、大数据和网格化管理等技术的创新应用，实现深层次的信息共享和业务协同，促进城市规划、建设、管理和公共服务的精准化、智能化、便捷化和高效率，进而提升城市综合发展能力、安全与服务水平的城市发展新型态。智慧城市建设坚持城市问题导向、发展需求导向以及国家目标导向，从全生命周期出发提高各个环节的有效控制水平，推动物联网、云计算、大数据等新一代信息技术创新应用，实现与城市经济社会发展深度融合，建设综合型城市管理数据库，通过城市大数据开发、信息共享和集成运用，促进跨部门、跨行业、跨地区的业务协同，强化信息资源社会化开发利用，推广智慧化信息应用和新型信息服务。

178. 紧凑城市

紧凑城市是以防止城市蔓延、实现土地与能源的节约、提高城市运行效率为目的，具有密度较高、功能融合、公交导向等空间特征的一种城市空间结构，是实现城市与区域可持续发展的基本理念、发展模式和策略手段的集中体现，实质是一种土地占用较少的城市发展模式，以较少的城市用地提供满足城市各种活动和发展的城市空间模式。

179. 海绵城市

海绵城市是通过加强城市规划建设管理，充分发挥建筑、道路和绿地、水系等生态系统对雨水的吸纳、蓄渗和缓释作用，有效控制雨水径流，将城市建设成“自然积存、自然渗透、自然净化”的“海绵体”。海绵城市建设从“源头减排、过程控制、系统治理”着手，综合采用“渗、滞、蓄、净、用、排”等工程技术措施，控制城市雨水径流，实现低影响城市开发建设（LID），最大限度地减少由于城市开发建设行为对原有自然水文特征和水生态环境造成的破坏，从而实现“修复城市水生态、涵养城市水资源、改善城市水环境、提高城市水安全”的多重目标。

180. 城市有机更新

城市有机更新是城市规划理论认为从城市到建筑、从整体到局部，如同生物体一样是有机联系、和谐共处的。城市建设应该按照城市内在的秩序和规律，顺应城市的肌理，采用适当的规模、合理的尺度，依据改造的内容和要求，妥善处理当前和将来的关系，在可持续发展的基础上探求城市的更新发展，不断提高城市规划的质量，使得城市改造区的环境与城市整体环境相一致。

181. 城市修补

城市修补是指在城市规划建设中，针对老旧城区和老旧小区设施不完备、功能不完整、环境被破坏等情况，根据城市生产生活需要，按照一定的环境质量和城市建设标准，采取的设施改建、功能再造、环境整治、生态修复等活动。

182. 公共租赁房

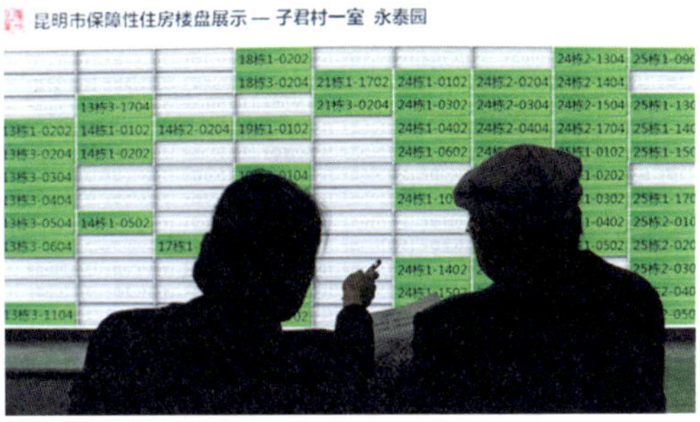

云南省昆明市公租房抽签现场

公共租赁住房（含廉租住房）是指限定建设标准和租金水平，面向符合规定条件的城镇低收入家庭、中等偏下收入家庭、新就业无房职工和在城镇稳定就业的外来务工人员出租的保障性住房。公共租赁住房保障实行实物保障和货币补贴两种方式，并实行严格的申请、审核、公示、轮候、配租管理。公共租赁住房通过新建、改建、收购、长期租赁等多种方式筹集，可以由政府投资，也可以由政府提供政策支持，由社会力量投资。

183. 新一轮农网改造升级

农村电网是县级行政区域内为农村生产生活提供电力服务的110kV及以下电网设施，是城乡基本公共服务的重要内容。通过实施农网改造升级工程，农村生产供电设施进一步加强，农村电力管理体制基本理顺，城乡同网同价基本实现，城乡电力差距进一步缩小，有效促进了农村经济社会发展。但与全面建成小康社会的要求相比，农村电网还有较大的差距，农村电网建设与改造还需进一步加强。

“十三五”时期，将启动实施新一轮农网改造升级，到2020年，全国农村地区基本实现稳定可靠的供电服务全覆盖，供电能力和供电水平明显提升，供电可靠率达到99.8%，综合电压合格率达到97.9%，户均配变容量不低于2千伏安，电能在农村家庭能源消费中的比重大幅提高。

184. 新乡贤文化

乡贤文化是中华传统文化在乡村的一种表现形式，具有见贤思齐、崇德向善、诚信友善等特点。近年来，在社会主义新农村建设中，涌现出一大批优秀基层干部、道德模范、身边好人，在促进农村改革发展、建设美丽乡村中发挥着模范带头作用。借助传统的“乡贤文化”形式，赋予新的时代内涵，以乡情为纽带，以这些优秀基层干部、道德模范、身边好人的嘉言懿行为示范引领，推进新乡贤文化建设，有利于延续农耕文明、培育新型农民、涵育文明乡风、促进共同富裕，也有利于中华传统文化创造性转化、创新性发展。同时，新乡贤文化植根中华优秀传统文化沃土，体现鲜明的时代精神，与社会主义核心价值观相契合，与新农村建设相适应，也是培育和弘扬社会主义核心价值观的重要资源。

185. 资源型城市

资源型城市是以本地区矿产、森林等自然资源开采、加工为主导产业的城市（包括地级市、地区等地级行政区和县级市、县等县级行政区）。资源型城市作为我国重要的能源资源战略保障基地，是国民经济持续健康发展的重要支撑。以城市资源保障能力和城市可持续发展能力两大类指标，可将资源型城市综合分为成长型、成熟型、衰退型和再生型四种类型。

186. 飞地经济

飞地经济是指在行政上互不隶属的 2 个及以上地区，基于经济发展需要，以资源整合、优势互补为合作指向，实行跨区域的行政管理和经济开发，最终实现发展利益共享的区域经济发展模式。飞地经济是我国加强区域合作、促进区域协调发展的重要途径，有利于打破行政区划限制，促进资源要素在更广阔的范围内自由流动和合理配置，实现互利共赢。飞地经济基本运作方式和载体是开发区、产业园区建设，但在具体运作细节上有不同模式，主要包括共管、托管、园中园、项目合作、贸易合作、交流合作等模式。

187. 国家级新区

国家级新区是由国务院批准设立，承担国家重大发展和改革任务的国家级综合功能区，在带动区域经济发展、引领全面改革开放、推动体制机制创新、促进产城融合和城乡一体发展等方面发挥着重要作用。截至 2015 年底，国家级新区数量增加到 16 个，其中东部地区 7 个，中部地区 1 个，西部地区 6 个，东北地区 2 个。

188. 知识经济

知识经济是以知识为基础的经济，是区别于以往以传统工业为产业支柱、以稀缺自然资源为主要依托的新型经济，是以智力资源的占有、配置，以科学技术为首要依托的一种可持续发展的经济。知识经济的特点表现在：一是知识经济的指导思想是科学、合理、综合、高效地利用现有资源，同时开发尚未利用的资源来取代已经耗尽的稀缺自然资源；二是知识经济是以无形资产投入为主的经济，知识、智力、无形资产的投入起决定作用；三是知识经济是世界经济一体化条件下的经济，世界大市场是知识经济持续增长的主要因素之一；四是在知识经济的模式中，知识、科技先导型企业成为经济活动中最具活力的经济组织形式，代表了未来经济发展的方向。

189. 服务经济

服务经济是以人力资本为基本生产要素形成的经济结构、增长方式和社会形态。一般来讲，当服务业增加值比重、服务业就业比重达到 60% 以上，服务业成为经济运行中最具活力的部分和新的增长动力时，就进入了服务业占主导地位的服务经济形态。目前，从世界范围来看，服务经济发展呈现三个明显特征：一是服务创新成为价值增值的主要源泉；二是产业边界日益模糊，产业融合与分工细化不断催生新型业态，在服务经济时代，制造业服务化、服务业制造业相互交融，不断激发新的经济增长点；三是国际分工和全球价值链正在重新构建世界经济体系，推动全球经济新的增长，其中服务业是国际分工和全球价值链的重要内容。

190. 生态保护红线

生态保护红线是指依法在重点生态功能区、生态环境敏感区和脆弱区等区域划定的严格管控边界，是国家和区域生态安全的底线。生态保护红线所包围的区域为生态保护红线区，对于维护生态安全格局、保障生态系统功能、支撑经济社会可持续发展具有重要作用。

191. 集疏运体系

集疏运体系是为枢纽节点中客货等运输对象提供集结和疏散服务的综合系统。集疏运体系一端连接枢纽节点，另一端连接干线网络，是发挥枢纽集散功能的重要载体。集疏运体系包括集疏运设施、集疏运方式及集疏运管理。其中集疏运设施包括公路、铁路、港口、机场、仓库、堆场等基础设施；集疏运方式主要指运输结构，包括水路运输、铁路运输、公路运输和航空运输等；集疏运管理主要指运输计划的制定、组织、协调等。

192. 江海联运

江海联运由海上运输形式与内河运输形式共同链接，将货物或旅客通过运输船舶从外海（或内河）航区进入内河（或外海）航区的一种运输方式。在操作中通过减少运输环节和驳船次数，避免重复且无意义的卸货载货，不仅可以降低费用，减少耗损，而且可以扩张港口腹地，吸引众多货源，推进港口物流发展。

193. 民族特需商品

民族特需商品生产是指按照《少数民族特需商品目录》组织开展的法人企业生产经营活动。依据《中华人民共和国民族区域自治法》和《国

■ 宁夏回族自治区银川市民购买清真食品

■ 青海省玉树州藏族同胞载歌载舞

务院实施〈中华人民共和国民族区域自治法〉若干规定》，国家民委发布了《少数民族特需商品目录》，涵盖民族服饰、民族生产工具、民族药、边销茶、清真食品等10大类，500多个品种。

194. 蓝色经济

蓝色经济是基于可持续利用海洋空间和资源，围绕经济、社会和生态协调发展，遵循生态系统途径，通过技术创新，发展海洋和海岸带经济的所有相关活动的总称。其内涵是在海洋经济发展的同时，保护好海洋生态系统，实现资源环境的可持续利用。

海南省海底世界

195. 智慧海洋

智慧海洋是数字海洋发展的高级阶段，是海洋信息化的高级形态，是提升探索海洋、认知海洋、经略海洋能力的重要手段和保障国家海洋安全的重要支撑。智慧海洋工程通过广泛使用物联网、移动互联网、云计算、大数据等新一代信息技术，实现海洋科学认知、管理支撑、信息共享和智能服务的一体化集成，提高海洋安全与权益、海洋生态文明建设、海洋经济发展、海洋综合管控、国际交流与合作等的智能化服务水平，对打造海洋强国、推进“21世纪海上丝绸之路”建设具有重要意义。

196. 休渔制度

休渔制度是依据《渔业法》建立的一项重要渔业资源养护制度，规定某些渔业生产方式在每年的一定时间、一定水域不得从事捕捞作业。休渔制度自1995年实施以来，经过数次调整完善，已经成为我国最重要和最具影响力的渔业资源养护管理制度。休渔海域是指渤海、黄海、东海及北纬12度以北的南海（含北部湾）海域。作业休渔时间不少于两个半月。

197. 深海移动式和坐底式实验平台

深海移动式和坐底式实验平台指具备深海底部航行移动与坐底功能，通过搭载相关工具可实现海底矿产资源采探与输送、生物资源采集和原位培养、深海环境探测与目标监测作业的深海大型装备实验平台。该平台将为深海矿产资源和生物资源采探、深海环境探测及目标监测提供一体化的实验技术支撑。

198. 岸基观测站

岸基海洋观测站（点）是指以掌握、描述海洋状况为目的，对潮汐、盐度、海温、海浪、海流、海冰、海啸波等进行观察测量活动，在陆地或海岸设立的海洋观测场所。岸基海洋观测站（点）对于海洋灾害预警报、应对气候变化、海洋环境保障和海洋科学研究等都具有重要意义。

199. 多规合一

“多规合一”是以主体功能区规划为基础，统筹城乡规划、土地利用规划、生态环境保护规划等各类带有空间性质的规划，划定城镇空间、农业空间、生态空间的开发管制界限，解决各类空间性规划之间缺乏统筹、难以衔接、重叠交叉的问题，形成一张规划布局总图，将开发与保护融为一体，作为长期遵循的空间开发调控蓝图。“多规合一”是我国建立空间治理体系的重点任务之一，也是落实主体功能区制度的重要途径。当前“多规合一”还没有形成系统完善的方式方法，有关部门和地方正在探索。

200. 余热暖民

余热暖民指回收利用低品位余热资源为居民提供供热（包括供暖和供生活热水）服务。可回收利用的低品位余热包括100℃以下的液体、乏汽余热、200℃的烟气余热、400℃左右的固体显热，以及其他因热源分散、回收成本高等原因尚未充分利用的中高品位余热资源等。

201. 非常规水资源

非常规水资源是指有别于常规水资源（地表水和地下水），经处理加工后或在一定条件下可直接利用的海水、废（污）水、微咸水、咸水、矿井水和雨洪水等。

山东省胶州湾近岸海域水质改善

202. 矿产资源国家权益金制度

矿产资源国家权益金是矿山企业因开采国家所有的矿产资源向国家缴纳的资源资产收益，属于国家财产性收入，体现了国家作为矿产资源所有者的收益权，是矿产资源收益分配制度的核心。矿产资源国家权益金制度有利于显化和保障国家作为矿产资源资产所有者和投资人的财产权利，充分维护国家的合法权益，降低企业经营风险，促进矿山企业提高资源综合利用水平，构建资源综合利用的长效机制。

203. 工农复合型循环经济示范区

工农复合型循环经济示范区是按照工农业复合型循环经济发展要求开展示范建设，重点推进种植业、养殖业、农产品加工业、生物质能产业、农林废弃物循环利用产业、高效有机肥产业、休闲农业等产业循环链接，形成无废高效的跨企业、跨农户循环经济联合体，构建粮、菜、畜、林、加工、物流、旅游一体化和一二三产业联动发展的现代工农复合型循环经济产业体系。

204. 生产者责任延伸制度

生产者责任延伸制度是指将生产者的责任延伸到其产品的整个生命周期，特别是产品消费后的回收处理和再生利用阶段，是减少生产过程以及整个产品生命周期环境影响的一系列制度安排。具体包含产品生态设计制度、材质及回收方式的信息公开制度、产品废弃后的回收处理基金制度、押金制度、回收目标指令制度等。

205. 绿色出行服务系统

江西省上饶市公共自行车

绿色出行服务系统是指通过采取节约能源、提高能效、减少污染、有益健康、兼顾效率的出行方式，实现资源环境的可持续利用和交通的可持续发展。政府可通过加强城市慢行系统建设、支持绿色公共交通方式发展、推广应用绿色交通工具、完善绿色出行公共服务平台等措施搭建绿色出行服务系统，为居民绿色出行创造条件。

206. 能效领跑者引领行动

能效领跑者是指同类可比范围内能源利用效率最高的产品、企业或单位。实施能效领跑者制度主要是通过定期发布能源利用效率最高的终端用能产品目录、单位产品能耗最低的高耗能产品生产企业名单和能源利用效率最高的公共机构名单，树立标杆，对能效领跑者给予政策扶持，适时将能效领跑者指标纳入强制性能效、能耗限额国家标准，同时建立标准动态更新机制，不断提高能效准入门槛，进而推动终端用能产品、高耗能行业、公共机构能效水平不断提升，促进节能减排。

207. 水效领跑者引领行动

水效领跑者是指同类可比范围内用水效率处于领先水平的用水产品、企业或区域。水效领跑者引领行动的基本思路是通过树立标杆、标准引导、政策鼓励，形成用水产品、企业和区域用水效率不断提升的长效机制。制定水效领跑者指标，发布水效领跑者名单，树立先进典型，对水效领跑者给予政策支持，引导全社会向水效领跑者学习，形成节水型的生产方式、生活方式和消费模式，建设节水型社会。

208. 绿色矿山

绿色矿山是相对于以往开发粗放、资源浪费、破坏环境和高能耗为特点的落后矿山建设模式，提出的一种全新的矿山建设模式，核心是推进开采方式科学化、资源利用高效化、企业管理规范化、生产工艺环保化、矿山环境生态化，建设资源节约型、环境友好型和矿地和谐型矿山。建设发展绿色矿山，是加快矿业结构调整和转型升级、转变矿产资源利用方式、保护生态环境、提升矿业发展质量和效益的一项重要举措。

209. 挥发性有机物

挥发性有机物（VOCs）是指在标准状态下饱和蒸气压较高（标准状态下大于 13.33 Pa）、沸点较低、分子量小、常温状态下易挥发的有机化合物。与二氧化硫、氮氧化物等传统大气污染物不同，VOCs 不是一种单一的污染物，而是某些理化性质相近的有机化合物的统称，主要包括 C2 – C12 碳氢化合物（烷烃、烯烃、芳香烃、炔烃等）、C1 – C10 含氧有机物（醛、酮、醇、醚、酯、酚等）、卤代烃、含氮有机化合物、含硫有机化合物等几类化合物。VOCs 是 PM2.5 和臭氧形成的重要前体物，对空气质量造成严重影响。VOCs 来源广泛，涉及工业固定源、机动车尾气排放源和日常生活源。

210. 环境保护大数据

环境保护大数据指信息化进程中产生的可被环境保护利用的海量数据集合，既包括环境保护部门数据，也包括相关行业和互联网数据，是数量巨大、来源广泛、类型多样的生态环境数据资源总和，以数据创新应用和共享开放为核心，采用大数据管理与分析技术对环境保护数据进行集成管理、挖掘分析和模拟计算，支撑环境保护综合决策科学化、环境监管精准化、环境公共服务便民化，推进环境管理转型，提升生态环境治理能力。

211. 环境公益诉讼

环境公益诉讼是指法律规定的机关和有关组织，为保护环境公共利益，针对损害环境公共利益的违法行为，向人民法院提起的诉讼。环境公益诉讼包括环境行政公益诉讼和环境民事公益诉讼。其法律依据是

《民事诉讼法》第五十五条："对污染环境、侵害众多消费者合法权益等损害社会公共利益的行为，法律规定的机关和有关组织可以向人民法院提起诉讼。"环境行政公益诉讼是指人民检察院履行职责中发现生态环境和资源保护领域负有监督管理职责的行政机关违法行使职权或者不作为，造成国家和社会公共利益受到侵害，依法向人民法院提起诉讼的制度。环境民事公益诉讼是指环保公益组织或者人民检察院，针对已经损害社会公共利益或者具有损害社会公共利益重大风险的污染环境、破坏生态的行为，依法向人民法院提起诉讼的制度。

212. 乙炔法生产聚氯乙烯工艺

聚氯乙烯是无毒的生物惰性高分子材料，是世界上应用最广的塑料产品之一。聚氯乙烯产品广泛应用于包装材料、人造革、塑料制品等软制品和异型材、管材、板材等硬制品，在国民经济发展和人民日常生活中占有非常重要的地位。聚氯乙烯是我国五大通用树脂中产量最大的产品。根据聚氯乙烯生产原料和工艺路线的不同，大体上可以分为乙炔法和乙烯法两种工艺。乙炔法是以乙炔和氯化氢为原料在氧化汞触媒的作用下生产氯乙烯单体（VCM），再通过聚合合成聚氯乙烯树脂的生产方法。

213. 生态服务功能

西藏自治区拉萨市林周县黑颈鹤栖息地

生态服务功能又称生态系统服务功能，是指生态系统在可持续发展状态下为人类提供直接或者间接惠益和福祉的功能。据联合国千年生态系统评估报告，从生态功能的角度，生态服务可分为：支撑、调节、供给和文化等4大类服务。其中，支撑服务包括：土壤形成、光合作用、初级生产力、营养循环、水循环、提供栖息地等；调节服务包括：气体调节、气候调节、水源涵养、侵蚀调节、病虫害调节、花粉传递等；供给服务包括：食物、天然药物、遗传资源、生化、观赏资源、淡水等；文化服务包括：文化多样性、精神和宗教价值、娱乐和生态旅游、审美价值、知识系统、教育价值等。

214. 生态产品

生态产品是指生态系统通过自身生态过程产生的对人类有益的有形和无形产出，是维系生态安全、保障生态调节功能、提供良好人居环境的自然要素。有形的生态产品主要包括：木材、林果、林菌、林药、生态旅游等；无形的生态产品主要包括：吸收二氧化碳、释放氧气、涵养水源、保持水土、净化水质、防风固沙、调节气候、清洁空气、减少噪音、吸附粉尘、维持生物多样性、减轻自然灾害等。

215. 近零碳排放区示范工程

近零碳排放区示范工程是综合考虑功能定位、人口规模、产业特征、交通区位、资源禀赋、生态环境等因素，选择一批可再生能源富集或生态环境良好的岛屿、村镇、景区、特色功能区等，通过加强中外近零碳排放区建设经验交流及务实合作，探索符合我国国情的、具有示范推广意义的近零碳排放路径和模式。

216. 绿色税收体系

绿色税收，也称环境税收，不仅包括为环境保护而专门课征的各种税收，还包括为促进环境保护而制定的各类税收激励措施。根据国际货币基金组织的分类，绿色税收可以划分为以下四种：一是根据排放量和对环境的损害程度计算的污染排放税；二是对生产出来能危害环境的商品或使用这种商品的消费者所征收的税；三是在其他税收上提取与环境相关的备抵；四是对能够节约能源或减少污染的设备和生产方法给予税前抵扣或降低税率的优惠。我国的绿色税收体系建设包含两个方面：一是开征独立的环境保护税；二是对现有税制的绿化调整，取消原有税制中不符合环境保护要求、不利于可持续发展的税收优惠政策，增加新的有利于环境保护的税收政策。

217. 绿色采购制度

绿色采购制度是指通过实施优先采购、强制采购等政府采购政策，加大对环保、节能、节水、循环、低碳、再生、有机等产品的采购力度，以实现提升政府节能环保行为、支持节能环保产业发展、引导社会绿色消费的目的。

218. 绿色信贷

绿色信贷是指银行机构对节约资源、循环经济、污染防治、生态保护等环境保护领域发放的贷款，包括直接对环保产业发放的贷款和对节能减排、污染治理等领域发放的贷款。发展绿色信贷业务有助于促进经济社会实现可持续发展。

219. 绿色债券

绿色债券是指为募集资金主要用于支持节能减排技术改造、绿色城镇化、能源清洁高效利用、新能源开发利用、循环经济发展、水资源节约和非常规水资源开发利用、污染防治、生态农林业、节能环保产业、低碳产业、生态文明先行示范试验、低碳试点示范等绿色循环低碳发展项目的企业债券。

220. 绿色供应链产业体系

绿色供应链是一种基于市场机制的环境管理措施，它以降低产品全生命周期环境影响为目的，通过环境经济政策和市场调控手段，利用政府、企业绿色采购和公众绿色消费引导，带动产业链上下游采取节能环保措施，从全产业链进行绿色改造，降低环境影响。2014 年，APEC 领导人非正式会议发表的《北京宣言》提出同意建立 APEC 绿色供应链合作网络。我国批准在天津建设首个示范中心，并鼓励其他经济体建设示范中心和积极开展相关活动。

221. 新型贸易方式

新型贸易方式主要包括跨境电子商务、市场采购贸易、外贸综合服务企业等。跨境电子商务是指分属不同关境的交易主体，通过电子商务平台达成交易、进行支付结算，并通过跨境物流送达商品、完成交易的一种国际商业活动。市场采购贸易是指在经认定的市场集聚区采购商品，由符合条件的经营者在采购地办理出口通关手续的贸易方式，具有参与主体灵活多样、交易成本低廉等特点。外贸综合服务企业是指为国内中小型生产企业提供物流、报关、信保、融资、收汇、退税等综合服务的外贸企业。

222. 出口信用保险

出口信用保险是指承保出口企业以信用证、付款交单、承兑交单、赊销等结算方式，自我国出口或转口贸易的应收账款或未到期债权风险的信用保险。短期出口信用保险保障期限一般在 2 年以内，中长期出口信用保险保障期限一般超过 2 年。

223. 领事保护制度

领事保护制度是指我国公民、法人的合法权益在所在国受到侵害时，我国驻当地使、领馆依法向驻在国有关当局反映有关要求，敦促对方依法公正、妥善处理，从而维护海外我国公民、法人的合法权益。实施领事保护的主体是政府，在国外是驻外使领馆。领事保护的内容是我国公民、法人在海外的合法权益。合法权益主要包括：人身安全、财产安全、合法居留权、合法就业权、法定社会福利、人道主义待遇等，以及当事人与我国驻当地使领馆保持正常联系的权利。领事保护的方式主要是依法依规，向驻在国反映有关要求，敦促公平、公正、妥善地处理。依据的法规，主要包括公认的国际法原则、有关国际公约、双边条约或协定以及我国和驻在国的有关法律。

224. 知识产权跨境维权援助机制

知识产权跨境维权援助机制是指支持和帮助产业和企业在海外合理应对知识产权纠纷、有效解决知识产权问题、维护知识产权合法权益，进而保障产业国际化发展和企业海外市场开拓的机制。

225. 亚洲基础设施投资银行

我国倡议成立的亚洲基础设施投资银行

2013 年 10 月，习近平总书记和李克强总理在先后出访东南亚时都提出了筹建亚洲基础设施投资银行（以下简称亚投行）的重大倡议。2015 年 12 月 25 日，《亚投行协定》生效，亚投行正式成立。2016 年 1 月 16 日，亚投行正式开业并投入运营。中国提名人选金立群正式当选亚投行首任行长，总部设在北京。目前亚投行成员国总数为 57 个，遍布亚洲、大洋洲、欧洲、拉美和非洲。中国是亚投行的最大股东国和东道国。随着亚投行正式开业，中国将继续发挥重要股东国作用，与有关各方一道努力，推动亚投行与现有多边开发机构互补合作，将亚投行打造成一个实现各方互利共赢和专业、高效的基础设施融资平台，为促进亚洲地区基础设施互联互通和经济可持续发展作出积极贡献。

226. 金砖国家新开发银行

2014 年 7 月，金砖 5 国在巴西福塔雷萨签署了金砖国家新开发银行（以下简称金砖银行）协议。2015 年 7 月 3 日，金砖银行协议正式生效。2015 年 7 月 7 日，金砖银行召开首次理事会，标志着金砖银行正式成立。金砖银行的总部设在中国上海，首任行长由印度人卡马特担任。其宗旨是为金砖国家及其他新兴和发展中经济体的基础设施和可持续发展项目动员资源，作为现有多边和区域金融机构的补充，促进全球增长与发展。

金砖银行的法定资本金为1000亿美元，通过贷款、担保、股权投资和其他金融工具为公共或私人项目提供支持，以及提供技术援助，并在职能范围内与国际金融机构、商业银行或其他合适的实体，为项目提供联合融资或联合担保等。

227. 丝路基金

丝路基金是由中国外汇储备、中国投资有限责任公司、中国进出口银行、国家开发银行共同出资，依照《中华人民共和国公司法》，按照市场化、国际化、专业化原则设立的中长期开发投资基金，于2014年12月29日在北京注册成立，重点致力于为“一带一路”框架内的投资经贸合作和双边多边互联互通提供融资支持。基金规模400亿美元，首期资本金100亿美元。其经营范围主要是进行股权、债权、基金贷款等投资；与国际开发机构、金融机构等发起设立共同投资基金；进行资产受托管理、对外委托投资等；以及国务院批准的其他业务。截至2015年底，丝路基金跟踪项目149个，涉及总投资额约4000亿美元，范围覆盖亚洲、欧洲、非洲、南美洲等区域，涉及基础设施、资源开发、产业合作和金融合作等领域。

228. 海上丝绸之路指数

海上丝绸之路指数是宁波航运交易所于2013年9月发布的航运指数。其中宁波出口集装箱运价指数（NCFI）是核心指数，计算和记录了由宁波港出口、基本涵盖21条国际航线的集装箱货运价格变动信息，涵盖“一带一路”沿线国家，是目前亚太地区航线分类最细的出口集装箱运价指数，在世界集装箱运输市场上具有重要地位。2015年10月，NCFI在波罗的海交易所官方网站正式发布，包括宁波至欧洲、中东、地中海东和地中海西四条航线

浙江省宁波舟山港

指数，每周更新一次，反映了从宁波港出口到以上四个地区的集装箱货运市场情况和价格波动趋势，对于提高我国在国际航运市场的话语权、助力21世纪海上丝绸之路建设、提升国家软实力具有重要意义。

229. 智库联盟

智库联盟是“一带一路”智库合作联盟的简称，是为配合“一带一路”合作倡议，由中共中央对外联络部牵头，联合国务院发展研究中心、中国社会科学院等涉“一带一路”研究机构搭建的智库平台，于2015年4月8日正式成立，聚集了80多家国内研究“一带一路”的权威智库。与“一带一路”沿线国家智库建立合作交流关系是智库联盟建设的重要组成部分。2016年2月，智库联盟邀请50余家国际智库来华参加论坛研讨，搭建起了涵盖国内国际智库的交流平台。智库联盟以“传承丝路精神，服务一带一路”为宗旨，围绕“一带一路”建设开展战略研判、政策分析、项目评估等工作，发挥搭台、宣介、建言、服务功能，为推动我国及沿线国家涉“一带一路”的政策决策、人文交流、地区繁荣发展贡献智慧力量。

230. 中国—海合会自贸区

中国—海合会自贸区是指中国和海湾阿拉伯国家合作委员会（简称海合会，包括沙特、阿联酋、阿曼、巴林、科威特、卡塔尔6国）之间通过签署双边自贸协定，在世贸组织最惠国待遇基础上，相互进一步开放市场，实现贸易和投资自由化，涵盖中国和海合会全部成员关税领土的特定区域。中国—海合会自贸区谈判于2004年6月启动。由于双方对个别产品市场准入分歧较大，一直未能达成共识，2009年6月起谈判中止。2016年1月，习近平主席对沙特进行国事访问，在领导人的关心和推动下，中国—海合会自贸区谈判取得重大进展。双方宣布原则上实质性结束货物贸易谈判，并力争在2016年达成一份全面的自贸协定。

231. 中日韩自贸区

建立中日韩自贸区是2002年中日韩三国领导人达成的共识。2012

年 11 月，三国决定启动中日韩自贸区谈判。至今谈判共进行了九轮，成立了货物贸易、服务贸易、投资、竞争政策、知识产权、原产地规则、海关程序和贸易便利化、卫生与植物卫生措施、技术性贸易壁垒、贸易救济、法律条款、电子商务、环境、合作 14 个工作组同步推进各领域磋商，总体进展良好。2015 年 11 月初，中日韩领导人会议发表联合宣言，重申将进一步努力加速三国自贸区谈判，最终缔结全面、高水平和互惠的自贸协定。中日韩三国均为世界重要经济体，建立中日韩自贸区，将进一步提高三国之间贸易投资自由化和便利化水平，促进东亚地区经济一体化进程。

232. 亚太自贸区

亚太自贸区是 2006 年 APEC 领导人会议提出的一项亚太区域经济一体化战略愿景，旨在整合亚太地区现有众多的区域和双边自贸协定，建立主要由亚太地区经济体参加的、统一的自由贸易区，最终实现整个亚太地区贸易投资自由化。2014 年，APEC 北京领导人会议通过了中方倡议的《APEC 推动实现亚太自贸区北京路线图》，同意通过开展亚太自贸区联合战略研究、自贸区信息交流、多年期的能力建设等工作，加快推进亚太自贸区进程。

233. 中国—欧盟自贸区

2012 年 9 月第十五次中欧领导人会晤期间，中方向欧方建议探讨开展中欧自贸区可行性研究。在中方推动下，2013 年欧委会在发布的《贸易：欧盟增长和就业的关键源泉》文件中首次对中欧自贸区提议做出正面回应。2015 年 10 月习近平主席访问英国时发表的《中英关于构建面向 21 世纪全球战略伙伴关系的联合宣言》中，中英双方呼吁“早日开展中欧自贸区联合可行性研究，以实现第十七次中欧领导人会晤联合声明中确立的长期目标，即在条件成熟时签订深入全面的自贸协定”。

234. 中国—欧亚经济联盟自贸区

2015 年 5 月 8 日，习近平主席与俄罗斯总统普京签署《中华人民共和国与俄罗斯联邦关于丝绸之路经济带建设和欧亚经济联盟建设对接合作的联合声明》，宣布启动《中国和欧亚经济联盟经贸合作伙伴协定》的谈判。此后，双方签署了启动该协定谈判的联合声明，商定通过该协定建立贸易便利化的制度性安排，并最终建立中国—欧亚经济联盟自贸区。欧亚经济联盟的成员包括俄罗斯、白俄罗斯、哈萨克斯坦、亚美尼亚、塔吉克斯坦、吉尔吉斯斯坦。中国与欧亚经济联盟成员之间的经济互补性强，中国是欧亚经济联盟的第一大贸易伙伴，建立自贸区有利于加深双方经贸合作，实现共同发展与繁荣。

235. 中国—东盟自贸区

2000 年 11 月，中方提出建立中国—东盟自贸区的设想，得到东盟各国积极响应。2002 年 11 月，双方签署《中国—东盟全面经济合作框架协议》，正式启动自贸区建设进程。双方于 2004 年 1 月起对早期收获产品实行降税，从 2005 年 7 月起实施全面降税。2010 年 1 月 1 日，中国—东盟自贸区全面建成。当前双方对90%以上的货物实现了零关税。2013 年 10 月，李克强总理在中国—东盟领导人会议上倡议打造中国—东盟自贸区升级版。2014 年 8 月，中国—东盟经贸部长会议正式宣布启动升级谈判。2015 年 11 月双方成功签署升级《议定书》，涵盖货物贸易、服务贸易、投资、经济技术合作等领域，是对原有中国—东盟自贸区各种协定的丰富、完善、补充和提升。

236. 中美投资协定

中美投资协定旨在中美两国之间进一步保护双边投资和确定双向市场准入规则。协定谈判自 2008 年正式启动，截至 2016 年 1 月底已进行 24 轮谈判。2013 年 7 月，在第五轮中美战略与经济对话期间，中美双方同意以“准入前国民待遇和负面清单”模式开展实质性谈判。2015 年 9 月，习近平主席访美期间，两国元首就进一步推进中美投资协定谈判达成重要共识，重申该谈判是目前两国间最重要的经济事项，同意予以强力推进，加快工作节奏，以达成一项互利共赢的高水平的双边投资协定。谈判分为文本和负面清单谈判两部分。目前双方已就协定文本的核心问题和主要条款达成一致；双方在第19轮谈判中首次交换出价，正式启动了负面清单谈判。

237. 中欧投资协定

中欧投资协定谈判是当前我国开展的最重要经贸谈判之一。在中欧投资协定谈判启动前，我国已与28个欧盟成员国中除爱尔兰外的27个签有双边投资保护协定，但这些协定签署时间较早、涵盖范围较窄，而当前正在进行的谈判将涵盖投资保护和市场准入内容，目标是达成一项富有雄心、全面的协定，并最终取代既往协定。中欧投资协定谈判于2013年11月启动，截至2016年1月底已进行了9轮谈判和1轮会间会。2015年6月，第17次中欧领导人峰会为谈判设定了“争取在2015年年底前就协定范围达成一致，并形成合并文本”的目标。经过努力，双方最终实现了这一目标，谈判取得了重大进展。2016年双方将继续努力，力争推动文本谈判取得实质性进展。

238. 2030年可持续发展议程

2030年可持续发展议程是2015年9月联合国发展峰会的主要成果，它为未来15年各国发展和全球合作指明了方向。2030年可持续发展议程由宣言、可持续发展目标、执行手段和全球伙伴关系、后续与评估等几部分组成。核心是可持续发展目标， 共包括17个目标和169个具体目标，多数以2015年为基线、2030年为目标完成年，主要涉及消除贫困饥饿、健康、教育、卫生、性别平等、经济增长、生态环境保护、应对气候变化等方面，最终目标是世界各国全面实现可持续发展。我国建设性地参与了2030年可持续发展议程谈判，推动各方最终达成了一个有利于发展中国家的新发展议程，并将加强统筹协调，全面推进落实2030年可持续发展议程有关工作。

239. 粤港澳大湾区

2014年，深圳市提出了联手周边城市共同打造“粤港澳大湾区”的设想。2015年3月28日，国家发展改革委、外交部、商务部经国务院授权发布的《推动共建丝绸之路经济带和21世纪海上丝绸之路的愿景与行动》明确提出：充分发挥深圳前海、广州南沙、珠海横琴、福建平潭等开放合作区作用，深化与港澳台合作，打造粤港澳大湾区。粤港澳大湾区范围主要包括广东省的广州、深圳、珠海、东莞、中山、江门等环珠江口城市和其他临近区域以及香港、澳门特别行政区。“十三五”时期，粤港澳三地将以建设大珠三角世界级城市群为重点，促进粤港澳跨境基础设施全面对接，加强创新创业合作，营造宜居宜业环境，发展具有全球影响力和竞争力的粤港澳大湾区经济。

240. 光伏扶贫

光伏扶贫是指在用户场地或附近建设光伏设施，发电量由用户自用或在就近电网内使用的并网光伏发电系统，适宜在广大贫困地区应用。近年来，在我国甘肃、河北、山东、安徽、江苏等省区的贫困村，通过建设分布式光伏发电项目对当地贫困群体进行有效扶持，取得了显著成效，得到了贫困农村广大群众的高度认可。贫困户在项目建设中，用电不花钱，卖电有收入，环保做贡献，每年可以增加2000元左右现金收入。“十三五”时期，将在全国中西部地区，以革命老区、民族地区和贫困地区为重点，与易地扶贫搬迁、农村危旧房改造、新农村建设项目等相结合，积极为符合条件的建档立卡贫困户以行政村为建制一次性安装光伏发电系统。

安徽省金寨县光伏扶贫成效显著

241. 易地扶贫搬迁

易地扶贫搬迁是我国开发式扶贫的重要举措，旨在通过对生存条件恶劣、生态环境脆弱地区的农村贫困人口实施易地搬迁安置，根本改善其生存和发展环境，实现脱贫致富。2001年以来，对居住在“一方水土养不活一方人”地区的贫困人口组织实施了易地扶贫搬迁。按中央部署，“十三五”时期将通过易地扶贫搬迁实现1000万人脱贫。

■ 宁夏回族自治区贫困干旱山区易地扶贫搬迁前后对照

242. 普惠性幼儿园

普惠性幼儿园是指政府举办或以多种形式接受财政支持，承担学前教育基本公共服务的幼儿园。在现行办园体制下，普惠性幼儿园包括三类：一是教育部门、各级政府机关、部队等举办的公办幼儿园；二是国有企事业单位、城市街道和农村集体等举办的公办性质幼儿园；三是具有合法办园资质、经当地教育行政部门认定、面向大众、质量合格、收费较低的普惠性民办幼儿园。

243. 现代大学制度

现代大学制度是指适应经济社会发展需要，符合现代教育理念和规则的大学体系及制度安排。一般包括大学、政府和社会关系的合理界定，规范、明晰的大学内部管理制度或治理机制，教职工和学生合法权益的保障机制等几个方面。建设现代大学制度是《国家中长期教育改革和发展规划纲要（2010—2020 年）》确立的一项战略任务，我国正在积极探索建立符合国情的中国特色现代大学制度。

244. 中西部高等教育振兴计划

中西部高等教育振兴计划主要通过加强优势特色学科专业建设、加强人才队伍建设、深化教育教学改革、提升科研创新水平、增强社会服务能力、促进优质资源共享、扩大中西部学生入学机会、优化院校布局结构、加强交流与合作、健全投入机制等举措，实现 2020 年中西部高等教育结构更加合理、特色更加鲜明、办学质量显著提升，建成一批有特色、高水平的高等学校，为整体提升我国高等教育发展水平、建设高等教育强国奠定坚实基础的建设目标。

245. 开放大学

开放大学是一种新型大学。它强调思想的开放、模式的开放、方法的开放、对象的开放，充分利用先进的科学技术开展远程教育，向一切有能力、有意愿接受高等教育的人提供学习的机会和服务，促进教育公平，实现“低成本、大规模、高质量”教学。2012 年，教育部相继批复成立国家开放大学和北京、上海、江苏、广东、云南五所地方开放大学。国家开放大学和五所地方开放大学努力探索实践，构建更加开放的新型办学体系，探索线上线下融合的应用型人才培养模式，开启“学分银行”制度建设的新实践，努力构建质量保证体系，推动信息技术与教学深度融合，拓展了覆盖各类人群的学历教育与非学历培训资源的供给。

246. 现代远程教育

现代远程教育是建立在应用双向交互电子信息通信技术（如互联网、有线电视网、卫星传输网等）基础上的第三代远程教育，具有双向交互的特征和优势。现代远程教育作为一种新型教育形式，是相对于函授教育、广播电视教育等传统远程教育形态而言的，是构筑知识经济时代人们终身学习体系的主要手段。从 1999 年开始现代远程教育举办高等学历教育，到 2015 年底，累计培养学历教育毕业生 2400 万人。现代远程教育学历教育学生分布在全国 2 万多个校外学习中心，其中近 1/2 的学习中心分布在边疆、民族和贫困地区。通过远程教育开展各类非学历的教育，有力地推动了全民学习、终身学习的学习型社会建设。

247. 在线教育

在线教育是指通过互联网完成的各种教育活动，随着信息技术、特别是互联网技术的发展而兴起的。目前常见的在线教育形式有两种：一是学习者通过终端设备和互联网获取远程数字教育资源，并在资源支持下在本地完成的教育活动；二是学习者利用终端设备和互联网，在远程教师同步指导下完成的教育活动。相比传统教育，在线教育实现了教育的开放与共享，使学习更加自主与个性化，可以较低成本提供教育服务，有助于促进教育公平。“十二五”期间，我国在线教育得到长足发展，逐渐形成了包括内容生产方、技术提供方、培训运营方、公共服务方等在内的完整产业链。

248. 全民健身

全民健身是指全体人民参加体育健身，以全面提高国民身体素质和健康水平。每年的8月8日为国家“全民健身日”。2014年，国务院将全民健身上升为国家战略。力争到2020年，人民群众的体育健身意识普遍增强，经常参加体育锻炼的人数达到4.35亿，健康文明的生活方式蔚然成风，全民健身公共服务体系日趋完善，全民健身成为促进体育产业发展、拉动内需和形成新的经济增长点的动力源。

江苏省扬州市全民健身节

249. 医药分开

医药分开的本质是坚持医疗卫生的公益性质，破除“以药养医”的弊端和调整医药购销环节既定利益分配格局，达到减轻广大患者不合理费用负担的目的。“十二五”时期，国务院办公厅先后印发了《关于全面推开县级公立医院综合改革的实施意见》、《关于城市公立医院综合改革试点的指导意见》，以及医疗卫生服务体系规划、药品集中采购、分级诊疗、社会办医、大病保险等文件，有关部门印发了药品价格改革、控制公立医院医疗费用不合理增长、改善医疗服务等文件，统筹推进医疗、医保、医药改革，落实政府责任，取消药品加成政策，合理调整提升体现医务人员技术劳务价值的医疗服务价格，实施药品耗材集中采购，推进医保管理和支付方式改革，切断医疗机构与药品企业间的利益联系，规范医疗服务行为。“十三五”时期，要继续统筹推进医疗、医保、医药改革，提高公立医院综合改革的整体性、系统性、协同性，彻底破除以药补医机制，建立新的公立医院运行机制，规范医疗服务行为，切断药品购销中的利益联系，减轻患者负担、提升群众获得感。

250. 药品加成

药品加成是政府允许医院在药品进价基础上顺加一定比例销售，所得收入用于弥补医院运行经费不足的一种补偿政策。改革开放以来，医院补偿机制发生了较大的改变，药品加成成为公立医院重要的补偿渠道，患者医疗费用负担加重。“十二五”时期，在全国所有县（市）和 100 个试点城市分别推进县级公立医院综合改革和城市公立医院综合改革试点，取消公立医院药品加成，破除公立医院以药补医机制。公立医院补偿由服务收费、药品加成收入和政府补助三个渠道改为服务收费和政府补助两个渠道。医院取消药品加成减少的收入，通过调整医疗技术服务价格和增加政府补助，以及医院加强核算、节约运行成本等多方共担。到 2017 年，公立医院综合改革全面推开，破除以药补医机制，建立公立医院运行新机制，医药费用不合理增长得到有效控制，群众就医费用负担明显减轻。

251. 基本药物制度

国家基本药物制度是对基本药物的遴选、生产、流通、使用、定价、报销、监测评价等环节实施有效管理的制度，与公共卫生、医疗服务、医疗保障体系相衔接。2011 年，基本药物制度提前实现在所有政府办基层医疗卫生机构的全覆盖。目前，已基本覆盖所有村卫生室。“十三五”时期，将进一步巩固完善基本药物制度，巩固政府办基层医疗卫生机构和村卫生室实施基本药物制度成果，全面覆盖城乡基层医疗卫生机构，各级医院都要达到规定的使用比例；完善基本药物遴选调整机制；创新基本药物筹资机制；建立健全以基本药物制度为基础的药品供应保障体系；提高基本药物生产供应集中度，完善药品储备制度。

252. 基本医保异地就医结算

异地就医结算是参保人员在参保地区以外发生的医疗费用，由参保地医疗保险经办机构与异地定点医疗机构、异地定点零售药店或异地医疗保险经办机构进行结算。截至 2015 年底，全国已有 30 个省份（含新疆生产建设兵团）建立了省内异地就医结算系统或初步形成省内异地就医结算能力，27 个省份基本实现了省内住院医疗费用直接结算。“十三五”时期，将在全面实现省内异地就医住院费用直接结算的同时，加快国家级异地就医结算平台建设，进一步加强医疗、医保相关信息的标准化建设，为跨省异地就医直接结算提供技术支持。

253. 长期护理保险制度

长期护理保险制度，是指以互助共济方式筹集资金为主，通过多渠道筹资建立社会统筹基金，为符合条件的参保人员提供生活照料和专业护理服务或费用补偿的一种社会保险制度。长期护理保险是向参保人预先收取保费，建立护理保险基金，当被保险人发生符合规定的护理费用后，由护理保险基金给予一定的补偿。“十二五”时期，部分有条件的地方因地制宜开展了长期护理保险工作探索，取得了较好成效，切实减轻了参保人家庭负担。但全面建立长期护理保险制度面临着服务体系滞后、市场机制不健全、筹资压力较大等问题。“十三五”时期，要探索建立长期护理保险制度，开展长期护理保险试点。

254. 出生缺陷综合防治

出生缺陷是指婴儿出生前发生的身体结构、功能或代谢异常，是导致早期流产、死胎、围产儿死亡、婴幼儿死亡和先天残疾的主要原因。出生缺陷采取三级预防策略：一级预防是在婚前、孕前和孕早期进行健康教育、优生检查和咨询指导，预防出生缺陷的发生。二级预防是在孕期进行产前筛查和产前诊断，减少出生缺陷患儿的出生。三级预防是对新生儿先天性疾病进行筛查，对出生缺陷患儿进行治疗和康复，减轻致残程度。

255. 全科医生

全科医生是综合程度较高的医学人才，主要在基层承担预防保健、常见病多发病诊疗和转诊、病人康复和慢性病管理、健康管理等一体化服务，被称为居民健康的“守门人”。建立全科医生制度，发挥好全科医生的作用，有利于充分落实预防为主的方针，更好地服务人民健康，是提高基层医疗卫生服务水平的客观要求和必由之路，是促进医疗卫生服务模式转变的重要举措。到 2020 年，我国将初步建立起充满生机和活力的全科医生制度，每万城乡居民拥有全科医生数达到 2 名。

256. 家庭签约医生

家庭签约医生是指由全科医生与居民签约，提供约定的基本医疗、公共卫生和健康管理服务。考虑到地方实际情况，为弥补全科医生数量不足，现阶段在农村地区可由具备相应能力的乡镇卫生院医师和乡村医生开展签约服务。2015 至 2017 年，在所有公立医院综合改革试点城市和综合医改试点省份同步开展全科医生签约服务工作，并与分级诊疗试点相衔接，鼓励其他有条件的地区积极开展试点，重点在签约服务提供方式、内容、价格、支付方式、考核、分配等方面实现突破，优先覆盖老年人、慢性病患者、结核病等慢性传染病患者、严重精神障碍患者、孕产妇、儿童和残疾人等重点人群，基本形成全科医生与重点人群长期稳定的契约服务关系。到 2020 年，逐步将签约服务扩大到全部人群，每个家庭拥有 1 名合格的家庭医生，基本建立起签约服务制度。

257. 分级诊疗

分级诊疗是指在建立完善科学的医疗服务体系基础上，通过各项政策推动各级各类医疗机构发挥其功能定位，建立合理规范的就医秩序。2015 年 9 月 8 日， 国务院办公厅印发《关于推进分级诊疗制度建设的指导意见》。目前，全国已有 100 个公立医院改革试点城市全部启动此项工作，1043 个县（市、区）开展分级诊疗试点，30 个省份的 1415 个县（市、区）开展基层首诊责任制试点。到 2020 年，基层首诊、双向转诊、急慢分治、上下联动的分级诊疗模式逐步形成，基本建立符合国情的分级诊疗制度。

258. 临床路径

临床路径是指针对某一特点疾病或手术制定的一套标准化临床诊断、治疗的规范性流程和操作步骤，是以最适当的临床诊疗方案指导临床诊疗活动，起到规范医疗行为、控制医疗服务差异、降低成本、保障质量的作用，从而使病人获得最佳的医疗服务质量。据统计，截至 2015 年底，全国开展临床路径管理的医院数量达到 6500 多家，占二级以上公立医院的 86% 以上，共制定印发了各病种临床路径 443 个，包括 84 个县医院版临床路径。

259. 远程医疗

远程医疗是一方医疗机构邀请其他医疗机构，运用通讯、计算机及网络技术，为本医疗机构诊疗患者提供技术支持的医疗活动，是优化医疗资源配置、实现优质医疗资源下沉、建立分级诊疗制度和解决群众看病就医问题的重要手段。

四川省泸州市远程诊疗

260. 智慧医疗

智慧医疗是在医院信息化基础建设基本完成、信息标准化基本具备、信息化应用不断完善的基础上，利用云计算、大数据、物联网、移动互联网等新兴信息技术，通过技术创新和应用转化，推进医院信息化向深化医疗服务应用和医疗管理的更高阶段发展，加快建立医院发展、管理和医疗服务智能化的新型发展模式，促进医疗服务产业效率和效益的升级，实现最

天津市民体验智慧医疗

充分的信息感知、信息共享、信息利用，更好地将各类医疗服务资源高效整合和精确配置，提升医疗服务质量，实现高度协同、及时、连续的健康医疗服务。智慧医疗是医院信息化建设的应用深化阶段，是一种更高级阶段的服务应用模式，是智慧城市的核心内容之一。

261. 民族医药

民族医药是指我国各少数民族传统医药的统称，是少数民族人民在几千年生产生活实践和与疾病斗争中逐步形成并不断丰富发展起来的，为各族人民的繁衍昌盛做出了重要贡献，对世界文明进步产生了积极影响。民族医药和中医药历史与现代不断相互交流、相互学习、相互借鉴，共同构成了中国传统医药学，为提高中华民族健康水平、发展中国特色医药卫生事业做出巨大贡献。

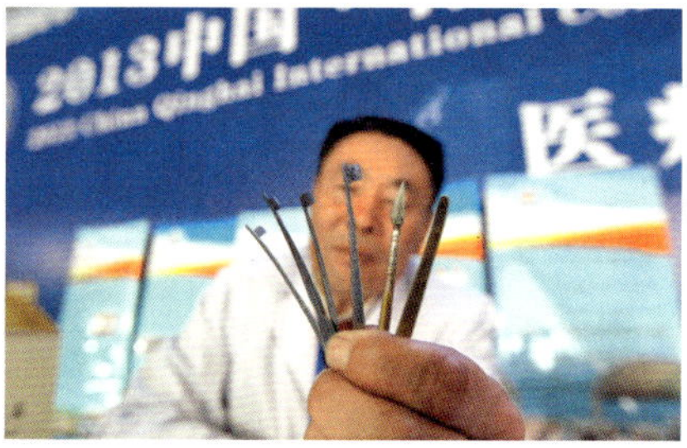

■ 青海省海西州蒙医展示诊疗器械

262. 国家基本公共服务清单

国家基本公共服务清单是以列表形式向社会公布的基本公共服务各领域具体服务项目汇总。清单所列服务项目和基本标准依据现行法律法规确定，每个项目均包括法律法规依据、服务对象、服务内容和标准、支出责任、主责单位等构成要件。“十三五”时期，国家基本公共服务清单中明确了公共教育、劳动就业、社会保险、卫生计生、社会服务、住房保障、文化体育、残疾人基本公共服务 8 大类近百个项目。

263. 劳动参与率

劳动参与率是指经济活动人口（就业人口和失业人口的总和）占劳动年龄人口的比重，也就是劳动年龄人口中通过工作或者求职的方式积极参与到劳动力市场中的人数比例，数据来源于全国月度劳动力调查。此项调查在 2015 年 7—12 月在全国范围进行了试调查，2016 年 1 月正式组织调查。全国月度劳动力调查，每个月 10 日零时为调查标准时间，抽取

12 万户城乡居民，由经过专业培训的调查员入户调查登记。国家统计局对调查的原始数据进行加权汇总，得到全国月度劳动力调查的主要数据。

264. 灵活就业

灵活就业一般是指在劳动时间、收入报酬、工作场地、社会保险、劳动关系等方面（至少一方面），不同于传统的主流就业方式的各种就业形式的总称。灵活就业人员主要包括非全日制、临时性和弹性工作就业人员，但不包括领取营业执照的个体工商户和建立劳动关系的私营企业就业人员。我国灵活就业范围广泛，主要集中在服务行业及建筑业。近年随着新经济形态的兴起和创新创业的发展，家庭网络销售、电子商务、咨询业等灵活就业日渐发展壮大，带来了大量的就业岗位。同时，灵活就业还存在一些突出问题，主要表现在劳动收入偏低且不稳定、社会保障程度不足、组织程度不高，从业人员技能素质不强，容易受到经济和就业趋势变化的冲击。

265. 零就业家庭

零就业家庭，是指城镇家庭中所有法定劳动年龄内、具有劳动能力和就业愿望的家庭成员均处于失业状态，且无经营性、投资性收入的家庭，是社会中的困难群体。促进零就业家庭成员就业，对于改善群众基本生活、维护社会稳定，具有十分重要的意义。“十三五”时期要继续加大工作力度，切实落实好各项援助政策，提供有针对性的就业服务，帮助零就业家庭至少一人实现就业，确保零就业家庭动态清零。

266. 城镇调查失业率

城镇调查失业率，是指报告期内城镇调查失业人数占调查城镇从业人数与失业人数之和的比重。失业是指调查时点前一周内没有为获取工资、实物报酬或经营收入实际从事 1 小时以上的各种生产、经营

山西省新年首场大型招聘会

和服务性活动。城镇调查失业率主要来自国家统计局的两项调查，共三组指标，分别是全国调查失业率、31 个大城市调查失业率及 65 个大城市调查失业率。

267. 订单、定向和定岗式培训

订单、定向和定岗式培训，是指职业培训机构、企业劳动者通过签订订单协议等方式，明确培养模式、从业岗位，由职业培训机构根据就业市场需求和企业岗位实际需求开展的职业培训，是完全就业导向的职业培训模式。

268. 新生代农民工

新生代农民工通常是指 1980 年以后出生、户籍为农业户口但在城镇从事二、三产业的人。新生代农民工大部分生长在农村，初高中毕业后进入城镇就业，也有部分是随进城就业的父母在城镇长大。与老一代农民工相比，新生代农民工基本上没有从事过农业生产，市民化意愿更加强烈。

269. 区域性公共实训基地

区域性公共实训基地是指在产业集中度高的区域性中心城市依托就业训练中心、技工学校（技师学院）或独立的职业培训机构，为高技能人才培养和职业技能鉴定提供实际技能操作训练的场所，并免费开展公共实训鉴定服务，具有公共服务职能，突出公共性、公益性和示范性特点。公共实训基地能够发挥政府在职业培训管理和公共服务方面的主导作用，实现职业培训资金投入集约化、培训资源最优化、社会效益最大化和技能鉴定标准化，对加速我国高技能人才培养具有重要作用。

270. 最低工资增长机制

最低工资制度是国家通过立法形式确立的保障低收入劳动者合法劳动报酬权益的一种制度。最低工资是指在劳动者提供正常劳动的前提下，用人单位所支付的能够满足劳动者及其赡养人口基本生活的最低劳动报酬。2004 年实施的《最低工资制度》明确规定，最低工资标准由省（区、市）人民政府参考当地就业者及其赡养人口的最低生活费用、城镇居民消费价格指数、职工个人缴纳的社会保险和住房公积金、职工平均工资、经济发展水平、就业状况等因素确定和调整，随着上述因素的变化，按照每两年至少调整一次的要求实现最低工资标准正常增长。

271. 再分配调节机制

国民总收入形成后，经过初次分配和再分配，最终形成国民收入的分配格局。其中，初次分配是指直接与生产要素相联系的分配；在初次分配的基础上，政府对要素收入调节各收入主体之间现金或实物的分配，就是再分配过程。再分配调节机制是政府通过税收、转移支付、社会保障等主要手段，发挥对政府、企业、个人要素收入的调节功能，不断促进收入分配公平、缩小收入分配差距、优化收入分配格局的一种收入调节机制。

272. 隐性收入

隐性收入主要指在工资、奖金、津贴补贴等正常渠道之外取得的非公开性收入。相对于显性收入，隐性收入一般具有不公开透明、不缴纳个人所得税、难以统计、形式多变等特点。具体主要表现为以下几种形式：一是国家机关、国有企事业单位私设小金库等违规发放的各类津贴、补贴、奖金。二是未计入单位工资总额的各类福利。三是违规提供工作、生活保障取得的变相收入。四是违规兼职兼业收入，如稿费、讲课费、评审费等。五是利用职务之便，收受的小额礼金、馈赠物品，尚不构成犯罪的。

273. 全民参保计划

全民参保计划是指依据社会保险法等法律法规规定，以社会保险全覆盖为目标，通过信息比对、入户调查、数据集中管理和动态更新等措施，对各类群体参加社会保险情况进行记录、核查和规范管理，从而推进职工和城乡居民全面、持续参保的专项行动。2014 年 5 月，确定了浙江、重庆等 50 个首批试点地区，正式启动全民参保计划。2015 年，试点扩大到全国 50% 左右的地区。“十三五”时期的工作目标包括：一是基本建成全面、准确、完整的全民参保数据库，形成每个人唯一的社会保险标识。二是建立全民参保数据的比对共享、动态更新机制。三是建立未参保、中断参保人员动态清零机制，强力推进参保扩面，基本实现法定人员全覆盖。

274. 精算平衡

从宏观上讲，精算平衡就是要根据人口、经济等方面的诸多因素合理确定，并及时调整社会保险政策特别是待遇计发办法，确保社会保险基金中长期收支平衡。从微观上讲，精算平衡就是使参保者的缴费与收益密切挂钩，实现激励相容，调动其参保缴费的积极性。“十三五”时期，将以坚持精算平衡、强化激励约束、推动制度整合、完善筹资机制为核心，深化基本养老保险和基本医疗保险制度改革。

275. 企业年金

企业年金是多层次养老保险体系的组成部分，是指国家制定政策、用人单位自主建立、市场化运营管理、政策行政监管的补充养老保险制度。具备相应经济负担能力的用人单位及其职工，在参加企业职工基本养老保险的基础上，通过集体协商，均可以建立企业年金。“十二五”时期，企业年金取得较快发展，建立企业年金的用人单位由 3.71 万个增加到 7.51 万个，参加职工由 1335 万人增加到 2314 万人，积累基金由 2809 亿元增加到 9008 亿元。

276. 税收递延型养老保险

税收递延型养老保险通常称为个人养老保险计划，也称个人养老账户，一般是指个人收入中用于购买养老保险的部分，其应缴个人所得税可延期至将来领取养老金时再交税。税收递延型养老保险实质上就是国家给予购买养老保险的个人一定的税收优惠，以此鼓励和引导个人参加该项养老保险计划。

277. 适老化设施改造

适老化设施是为满足老年人日常生活中安全性、便利性、舒适性要求，针对老年人身体机能及运动特点，在住宅、公共配套及其他服务设施中建设的设施。它是无障碍设施概念的延伸。适老化设施改造是指对功能性较差的老旧居住小区、设施设备不完善的公共建筑，完成适老化设计，增加适老化设施的全过程。

278. 网络视听

网络视听节目服务，包括互联网视听节目服务、IP电视、互联网电视、专网手机电视等。近年来，网络视听依托互联网和网络信息技术的日新月异，成为信息产业和文化产业中的重要力量，成为人民群众工作、生活中的重要内容。

■ 重庆市云阳法院开通“视频法庭”

279. 国家记忆工程

国家记忆工程是指依托历史文化建筑、文化典藏、国家档案、名山大川等，分类分批实施国家历史、文化、艺术、科学、山川记忆工程及国家记忆数字化保存与活化行动计划。通过建立国家记忆名录，设立国家纪念地，建设国家记忆数据中心，形成全民共识的国家精神标识、文化标识、地理标识。实施国家记忆工程，有利于讲清楚中华文明历史渊源、发展脉络和基本走向，讲清楚中华优秀传统文化的独特创造、价值理念和鲜明特色，增强文化自信和价值自信；有利于让中华传统优秀文化和社会主义

■ 西藏自治区国定雪山

核心价值观可见、可感、可亲，以文化人、以文育人；有利于为创新发展方式、提高生活质量、建设美丽家园提供历史借鉴和智慧源泉。

280. 融媒体运行平台

融媒体运行平台是指充分利用媒介载体，把广播、电视、报纸等媒体进行全面整合，实现“资源通融、内容兼融、宣传互融、利益共融”的新型媒体运行平台，基于云计算技术实现资源统一调配、统一管理，把多渠道采集的信息，通过云端把内容发布到报纸、网站、手机、平板、电视、“两微”、APP 等媒介，实现全媒体与传统媒体的融合发展。

281. 失信黑名单

失信黑名单是指具有严重失信行为的自然人、法人和其他组织名单。在实践中，有关地区、部门和单位根据所掌握的信用信息，将严重失信的单位和个人列入黑名单，供其他部门和单位共享使用，或向社会公开曝光。

282. 巨灾保险

巨灾保险一般是指对因发生地震、台风、洪水等重大自然灾害或人为灾难可能造成的巨大财产损失和严重人身伤亡，进行风险分散和损失分摊的保险。目前，深圳、宁波、云南、四川等地已经开展巨灾保险试点。但目前我国巨灾保险法律保障亟待完善，巨灾保险制度也需与现有制度有效对接。“十三五”时期将进一步研究建立覆盖地震、洪水、台风等主要自然灾害的巨灾保险制度。

283. 应急征收征用补偿

在突发事件应对过程中，国家为了公共利益的需要，可以依据法律规定对公民和法人的财产实行征收或征用并给予补偿。征收是指强制取得公民和法人财产权，征收对象限于不动产，主要是土地使用权和土地所有权，且征收不发生返还，只发生征收补偿。征用是指强行使用公民和法人的财产，征用的对象包括不动产和动产，使用完毕后应当将原物返还于权利人，如果因使用导致原物毁损不能返还的，应当给予赔偿。应急征收征用补偿具有紧急性、强制性、程序性、有偿性等特点。紧急征收征用公民和法人财产是保障及时有效应对突发事件的必要措施，也是历年来应急实践的经验总结。

284. 防扩散法

防止大规模杀伤性武器及其运载工具的扩散，有利于维护国际和地区的和平与安全，符合国际社会的共同利益，我国的发展也需要一个长期和平与稳定的国际环境和周边环境。国际社会经过长期不懈的努力，已建立起一个相对完整的国际防扩散体系。多年来，我国本着高度负责的态度，广泛参与了多边防扩散机制建设，积极推动该机制的不断完善和发展，签署了防扩散相关的所有国际条约，涵盖了核、生物、化学、航天等多领域，并加入了大多数相关国际组织。中国逐步制定了完整的防扩散政策，已形成了较为完备的防扩散出口管制法规体系，并采取了积极和建设性的举措，以实际行动推动国际防扩散进程。制定防扩散法，建立健全防扩散法律法规体系，不断完善防扩散机制，可以为更好地实现防扩散目标提供充分的法律依据和机制保障。

285. 总体国家安全观

党的十八大以来，以习近平同志为总书记的党中央高瞻远瞩，审时度势，科学把握国家安全形势变化新特点新趋势，提出了总体国家安全观这一重大战略思想。总体国家安全观强调，要以人民安全为宗旨，以政治安全为根本，以经济安全为基础，以军事、文化、社会安全为保障，以促进国际安全为依托，走出一条中国特色国家安全道路。贯彻落实总体国家安全观，必须既重视外部安全，又重视内部安全，对内求发展、求变革、求稳定、建设平安中国，对外求

陕西省西安市开展公共场所应急安全演练

和平、求合作、求共赢、建设和谐世界；既重视国土安全，又重视国民安全，坚持以民为本、以人为本，坚持国家安全一切为了人民、一切依靠人民，真正夯实国家安全的群众基础；既重视传统安全，又重视非传统安全，构建集政治安全、国土安全、军事安全、经济安全、文化安全、社会安全、科技安全、信息安全、生态安全、资源安全、核安全等于一体的国家安全体系；既重视发展问题，又重视安全问题，发展是安全的基础，安全是发展的条件，富国才能强兵，强兵才能卫国；既重视自身安全，又重视共同安全，打造命运共同体，推动各方朝着互利互惠、共同安全的目标相向而行。总体国家安全观是国家安全领域总结以往历史经验、适应当前形势任务的重要战略思想，是维护国家安全必须遵循的重要指导。

286. 外国代理人登记法

近年来，“外国代理人”问题逐渐成为国家安全关注的新领域。“外国代理人”是指接受国外的委托和资助，在我国从事政治有关活动的非政府组织和人员。外国代理人登记法是“外国代理人”法律制度的重要部分。制定外国代理人登记法就是要公开“外国代理人”的身份，让公众知道其受雇于谁、为谁服务，这有助于公众对其言论和行为作出客观的评价，而不会轻易受其蛊惑；就是要严格管控其资金来源，绝不允许“外国代理人”利用外来资金损害危害国家安全、颠覆国家政权，或资助上述行为，这有助于保障国家安全，维护社会秩序，为经济社会发展提供良好环境；就是要明确区分友好的和不友好的“外国代理人”，加强对“外国代理人”的行为监督，促使相关主体扬长避短，充分地将“外国代理人”的“正能量”为我所用，避免一刀切的排外态度。

287. 自由裁量权

自由裁量权是指权力主体对自己所享有的权力在法律授权范围内进行自由处分的权能。自由裁量权包括行政自由裁量权和司法自由裁量权。行政自由裁量权是国家赋予行政机关在法律法规规定的幅度、范围内有一定选择余地的处置权力，涵盖行政许可、行政处罚等多个方面。司法自由裁量权是指法官或审判组织在事实认定正确的基础上，根据自己的认识、经验、态度、价值观以及对法律规范的理解而选择司法行为和对案件作出裁判的权力。自由裁量权的存在是为了连接抽象的法律和具体的事实，更有效地实现实质正义。不论是行政自由裁量权还是司法自由裁量权，都必须以法律授权为前提，不能超过合法限度。

288. 社区矫正

社区矫正是一种不使罪犯与社会隔离并利用社区资源教育改造罪犯的方法。具体来说，是指将符合社区矫正条件的罪犯置于社区内，由专门的国家机关，在相关社会团体和民间组织以及社会志愿者的协助下，在判决、裁定或决定确定的期限内，矫正其犯罪心理和行为恶习，并促进其顺利回归社会的非监禁刑罚执行活动。社区矫正的直接目的是通过社会化的教育，使罪犯适应并顺利回归社会，间接目的是增强社区公民的法律意识和社会责任感，根本目的是预防犯罪，维护社会稳定，实现国家的长治久安。根据《中华人民共和国刑法》的规定，社区矫正的对象包括三类服刑人员：第一类是罪行比较轻微的罪犯，包括被判处管制、缓刑的服刑人员；第二类是罪行虽然比较严重，但是经过改造证明确有悔改，不致再危害社会的服刑人员，例如，被假释的服刑人员；第三类是有特殊情况，暂予监外执行的服刑人员。对于前两类服刑人员实行社区矫正，体现了对犯罪分子的区别对待。对于第三类服刑人员实行社区矫正，体现了刑罚执行中的人道主义精神。

289. 安置帮教

刑满释放人员安置帮教工作简称安置帮教，是指在各级政府领导下，依靠各有关部门和社会力量对刑满释放人员进行的一种非强制性的引导、扶助、教育和管理活动。安置帮教的对象是刑满释放 5 年以内和解除社区矫正 3 年以内的人员。安置帮教的主要任务是按照有关法律、法规和规章，依法对帮教对象进行管理和监督； 通过多种形式，对帮教对象进行思想教育、法制教育、社会公德教育，帮教其不良心理和行为，使他们悔过自新，弃恶从善，成为守法公民；依法组织帮教安置对象参加适合其年龄、身体条件、劳动技能的社会公益劳动；帮助帮教对象解决在生活、法律、心理等方面遇到的困难和问题。

290. “四有”新一代革命军人

2014 年 10 月，习近平总书记在全军政治工作会议上的讲话中提出，要着力培养“有灵魂、有本事、有血性、有品德”的新一代革命军人。有灵魂就是要信念坚定、听党指挥，有本事就是要素质过硬、能打胜仗，有血性就是要英勇顽强、不怕牺牲，有品德就是要情趣高尚、品行端正。

国家“十三五”规划专家委员会专家寄语

（按姓氏拼音字母排列）

让科技创新为“十三五”国民经济和社会发展插上更加强健有力的翅膀。

白春礼

二〇一六年二月廿九日

中国科学院院士、院长、党组书记

通过全面深化经济体制改革，提高劳动参与率和全要素生产率，可以显著地提高潜在增长率，确保“十三五”时期经济实现中高速增长。

蔡昉 2016.2.23

第十二届全国人大常委、农业与农村委员会委员

中国社会科学院副院长

“十三五”转型发展的行动大纲

“十三五”是我国现代化进程中的关键五年：调结构、转方式的关键在2020；决胜全面小康、跨越中等收入陷阱的关节点在2020；以结构性改革为重点全面深化改革的时间窗口期在2020。在这个大背景下，以结构性改革为主线的“十三五”规划纲要，必将对今后五年我国的转型发展产生重大的影响作用。

迟福林

2016年2月26日

第十二届全国政协委员

中国（海南）改革发展研究院院长

2016年是"十三五"规划的开局之年，也是全面建成小康社会决胜阶段的开局之年。"十三五规划"绘就的发展前景令人期待，形势催人奋进，但幸福不会从天而降。我们要顺利实施"十三五"规划，就必须按照"规划"的要求，以持续的创新力、学习力和造血力，推动中国制造转型升级，走上创新驱动型发展之路，引领中国经济新常态。同时大力推进"供给侧"改革，提升中国造水平，建立消费者对中国造产品的信任，让国人爱上中国造！让世界爱上中国造！

董明珠

第十二届全国人大代表
珠海格力集团董事长

"十三五"规划体现了全国上下对经济运行规律、对体制改革、结构调整、创新驱动、绿色发展等一系列战略问题的新的认识，体现了大家对今后五年中国经济社会发展的新的愿景！现在的问题就是落实了！全面落实"十三五"规划，不仅能使中国经济在五年后发展到一个新的高度，也将为我们化解发展中的各种矛盾、成功跨越中等收入陷阱，成为真正的强国、富国，打下更加坚实的基础！

樊纲

2016.2.23

中国经济改革研究基金会理事长

“十三五”规划

决胜百年目标

胡鞍钢

2016年2月27日

中共十八大代表

清华大学国情研究院院长、公共管理学院教授

“十三五”是我国从高速增长进入到中高速增长的新常态以后的第一个五年规划，也是落实“全面深化改革”“全面依法治国”“全面从严治党”，以及完成十八大提出的“全面建成小康社会”各项指标的一个五年规划。在“十三五”期间，国际经济可能仍将增长乏力，复杂多变，不过充分利用我国回旋空间大、政策手段多的有利条件，贯彻创新、协调、绿色、开放、共享的五大发展理念，我国完全有可能保持年均6.5%以上的增长，实现十八大提出的两个翻一番的目标，跨过中等收入水平，成为一个高收入国家，为中华民族伟大复兴立下一个重要的里程碑。

林毅夫

2016 年 2 月 27 日

第十二届全国政协常委、经济委员会副主任

北京大学国家发展研究院名誉院长、教授

十三五规划

中央建议明思路
框架草案适时出
目标任务大举措
凝神集智微渐著
四个全面蕴规划
五大发展绘蓝图
神州如期建小康
十三亿图十三五

刘德培于二〇一六年两会

第十二届全国人大常委，中国协和医科大学校长
中国基因调控、医学科学院院长，中国工程院基因治疗院士

“十三五”是我国经济转型关键期，相信并期待“规划”在践行新理念、激发新动能、构筑新体制上，发挥不可替代的引导、保障、带动作用。

刘世锦

2016.3.1.

第十二届全国政协委员

国务院发展研究中心原副主任

致意：

创新驱动中国蓬勃发展，

教育科技走向世界一流，

合作共创人类美好未来！

潘云鹤

中国工程院院士、常务副院长

圆梦全面小康，共建生态家园

"十三五"时期是我国全面建成小康社会的决胜阶段，更是全面深化改革的攻坚时期。面对全球新一轮科技革命与我国经济发展方式转变的历史性交汇期，"十三五"规划按照"创新、协调、绿色、开放、共享"五大发展理念，为中国经济转型升级、调结构、转方式指明了方向。

我们期待"十三五"规划为中国经济保持中高速稳定增长保驾护航，更期待"十三五"时期中国成为世界新能源汽车核心主战场，实现从汽车大国向汽车强国成功转型，用新能源汽车缔造"未来家园"，构筑完善的零排放生态系统，携手共创全面小康的美好未来！

王传福

比亚迪股份公司董事长

用五大理念引领的"十三五"规划，凝结了改革历程的智慧及未来发展的思路，为中国实现全面小康描绘宏伟蓝图，为世界践行可持续发展树立铮铮楷模！

清华大学公共管理学院 薛澜

清华大学公共管理学院院长、教授

制定国民经济五年规划是中国经济体制的重要特色。随着经济体制改革的深化，市场的资源配置作用将日益加强，但五年规划在资源配置中的作用仍不可或缺。

十三五规划是实现2020年全面建成小康社会奋斗目标的纲领性文件；充分体现了创新、协调、绿色、开放、共享的发展理念。

在十三五规划的制定过程中，国家发展和改革委员会发挥了关键作用。作为专家委员会的成员，发改委有关部门的敬业和专业精神给我留下了深刻印象。衷心祝贺十三五规划制定工作的顺利完成。

余永定

第十二届全国政协委员
中国社会科学院学部委员、世界经济与政治研究所研究员

后记

“十三五”时期是全面建成小康社会决胜阶段，做好“十三五”规划工作意义重大。为便于全国人大代表审查和政协委员讨论“十三五”规划《纲要草案》，我们组织编写了《“十三五”规划纲要草案解释材料》，受到两会代表和委员们的好评。

2016年3月16日，第十二届全国人大第四次会议审查通过“十三五”规划《纲要》。我们对《“十三五”规划纲要草案解释材料》作了修改完善，并邀请国家“十三五”规划委员会部分专家撰写寄语，作为《纲要》文本的解释材料出版，供社会各界人士学习理解《纲要》参考。

编写《解释材料》尚属首次，由于时间和水平有限，在内容和形式上都不尽完善，请读者朋友们批评指正，我们将在今后工作中予以改进。

最后，感谢国务院各部门、各省（自治区、直辖市）及有关方面协助提供解释材料素材，正是大家的共同努力才换得本书的出版。

全国人大财政经济委员会　国家发展和改革委员会

2016年3月